# Basiswissen Sozialwirtschaft und Sozialmanagement

**Reihe herausgegeben von**
Klaus Grunwald, Duale Hochschule BW Stuttgart, Stuttgart,
Baden-Württemberg, Deutschland
Ludger Kolhoff, Fakultät Soziale Arbeit, Ostfalia Hochschule,
Wolfenbüttel, Niedersachsen, Deutschland

Die Lehrbuchreihe „Basiswissen Sozialwirtschaft und Sozialmanagement" vermittelt zentrale Inhalte zum Themenfeld Sozialwirtschaft und Sozialmanagement in verständlicher, didaktisch sorgfältig aufbereiteter und kompakter Form. In sich abgeschlossene, thematisch fokussierte Lehrbücher stellen die verschiedenen Themen theoretisch fundiert und kritisch reflektiert dar. Vermittelt werden sowohl Grundlagen aus relevanten wissenschaftlichen (Teil-)Disziplinen als auch methodische Zugänge zu Herausforderungen der Sozialwirtschaft im Allgemeinen und sozialwirtschaftlicher Unternehmen im Besonderen. Die Bände richten sich an Studierende und Fachkräfte der Sozialen Arbeit, der Sozialwirtschaft und des Sozialmanagements. Sie sollen nicht nur in der Lehre (insbesondere der Vor- und Nachbereitung von Seminarveranstaltungen), sondern auch in der individuellen bzw. selbstständigen Beschäftigung mit relevanten sozialwirtschaftlichen Fragestellungen eine gute Unterstützung im Lernprozess von Studierenden sowie in der Weiterbildung von Fach- und Führungskräften bieten.

**Beiratsmitglieder**

Holger Backhaus-Maul
Philosophische Fakultät III
Universität Halle-Wittenberg
Halle (Saale), Sachsen-Anhalt
Deutschland

Waltraud Grillitsch
Fachhochschule Kärnten
Feldkirchen, Österreich

Andreas Langer
Department Soziale Arbeit
HAW Hamburg, Hamburg
Deutschland

Peter Zängl
Hochschule für Soziale Arbeit
Fachhochschule Nordwestschweiz
Olten, Schweiz

Marlies Fröse
Evangelische Hochschule Dresden
Dresden, Sachsen, Deutschland

Andreas Laib
Fachbereich Soziale Arbeit
Fachhochschule St. Gallen
St. Gallen, Schweiz

Wolf-Rainer Wendt
Stuttgart, Baden-Württemberg
Deutschland

Weitere Bände in der Reihe http://www.springer.com/series/15473

Georg Kortendieck · Peter Stepanek

# Controlling in der deutschsprachigen Sozialwirtschaft

Eine Einführung

Georg Kortendieck
Ostfalia Hochschule
Wolfenbüttel, Deutschland

Peter Stepanek
Fachhochschule Campus Wien
Wien, Österreich

ISSN 2569-6009 ISSN 2569-6017 (electronic)
Basiswissen Sozialwirtschaft und Sozialmanagement
ISBN 978-3-658-24599-3 ISBN 978-3-658-24600-6 (eBook)
https://doi.org/10.1007/978-3-658-24600-6

Die Deutsche Nationalbibliothek verzeichnet diese Publikation in der Deutschen Nationalbibliografie; detaillierte bibliografische Daten sind im Internet über http://dnb.d-nb.de abrufbar.

Springer VS
© Springer Fachmedien Wiesbaden GmbH, ein Teil von Springer Nature 2019
Das Werk einschließlich aller seiner Teile ist urheberrechtlich geschützt. Jede Verwertung, die nicht ausdrücklich vom Urheberrechtsgesetz zugelassen ist, bedarf der vorherigen Zustimmung des Verlags. Das gilt insbesondere für Vervielfältigungen, Bearbeitungen, Übersetzungen, Mikroverfilmungen und die Einspeicherung und Verarbeitung in elektronischen Systemen.
Die Wiedergabe von allgemein beschreibenden Bezeichnungen, Marken, Unternehmensnamen etc. in diesem Werk bedeutet nicht, dass diese frei durch jedermann benutzt werden dürfen. Die Berechtigung zur Benutzung unterliegt, auch ohne gesonderten Hinweis hierzu, den Regeln des Markenrechts. Die Rechte des jeweiligen Zeicheninhabers sind zu beachten.
Der Verlag, die Autoren und die Herausgeber gehen davon aus, dass die Angaben und Informationen in diesem Werk zum Zeitpunkt der Veröffentlichung vollständig und korrekt sind. Weder der Verlag, noch die Autoren oder die Herausgeber übernehmen, ausdrücklich oder implizit, Gewähr für den Inhalt des Werkes, etwaige Fehler oder Äußerungen. Der Verlag bleibt im Hinblick auf geografische Zuordnungen und Gebietsbezeichnungen in veröffentlichten Karten und Institutionsadressen neutral.

Verantwortlich im Verlag: Stefanie Laux

Springer VS ist ein Imprint der eingetragenen Gesellschaft Springer Fachmedien Wiesbaden GmbH und ist ein Teil von Springer Nature.
Die Anschrift der Gesellschaft ist: Abraham-Lincoln-Str. 46, 65189 Wiesbaden, Germany

# Über das Buch

Controlling hat als Philosophie eine klare, für manche sehr hart klingende Sprache, eine Verliebtheit in Präzision, die manchen als „Erbsenzählerei" vorkommen mag und eine Begeisterung für Logik, die ihr den Vorwurf der Emotionslosigkeit einbringt. Wir wollen uns gleich zu Beginn dieses Buches ein wenig die guten Seiten dieser Philosophie anschauen und Ihnen Controlling als nützliches Instrument für den Führungsalltag vorstellen. Zudem wollen wir das Feld des Controllings aus der Perspektive unserer beiden Heimatländer (Deutschland und Österreich) sehen, die vieles, aber nicht alles gemeinsam haben. Darum schauen wir immer wieder aus beiden länderspezifischen Perspektiven auf Controllingprobleme in der Sozialwirtschaft.

Unternehmen und Organisationen in der sozialen Arbeit bezeichnen wir als (soziale) Einrichtungen, wobei die Nähe der sozialen Arbeit zum Non-Profit-Bereich nicht implizit miteinschließt, dass alle Einrichtungen selbstverständlich auch immer Non-Profit-Organisationen (in Deutschland: gemeinnützige Organisation) sind oder sein müssen. Denen stehen die GeldgeberInnen gegenüber, die in Deutschland wie in Österreich zum großen Teil aus dem öffentlichen Bereich kommen und bei der Bezahlung von Leistungsentgelten als Kostenträger, bei öffentlichen Zuwendungen als Subventionsträger oder FördergeberInnen bezeichnet werden. Zuwendungen erhalten die Einrichtungen allerdings auch von Stiftungen, Unternehmen und Privatpersonen. In der Regel sprechen wir von Kostenträgern. Schließlich betrachten wir als Feld die Sozialwirtschaft, die kein ganz genau umrissener Bereich ist. Beispiele aus dem Gesundheits-, Pflege- oder Bildungsbereich werden als nahe Verwandte ebenfalls mit herangezogen. Die Heterogenität des Feldes der Sozialwirtschaft macht den Reiz dieses Feldes aus, sodass man immer wieder vom anderen Bereich lernen kann.

Unser Ziel war ein praxisbezogenes Controllingbuch, das sowohl für Studierende als auch Führungskräfte einen guten Überblick über die verschiedenen Bereiche des Controllings gibt und die speziellen Anforderungen der Sozialwirtschaft sowie der Non-Profit-Organisationen miteinbezieht. So finden Sie in jedem Kapitel nicht nur zahlreiche Beispiele aus verschiedenen Handlungsfeldern der Sozialwirtschaft, sondern auch Interviews mit Führungskräften, ControllerInnen und ausführliche Fallbeispiele aus Organisationen. Auch hier haben wir auf unterschiedliche Länderperspektiven geachtet. Wir hoffen, dass Sie genügend Anregungen aus unseren Darlegungen, Beispielen und Aufgaben ziehen können, auch wenn sie nicht direkt Ihrem eigenen Tätigkeitsfeld zuzurechnen sind.

Unser Anspruch war, einerseits das Thema Controlling in seiner Breite darzustellen, andererseits gerade dort, wo es eine hohe Relevanz für die sozialen Einrichtungen gibt, in die Tiefe zu gehen und konkrete Tools anzubieten. In den ersten drei Abschnitten finden Sie nach der Einführung in das Thema Grundlagen zur Planung und Koordination. Danach widmen wir uns den Controllinginstrumenten auf den unterschiedlichen Managementebenen: strategisches Controlling und operatives Controlling. Wirkungscontrolling, das sowohl strategische wie auch operative Aspekte vereint, bildet den Abschluss.

Danken möchten wir für alle kritischen Gespräche in Seminaren und mit VertreterInnen aus der Praxis, für die Beiträge unserer InterviewpartnerInnen und nicht zuletzt Alexandra Hinrichs für ihr sorgfältiges Korrekturlesen und nicht zuletzt Klaus Grunwald für viele Anregungen.

Wir wünschen Ihnen eine anregende Lektüre.

Georg Kortendieck
Peter Stepanek

# Inhaltsverzeichnis

1 **Grundlagen des Controllings**.................................. 1
   1.1   Ziele und Aufgaben des Controllings........................ 2
   1.2   Die Rolle der ControllerInnen............................. 7
   1.3   Die Organisation des Controllings in der
         Sozialwirtschaft......................................... 9
   1.4   Operatives und strategisches Controlling..................... 11
   Anhang......................................................... 16
   Literatur........................................................ 16

2 **Informationsversorgung durch das Controlling**............... 19
   2.1   Informationsangebot, -nachfrage und -bedarf................. 20
   2.2   Das Rechnungswesen als Grundlage der
         Informationsversorgung.................................. 22
   2.3   Kennzahlen............................................... 27
   2.4   Das Berichtswesen........................................ 36
   Anhang......................................................... 42
   Literatur........................................................ 43

3 **Planung und Koordination**.................................. 45
   3.1   Planung und Controlling................................... 46
   3.2   Ziele und Erfolgsdimensionen.............................. 46
   3.3   Planung verschiedener Bereiche............................ 54
   3.4   Budgetierung............................................. 56
   3.5   Prognosen und Szenarien................................... 62
   3.6   Abweichungsanalyse...................................... 67
   Anhang......................................................... 78
   Literatur........................................................ 80

| | | |
|---|---|---|
| **4** | **Instrumente des strategischen Controllings** | 81 |
| 4.1 | Strategien und strategisches Controlling | 82 |
| 4.2 | Unternehmensanalyse | 89 |
| 4.3 | Strategische Controllinginstrumente der Umweltanalyse | 104 |
| 4.4 | Strategische Instrumente der Unternehmens- und Geschäftsfeldebene | 117 |
| 4.5 | Strategieimplementierung | 128 |
| 4.6 | Kennzahlen im strategischen Controlling | 130 |
| | Anhang | 135 |
| | Literatur | 137 |
| **5** | **Instrumente des operativen Controllings** | 139 |
| 5.1 | Grundlagen der Kostenrechnung | 140 |
| 5.2 | Personalkosten als zentrale Steuerungsgröße | 157 |
| 5.3 | Grundlagen des Kostenmanagements | 170 |
| | Anhang | 173 |
| | Literatur | 176 |
| **6** | **Wirkungscontrolling** | 179 |
| 6.1 | Schwierige Leistungsmessung im sozialen Bereich | 180 |
| 6.2 | Wirkungsorientierung: vom Output zum Impact | 181 |
| 6.3 | Wirkungsmodellierung: die Ursachen-Wirkungs-Kette | 186 |
| 6.4 | Leistungsindikatoren | 189 |
| 6.5 | Wirkungsanalyse und -messung | 194 |
| 6.6 | Wirkungsberichte im sozialen Bereich: Social Reporting Standard | 201 |
| | Anhang | 205 |
| | Literatur | 206 |
| **7** | **Lösungen für die Übungsaufgaben** | 209 |
| **Literatur** | | 215 |

# Abkürzungsverzeichnis

| | |
|---|---|
| A | Auswirkungen |
| AA | Auswirkungen der Auswirkungen |
| Abb. | Abbildung |
| AvA, AfA | Abschreibung von Anlagen, Abschreibung für Anlagen |
| BAB | Betriebsabrechnungsbogen |
| BAT | Bundesangestelltentarif |
| BSC | Balanced Scorecard |
| bspw. | beispielsweise |
| EU | Europäische Union |
| gGmbH | gemeinnützige Gesellschaft mit beschränkter Haftung |
| GuV | Gewinn-und Verlustrechnung |
| Kita | Kindertagesstätte |
| km | Kilometer |
| kurzfr. | kurzfristig |
| l | Liter |
| langfr. | langfristig |
| NPO | Non-Profit-Organisation |
| POS | Personal Outcome Scale |
| SROI | Social Return on Investment |
| Std. | Stunden |
| Tab. | Tabelle |
| TVöD | Tarifvertrag des öffentlichen Dienstes |
| T€ | Tausend Euro |

| | |
|---|---|
| U | Ursachen |
| u. a. | und andere |
| UU | Ursachen der Ursachen |
| vgl. | vergleiche |
| VZÄ | Vollzeitäquivalent |
| z. B. | zum Beispiel |

# Abbildungsverzeichnis

| | | |
|---|---|---|
| Abb. 1.1 | Controllingregelkreis | 3 |
| Abb. 1.2 | Unterschied zwischen ManagerIn und ControllerIn | 8 |
| Abb. 1.3 | Controllingperspektiven in Abhängigkeit verschiedener Kernaufgaben | 8 |
| Abb. 1.4 | Aufgaben der ControllerInnen | 9 |
| Abb. 2.1 | Auszahlung, Ausgabe, Aufwand und Kosten | 25 |
| Abb. 2.2 | Buchhaltung und Controlling | 26 |
| Abb. 2.3 | Bildung von Kennzahlen | 27 |
| Abb. 2.4 | Berichte in der Jugend- und Sozialverwaltung | 39 |
| Abb. 3.1 | Struktur der Einzelpläne | 55 |
| Abb. 3.2 | Planungsablauf der Budgetierung bei der Lebenshilfe Peine/Burgdorf (2016) | 60 |
| Abb. 3.3 | Szenarioentwicklung | 66 |
| Abb. 3.4 | Flexible Plankostenrechnung | 77 |
| Abb. 4.1 | Elemente erfolgreicher Strategien | 83 |
| Abb. 4.2 | Auswahl strategischer Controllinginstrumente | 86 |
| Abb. 4.3 | Die Wertschöpfungskette | 97 |
| Abb. 4.4 | Gap-Analyse | 100 |
| Abb. 4.5 | Informationszustände und Risiko | 105 |
| Abb. 4.6 | Analyse der Wettbewerbskräfte | 113 |
| Abb. 4.7 | DasBCG-Portfolio | 120 |
| Abb. 4.8 | Das Portfolio von Frau Müller | 121 |
| Abb. 5.1 | Ablauf der Vollkostenrechnung | 141 |
| Abb. 5.2 | Kostenstellen der Jugendberatung | 143 |

| | | |
|---|---|---|
| Abb. 5.3 | Schematische Darstellung Deckungsbeitrag | 154 |
| Abb. 6.1 | Die Wirkungstreppe | 183 |
| Abb. 6.2 | Wirkungsorientierung | 183 |
| Abb. 6.3 | Ursache-Problem-Folgenkette | 187 |
| Abb. 6.4 | Lösungsansätze und ihre Wirkung | 187 |
| Abb. 6.5 | Objektive Lebensqualität von WerkstattmitarbeiterInnen | 199 |

# Tabellenverzeichnis

| | | |
|---|---|---|
| Tab. 1.1 | Zielgerichtete Steuerung | 4 |
| Tab. 1.2 | Unterschied operatives und strategisches Controlling | 13 |
| Tab. 2.1 | Anforderungen an die Informationssuche | 21 |
| Tab. 2.2 | Kennzahlarten | 29 |
| Tab. 2.3 | Früh- und Spätindikatoren | 31 |
| Tab. 2.4 | Übersicht über wichtige Kennzahlen | 32 |
| Tab. 2.5 | Berichterstattung im Unternehmen | 37 |
| Tab. 2.6 | Standard-Controllingbericht einer Bildungseinrichtung | 38 |
| Tab. 3.1 | Ziele und Kennzahlen | 47 |
| Tab. 3.2 | Zielsystem eines Altenheims | 48 |
| Tab. 3.3 | Indikatoren eines Seniorenheims | 49 |
| Tab. 3.4 | SMARTe Zielformulierungen | 50 |
| Tab. 3.5 | Planung eines Geschäftsjahres | 57 |
| Tab. 3.6 | Der Budgetplan | 57 |
| Tab. 3.7 | Soll-Ist-Vergleich der Erträge und der Aufwendungen | 67 |
| Tab. 3.8 | Vorgehensweise bei der Szenariotechnik | 69 |
| Tab. 3.9 | Budgetausschnitt der Kostenstelle Veranstaltungen | 73 |
| Tab. 3.10 | Arten von Kostenabweichung | 74 |
| Tab. 3.11 | Abweichungsrechnung | 75 |
| Tab. 3.12 | Berechnung der Abweichungen | 76 |
| Tab. 4.1 | Kriterien der Stärken-Schwächen-Analyse | 90 |
| Tab. 4.2 | Stärken-Schwächen-Analyse Social Power e. V. | 91 |
| Tab. 4.3 | Stärken-Schwächen-Profil der vier Leistungssparten des Stifts Musterburg | 93 |
| Tab. 4.4 | Eskalationsstufen der Kernkompetenz | 95 |

| | | |
|---|---|---|
| Tab. 4.5 | Vor- und Nachteile verschiedener BenchmarkingpartnerInnen | 103 |
| Tab. 4.6 | Externe und interne Chancen und Risiken | 107 |
| Tab. 4.7 | Chancen-Risiken-Analyse Superhelp | 108 |
| Tab. 4.8 | Ziel-StakeholderInnen-Matrix | 110 |
| Tab. 4.9 | Nutzen und Beiträge verschiedener StakeholderInnen einer Kita | 111 |
| Tab. 4.10 | Die Bedeutung der StakeholderInnen | 112 |
| Tab. 4.11 | SWOT-Analyse einer Hausgemeinschaft für Menschen mit Behinderung | 118 |
| Tab. 4.12 | Kriterien für die externe und interne Perspektive aus Sicht der Sozialwirtschaft | 125 |
| Tab. 4.13 | Branchenattraktivität Mentoring für unbegleitete minderjährige Flüchtlinge | 126 |
| Tab. 4.14 | Wettbewerbsvorteile Mentoring für unbegleitete minderjährige Flüchtlinge | 127 |
| Tab. 4.15 | Portfolio nach McKinsey (Neun-Felder-Portfolio) | 128 |
| Tab. 4.16 | Portfolio einer Non-Profit-Organisation | 129 |
| Tab. 4.17 | Scoringmodell für ein neues Geschäftsmodell | 129 |
| Tab. 4.18 | Die vier Grundperspektiven der Balanced Scorecard | 133 |
| Tab. 4.19 | Marktattraktivitätsschema eines katholischen Stifts | 136 |
| Tab. 5.1 | Kostenstellenrechnung mit Umlage über die Einzelkosten | 145 |
| Tab. 5.2 | Kostenstellenrechnung mit Umlage über die KlientInnen | 146 |
| Tab. 5.3 | Kostenstellenrechnung mit Umlage über die MitarbeiterInnen | 147 |
| Tab. 5.4 | Auswirkungen unterschiedlicher Schlüsselungen in der Kostenstellenrechnung | 148 |
| Tab. 5.5 | Divisionskalkulation | 150 |
| Tab. 5.6 | Kostenträgerzeitrechnung | 151 |
| Tab. 5.7 | Vollkostenrechnung mit drei Standorten | 153 |
| Tab. 5.8 | Deckungsbeitragsrechnung einer Einrichtung in Wien | 156 |
| Tab. 5.9 | Kostenstruktur der Arbeiterwohlfahrt Hessen-Süd 2015 | 158 |
| Tab. 5.10 | Beschäftigungsausmaß der MitarbeiterInnen | 159 |
| Tab. 5.11 | Summe der Wochenstunden | 159 |
| Tab. 5.12 | Personalkostenverlauf | 160 |
| Tab. 5.13 | Prognostizierter Personalkostenverlauf | 160 |

| | | |
|---|---|---|
| Tab. 5.14 | Qualifikationsgruppen mit möglichen Berufsgruppen | 162 |
| Tab. 5.15 | Monatliches Bruttoentgelt in Euro TVöD SuE 2019 | 163 |
| Tab. 5.16 | Übersicht über die Lohn- und Gehaltsnebenkosten in Österreich (2018). | 165 |
| Tab. 5.17 | Kostenprognose 2019 bis 2021 | 166 |
| Tab. 5.18 | Übersicht über Kostenfaktoren Personalkosten. | 167 |
| Tab. 6.1 | Wirkungen eines Jugendhilfeprojekts | 190 |
| Tab. 6.2 | Erfolgsindikatoren des Jugendschulprojektes | 192 |
| Tab. 6.3 | Beispiele für Indikatoren | 193 |
| Tab. 6.4 | Datenanalyse | 193 |

# Grundlagen des Controllings

**Zusammenfassung**

In diesem Kapitel werden ausgehend von den Zielen des Controllings dessen Aufgaben und Anforderungen an das Controlling erläutert. Da die eigentliche Steuerung im Unternehmen den Leitungskräften obliegt, ist zudem das Verhältnis zwischen ControllerIn und ManagerIn zu klären und die Einbindung des Controllings in die betriebliche Organisation darzulegen. Dies ist deshalb notwendig, weil ControllerInnen nicht nur das operative Geschäft unterstützen sollen, sondern Vorlagen für den strategischen Prozess erarbeiten.

**Lernziele**

- Sie kennen die Aufgaben und Ziele des Controllings und wissen, dass Controlling drei Aufgaben hat: Informationsversorgung, Unterstützung bei der Planung und Rationalitätssicherung.
- Sie verstehen, dass Controlling unterstützt, aber nicht selbst entscheidet.
- Sie sehen, dass Controlling nicht eine Aufgabe des Rechnungswesens ist und dass durch die enge Anbindung des Controllings an die Leitung sozialarbeiterische Themen besser gesteuert werden.
- Sie können operatives von strategischem Controlling unterscheiden.

## 1.1 Ziele und Aufgaben des Controllings

Viele Menschen denken bei dem Begriff Controlling an den Begriff der Kontrolle. Das ist viel zu eng. Controlling bedeutet nach der englischen Bedeutung des Wortes „to control" *steuern*. Controlling hat folgende Aufgaben (vgl. Halfar et al. 2014, S. 25 ff.):

- **Informationsversorgung:** Für ihre Aufgaben ist die Führung auf eine umfassende Informationsversorgung angewiesen. Durch Informationssammlung, -aufbereitung und -verdichtung unterstützt das Controlling das Management.
- **Planungs- und Koordinierungsfunktion:** Das Controlling hat zur Aufgabe, die verschiedenen Planungs- und Ausführungssysteme zu koordinieren, innerhalb der Systeme die einzelnen Teilpläne aufeinander abzustimmen und die strategische mit der operativen Planung zu verbinden.
- **Führungsunterstützung:** Durch Soll-Ist-Vergleiche und Abweichungsanalysen dient das Controlling der Unternehmensleitung dazu, die Ziele zu fokussieren und die Führung bei der Willensbildung zu unterstützen. Das Controlling ist das „betriebswirtschaftliche Gewissen" im Unternehmen (vgl. Weber und Schäfer 2015, S. 27 f.). Das ist umso wichtiger, je mehr die Unternehmen keine eindeutigen Ziele verfolgen, sondern eher durch unklare, multiperspektivische Zielsetzungen gekennzeichnet sind, wie dies typisch für gemeinnützige Einrichtungen im Sozialwesen ist.

Controlling ist ein Führungsinstrument, das in der Abfolge von Zielbildung, Entscheidung, Durchführung und Kontrolle unterstützende Managementfunktionen hat. Zu einer zielgerichteten Steuerung gehören neben der klaren Vorgabe von Zielen die Bewertung, Evaluierung des Erreichten, des Ist-Zustandes und das Ableiten von Maßnahmen. Vereinfacht kann das als Controlling-Regelkreis gedacht werden (siehe Abb. 1.1).

Am Beispiel eines Angebots einer Drogenberatungsstelle (Tab. 1.1) soll der Prozess des zielgerichteten Steuerns verdeutlicht werden.

Die Verantwortlichen für die Planung, Durchführung und den Erfolg von Maßnahmen müssen sich im Rahmen ihrer verfügbaren Mittel fragen, ob sie diese *effektiv* (=zielwirksam) und *effizient* (=ressourcenminimal) eingesetzt haben. Um einen effektiven und effizienten Mitteleinsatz zu erreichen, trägt Controlling dazu bei, dass zum Beispiel im Beratungsbereich

## 1.1 Ziele und Aufgaben des Controllings

**Abb. 1.1** Controllingregelkreis. (Quelle: Eigene Darstellung nach Bono 2006, S. 14)

- der Durchlauf der KlientInnen erfasst und die Ist-Kosten dort transparent werden,
- die Prozesse für Einrichtung und für KlientInnen optimiert werden (bspw. die Zeiteinteilung für Hilfeplangespräche, Anamnese, Elterngespräche),
- durch Standardisierung eine höhere Betreuungsqualität erreicht wird oder
- durch klare Zielsetzung und Nachweis der Zielerreichung gegenüber Dritten (z. B. Verwaltungsausschuss) die Bedeutsamkeit der eigenen Arbeit dokumentiert und gesichert wird.

Controlling umfasst vier Verantwortungsebenen (vgl. Halfar 2014, S. 782 ff.):

**Systemverantwortung:** Aufbau und Pflege eines Controllingsystems (Kosten- und Leistungsrechnung, kurzfristige Erfolgsrechnung, Kennzahlensysteme und Entwicklung von Wirksamkeitsindikatoren, Entwicklung von Kosten-/Wirkungsrechnungen, Projektplanungs- und Projektverfolgungssystematik, Auswahl und Entwicklung geeigneter IT-Unterstützung).

**Planungsverantwortung:** Gewährleistung einer Planungssystematik (Plan- und Soll-Ist-Rechnung sowie Aufbau von Simulationsrechnungen, Unterstützung der Führungskräfte bei der Zielfindung und Zielformulierung, Moderation des Planungsprozesses, Unterstützung im Prozess des Führens durch Zielvereinbarungen, Aufstellen von Erwartungsrechnungen).

**Beratungsfunktion:** Unterstützung der Führungskräfte beim Soll-Ist-Vergleich und bei der Evaluierung der Korrekturmaßnahmen, bei der Quantifizierung der

**Tab. 1.1** Zielgerichtete Steuerung

| Managementaufgabe | Zentrale Frage | Beispiel |
|---|---|---|
| Zielsetzung | Was wollen wir erreichen? | Das neue Beratungsangebot für Jugendliche soll pro Jahr von 100 Jugendlichen in Anspruch genommen werden. |
| Problemanalyse | Wo und wie sind unsere Ziele noch nicht erfüllt? | Bisher gab es für diese Zielgruppe kein Angebot |
| Planung | Wie wollen wir unsere Ziele mit welchen Mitteln erreichen? | Mittels einer Informationskampagne sollen Stakeholder und Schulen in der näheren Umgebung mittels Informationsveranstaltungen informiert werden |
| Messkriterien | Woran können wir erkennen, ob wir unsere Ziele erreicht haben? | Es wird überprüft, wie viele Jugendliche monatlich dieses Angebot annehmen |
| Entscheidung | Wenn mehrere Wege zur Zielerreichung möglich sind, für welchen entscheiden wir uns? | Abgesehen von Informationsveranstaltungen könnten Facebook-Inserate und Anzeigen in Straßenbahnen sinnvoll sein |
| Bewerten und Kontrollieren | Haben wir mit dem eingeschlagenen Weg unser Ziel erreicht (Effektivität der Maßnahme) und hätte er vielleicht noch kürzer sein können (Effizienz der Maßnahme)? | Haben wir zumindest 100 Jugendliche pro Jahr beraten? Waren die Kosten der Informationsveranstaltungen in einer sinnvollen Relation zum Ergebnis? Hätten sich Inserate gerechnet, weil dadurch mehr Jugendliche erreicht worden wären? |
| Korrigieren | Was können wir beim nächsten Mal besser machen? Woran hat es gelegen, dass Abweichungen zwischen den Zielen und dem tatsächlich Erreichten festzustellen sind? | Wie können wir noch genauer die richtigen Stakeholder erreichen? Wie könnten Inserate zielgruppengerechter gestaltet werden? Wie viel Werbebudget brauchen wir, damit wir unser Ziel erreichen? |

## 1.1 Ziele und Aufgaben des Controllings

Folgekosten neuer Gesetze und Verordnungen, beim Einfordern von Präzision, bei Entscheidungen und deren Konsequenzen.

**Richtlinienverantwortung:** Controlling setzt selbst Standards bei den Informations- und Planungssystemen: Vorgaben für Verrechnungsvorschriften und Gemeinkostenschlüsselungen im Rahmen der Kostenstellenrechnung, bei der Leistungserfassung, bei der Bestimmung von Qualitätsmaßstäben, beider Auswahl der Inhalte und der Häufigkeit der Berichterstattung, beim Planungsablauf und der Bearbeitung von Investitionsanträgen, bei der Bestimmung der Methoden und der Sätze für kalkulatorische Abschreibungen.

In den letzten Jahren haben das Qualitätsmanagement und die Wirkungsorientierung in der Sozialwirtschaft an Bedeutung gewonnen. In der Praxis wird Controlling mit der starken Ausrichtung auf die finanziellen Ziele der Organisation mitunter wenig förderlich für die Erhaltung und den Ausbau der Qualität erlebt. Wirkungsorientierung wird oft gedanklich gleich mit Wirkungscontrolling gleichgesetzt, wo es nur um das Messen der finanziellen Folgen geht. Das ist eine verkürzte Betrachtung. Aus Managementlogik sind sowohl Controlling als auch Qualität und Wirkung wichtige Steuerungsbereiche von sozialen Einrichtungen, die zwar unterschiedliche Logiken verfolgen, aber Hand in Hand gehen müssen.

---

**Interview 1: Controlling und Qualitätsmanagement bei der Volkshilfe Wien**
Matthias Schüchner, Abteilungsleiter Qualitätsmanagement, Volkshilfe Wien, 03/2018 www.volkshilfe-wien.at

**Wodurch unterscheidet sich aus Ihrer Perspektive Controlling von Qualitätsmanagement?**
Controlling und Qualitätsmanagement nehmen unterschiedliche Standpunkte in der Organisation ein, von denen aus sie analysieren, planen und Maßnahmen setzen. Beide stehen jeweils für ein wesentliches Ziel sozialer Organisationen: Controlling für eine effiziente und effektive Einsetzung der Mittel, Qualitätsmanagement für die Qualitätserwartungen verschiedenster Interessensgruppen (KlientInnen, Fördergeber, MitarbeiterInnen, Zivilgesellschaft etc.).

**Ist Controlling mit seiner starken Orientierung auf Finanzen und Strategie der „Feind" der Qualität?**
Nein. Die Unterschiedlichkeit der gerade erwähnten Standpunkte bedeutet nicht, dass man von ihnen aus nicht auch zu gleichen oder ähnlichen Einschätzungen kommen kann. Eine nicht erfüllte Qualitätserwartung kann eine Organisation finanziell gefährden, wenn es z. B. durch eine nicht fachgerechte Betreuung zu Schadenersatzforderungen kommt. Auf der anderen Seite ist auch der vernünftige Umgang mit Finanzen eine berechtigte Qualitätserwartung an uns als soziale Organisation. Controlling und Qualitätsmanagement ergänzen einander, sind aber nicht immer einer Meinung. Wenn sie sich als Sparringpartner verstehen, die sich gegenseitig auf nicht bedachte Aspekte und blinde Flecken hinweisen, entsteht eine produktive Differenz!

**Gibt es aus Ihrer Sicht Schnittstellen zwischen Controlling und Qualitätsmanagement?**
Controlling und Qualitätsmanagement tun gut daran, sich laufend und in vielerlei Hinsicht abzustimmen. Eine Zusammenarbeit ist in drei Tätigkeitsfeldern besonders wichtig. Beim Prozessmanagement (Festlegen, Steuern und Verbessern der wichtigsten Abläufe) braucht es effiziente und qualitativ hochwertige Prozesse. Im Zuge des strategischen Managements (Fragen der langfristigen Ziele und der Schwerpunkte) sind Controlling und Qualitätsmanagement mit ihren Analysen wichtige Beratungsinstanzen. Bei der Entwicklung neuer, innovativer Angebote geht es um einen soliden Businessplan, der aber auch hohen qualitativen Ansprüchen genügen muss.

**Welche Relevanz hat in Ihrer Organisation Wirkungscontrolling und Wirkungsanalyse? Ist Wirkungscontrolling aus Ihrer Perspektive mit Qualitätsmanagement verknüpft?**
Wenn wir uns Wirkung klassisch als Kette Input−Output−Outcome−Impact ansehen, dann haben wir bei den Outputs (Auslastung, Betreuungsstunden, Personaleinsatz etc.) hoch relevante Controllingroutinen. Für die Outcomes gibt es Evaluations- und Qualitätssicherungsabläufe (KlientInnenzufriedenheit, Evaluationen von Zielen, Erfüllung von Qualitätsanforderungen etc.). Dort gibt es eine starke Verknüpfung zwischen Qualitätsmanagement und Controlling. Für die Darstellung der nachhaltigen,

gesellschaftlichen Wirkung *(Impact)* unserer Leistungen fehlen uns meistens die Daten. Und selbst, wenn wir diese zur Verfügung hätten, wäre der hohe forschungsmethodische Aufwand nicht leistbar. Hier sind wir auf externe Studien und Forschungen angewiesen.

## 1.2 Die Rolle der ControllerInnen

Auch wenn Controlling als gemeinsame Aufgabe von ManagerIn und ControllerIn verstanden wird, haben diese im Controllingprozess unterschiedliche Tätigkeiten und Zuständigkeitsbereiche. ManagerInnen sind für die Ergebnisse verantwortlich, ControllerInnen für die Ergebnistransparenz (vgl. Fischer et al. 2015, S. 34). In Sozialeinrichtungen muss das Management eine Vielzahl von internen und externen Interessensgruppen befriedigen und trotz unsicherer Zukunft Entscheidungen treffen. Dies geschieht nicht allein nach rationalen Kriterien. Sie haben Gewohnheiten und Vorlieben, selten alle Informationen und müssen oft schnelle Entscheidungen treffen. Zudem beurteilen sie nach ökonomischen wie nach politischen, durchsetzbaren Kriterien. So gesehen müssen sie im Gegensatz zu ControllerInnen wesentlich flexibler und risikofreudiger sein und die emotionale Seite ihres Handelns im Blick behalten (z. B. bei Personalfreisetzung). Weber und Schäfer (2015, S. 14 f.) wählen zur Unterscheidung ein Beispiel aus der Seefahrt (siehe Abb. 1.2): Während die ManagerInnen als KapitänInnen eines Schiffs gesehen werden, die entscheiden, welche Route das Schiff einschlägt und wie viele MatrosInnen an Bord arbeiten, werden die ControllerInnen als LotsInnen gesehen, die über Seekarten brüten, das Wetter beobachten und auf den Mast klettern, um zu sehen, ob Land in Sicht ist.

Die Fähigkeiten der ControllerInnen, analytisch zu denken und auf ökonomische Rationalitätsdefizite aufmerksam zu machen, werden vom Management genutzt, um Entscheidungen zu treffen (vgl. Bono 2006, S. 11). Das Rollenverständnis der ControllerInnen ist, wie Abb. 1.3 zeigt, Veränderungen unterworfen.

Die unterschiedlichen Perspektiven auf das Controlling sind nicht nur von den unterschiedlichen Kernaufgaben abhängig, sondern auch von den handelnden Personen, der Unternehmenskultur sowie der Komplexität und dem Risiko im Bereich der Managementaufgaben. Neben einem fundierten betriebswirtschaftlichen

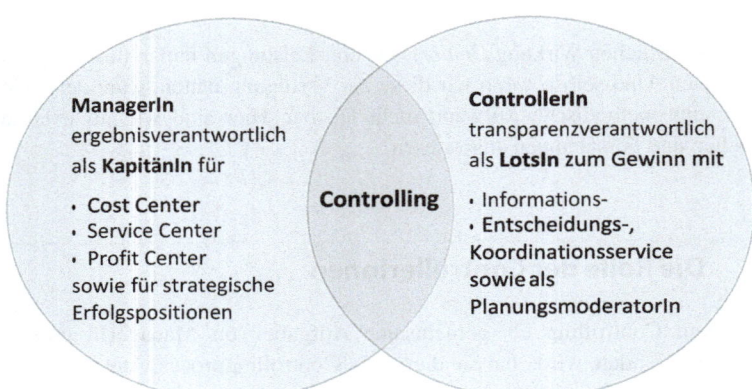

**Abb. 1.2** Unterschied zwischen ManagerIn und ControllerIn. (Quelle: Weber und Schäfer 2015, S. 14 f.)

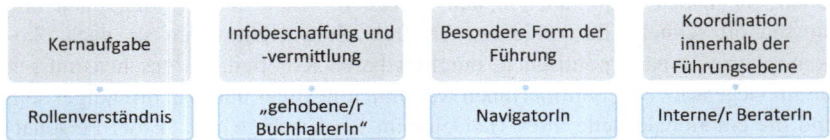

**Abb. 1.3** Controllingperspektiven in Abhängigkeit verschiedener Kernaufgaben. (Quelle: Bono 2006, S. 9)

Verständnis müssen ControllerInnen über ein hohes Maß an Sozial- und Kommunikationskompetenz verfügen, gilt es einerseits verschiedene Gruppen von MitarbeiterInnen „ins Boot zu holen" (was gerade in Bezug auf Zahlen oftmals eine große Herausforderung darstellt) und andererseits einen Blick für die unterschiedlichen Anforderungen dieser zu entwickeln, um Maßnahmen in Hinblick auf ihre Auswirkungen bewerten zu können. Die nachfolgende Abb. 1.4 zeigt, wie das Controlling das Management in allen Phasen des Führungs- bzw. Managementprozesses unterstützt. In der Entscheidungsverantwortung des Controllings liegen die Gestaltung der Planungs- und Kontrollprozesse. Hier liegt die Kernkompetenz des Controllings.

## 1.3 Die Organisation des Controllings in der Sozialwirtschaft

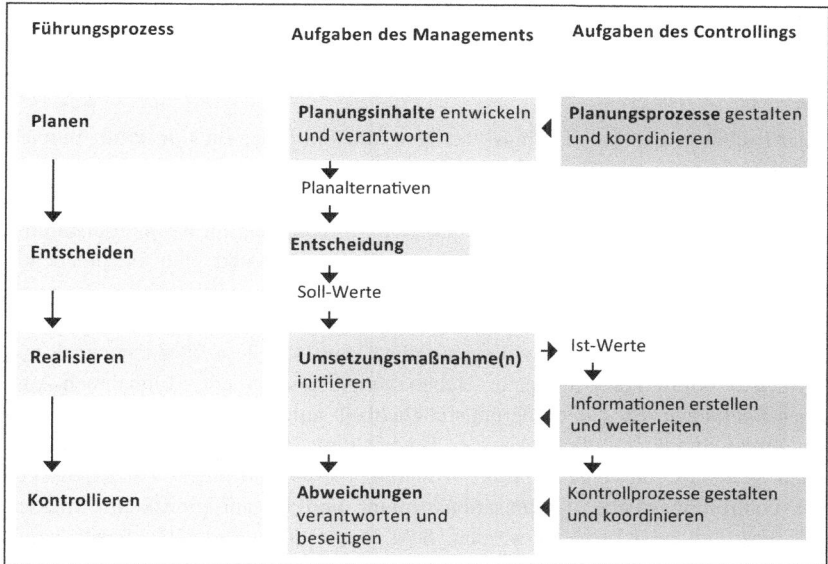

**Abb. 1.4** Aufgaben der ControllerInnen. (Quelle: Vahs und Schäfer-Kunz 2007, S. 239)

### 1.3 Die Organisation des Controllings in der Sozialwirtschaft

Die Mehrzahl der Einrichtungen der Sozialwirtschaft sind Vereine. Controlling gewinnt in Non-Profit-Organisationen an Bedeutung. Die Gründe dafür sind unter anderem, dass diese

- ebenfalls von der Komplexität und Dynamisierung der Wirtschaft betroffen sind;
- einem stärkeren Legitimations- und Erfolgsdruck ausgesetzt sind;
- mit gestiegenen Ansprüchen seitens FördergeberInnen, SpenderInnen, Mitglieder u. a. konfrontiert sind und vielfältige Interessen berücksichtigen müssen;
- sich im Spannungsfeld zwischen nachgefragter Leistung und den Möglichkeiten, diesen Bedarf zu decken, bewegen;

- einer zunehmenden Ökonomisierung des Sozialen ausgesetzt sind;
- verschiedene InteressentInnengruppen und verschiedene Zieltypen (Leistungsziele, Finanzziele) auch unterschiedliche Informationen verlangen/brauchen.

In der Fachliteratur werden Voraussetzungen für Controlling im Non-Profit-Bereich diskutiert. Hierzu zählen ein Mindestmaß an Managementfähigkeit in den Führungsebenen und die Akzeptanz des Managementgedankens durch interne und externe InteressentInnengruppen, die Effizienz in Hinblick auf Missionserfüllung, das Ablegen einer bürokratischen Führungsphilosophie und eine entsprechende Zahlenbasis, auf die zurückgegriffen werden kann (Finanzbuchhaltung, Personaldaten, Leistungsstatistik; vgl. Gmür et al. 2013). Üblicherweise erhält die Leitung einer Einrichtung finanzwirtschaftliche Daten aus ihrer Finanzbuchhaltung. Führt ein Verein keine doppelte Buchhaltung, sondern eine Einnahmen-Ausgaben-Rechnung, ist die Steuerungsmöglichkeit aufgrund fehlender Daten nur sehr eingeschränkt möglich. Aus der Buchhaltung werden finanzwirtschaftliche Daten generiert, die eine zentrale Grundlage des Controllings darstellen. Für eine controllinggerechte Organisationsstruktur und Organisationskultur müssen viele Faktoren berücksichtigt werden. Sehr kleine Organisationen können kaum ausreichend personelle und finanzielle Ressourcen für eine eigene Controllingabteilung aufbringen. Die Wahrscheinlichkeit für einen eigenständigen Aufgabenbereich steigt mit der Größe der Organisation. Wird Controlling als eigenständige Funktion eingeführt (vgl. Halfar et al. 2014, S. 57), geschieht dies durch Einrichtung einer Controllingstelle oder Abteilung als Stabsstelle mit direkter Anbindung an das Management. Da es explizit Aufgabe der Controllingstelle ist, die Finanzbuchhaltung zu einer aussagefähigen Kosten- und Leistungsrechnung auszubauen, wird in der Praxis gern die Fachkraft für das Controlling aus der Buchhaltung genommen bzw. nahe bei ihr angesiedelt. Dies ist problematisch, da es in sozialwirtschaftlichen Organisationen darauf ankommt, steuerungsrelevantes Wissen für die schwer messbaren Leistungsprozesse aufzubereiten. Eine Nähe zu den leicht erfassbaren monetären Daten wird die möglichen Vorbehalte der MitarbeiterInnen gegen die „betriebswirtschaftliche" Steuerung noch vergrößern. Darum ist die Ansiedlung der Controllingstelle als Stabsfunktion bei der Leitung sinnvoll.

Die unterschiedliche organisatorische Verankerung des Controllings als Stabsstelle, als Führungskraft oder als MitarbeiterIn im Rechnungswesen bringt dem Controlling unterschiedliche Anerkennung bzw. Wertschätzung der Mitarbeiterschaft ein. Als Stabsstelle erfährt Controlling Konkurrenz durch externe Unternehmensberatung, die interne Finanzbuchhaltung oder das Qualitätsmanagement. Als kaufmännisch-rationales Gewissen muss das Controlling mit Widerstand seitens der Fachabteilungen (bspw. pflegerische Abteilungen) und seitens der verantwortlichen Personen rechnen, die es durch seine Analysen „nervt". Insgesamt sind ControllerInnen im Sozialbereich aufgrund der heterogenen Interessen der einzelnen StakeholderInnen (KlientInnen, Angehörige, Kostenträger, Politik, Öffentlichkeit) mehr als ModeratorInnen gefragt als in anderen Branchen. Das Controlling in der Sozialwirtschaft ist mit besonderen Herausforderungen konfrontiert:

- die Anforderungen von verschiedenen Kostenträgern und FördergeberInnen an ein Finanz- und Qualitätscontrolling innerhalb einer Organisation;
- wenig vergleichbare Abteilungen/Bereiche innerhalb einer Organisation mit unterschiedlichen Kosten- und Finanzierungslogiken;
- geringer Entscheidungsspielraum aufgrund der Vorgaben von öffentlichen Kostenträgern und FördergeberInnen bezogen auf Leistung, Qualität und Preisgestaltung;
- die gleichzeitige Bedeutung der sozialen Mission (Wirkungsziele) und der finanziellen Ziele;
- die Entscheidungsstrukturen im klassischen Verein (Geschäftsführung, Vorstand, Mitgliederversammlung) und der damit eingeschränkte Handlungsbereich der Geschäftsführung sowie
- die Einbindung von ehrenamtlichen MitarbeiterInnen.

Dies verlangt von ControllerInnen ein hohes Maß an Sozialkompetenz und Fingerspitzengefühl in der Planung und Durchführung, vor allem in der Kommunikation der Controllingmaßnahmen.

## 1.4 Operatives und strategisches Controlling

Je nachdem, welche Zielebene und welcher Zeithorizont angesprochen werden, ist zwischen dem operativen und dem strategischen Controlling zu unterscheiden. Das operative Controlling umfasst die kurzfristige Planung, deren finanzieller Rahmen durch Budgets und Planbilanzen vorgegeben ist, während das strategische Controlling langfristig plant.[1] Zum *operativen Controlling* gehören die Optimierung des Personaleinsatzes, die Auslastung der bestehenden Kapazitäten

---

[1] Gebräuchlich ist durchaus die Unterscheidung in *kurzfristiges* (1–3 Jahre), *taktisches* (3–5 Jahre) und *strategisches Controlling* (5 und mehr Jahre). Wegen der schwierigen Abgrenzung des taktischen Controllings unterbleibt diese Einteilung.

und die Erhaltung der Liquidität durch zeitlich abgestimmte Ausgaben- und Einnahmenströme, aber auch die Wirkung auf Ebene der Zielgruppe. Das Rechnungswesen ist deshalb eine zentrale Informationsquelle. Die betrieblichen Rahmenbedingungen sind kurzfristig gegeben und nicht veränderbar. Der Anteil variabler Kosten ist gering. Im Zentrum des operativen Controllings steht die Frage: „Tun wir die Dinge richtig?" *Strategisches Controlling* hat die Existenzsicherung und den Aufbau von Erfolgspotenzialen im Fokus. Der Zeithorizont ist so lang, dass sowohl die Ziele als auch die Mittel nicht mehr gesetzt sein müssen, sondern beeinflusst werden können. Aus fixen Kosten werden variable Kosten, aus sicheren Erlösen werden unsichere Einnahmequellen. Aufgabe ist es, den Anpassungsbedarf richtig einzuschätzen und die Anpassungsfähigkeit der Organisation zu erhöhen, um langfristig die Existenz der Einrichtung unter Beibehaltung ihrer Einrichtungsphilosophie zu sichern und Wirkungen auf der Ebene der Gesellschaft zu entfalten. Untersucht werden Chancen und Risiken, die sich durch Kundenbedürfnisse und Reaktionen der WettbewerberInnen ergeben, sowie die internen Stärken und Schwächen der Einrichtung. Die zentrale Frage des strategischen Controllings lautet: „Machen wir die richtigen Dinge?" Tab. 1.2 fasst die wichtigsten Kriterien zusammen.

Die Bank für Sozialwirtschaft stellte in einer repräsentativen Umfrage in der Sozialwirtschaft fest, dass infolge des Ertrags- und Kostendrucks der finanzielle Handlungsspielraum eng ist und deshalb operative Aufgaben des Controllings im Hinblick auf Kostengestaltung und Kostenmanagement dominieren. Eine strategisch agierende Ausrichtung sei beim Kostenmanagement kaum auszumachen (vgl. König und Clausen 2011, S. 1). Auch der Umstand, dass viele Organisationen einen sehr geringen finanziellen Spielraum für Stabstellen und die Geschäftsführung selbst haben, dürfte dafür verantwortlich sein, dass strategisches Management und somit strategisches Controlling noch weniger im Fokus stehen. So eindeutig, wie die Aufgaben und das Selbstverständnis des Controllings hier aufgezeigt werden, ist die Controllingkonzeption keineswegs. Aufgrund unterschiedlicher, praxisorientierter Entwicklungen in den verschiedenen Ländern haben sich als Kern folgende Funktionen herausgeschält:

- die Versorgung der Unternehmensleitung mit entscheidungsrelevanten Informationen (entscheidungsorientierte Sicht),
- die Koordination der Planungs- und Steuerungseinheiten des Unternehmens (koordinationsorientierte Sicht) sowie
- die Sicherung der Rationalität (bzw. Wirtschaftlichkeit) der Unternehmensführung (rationalitätsorientierte Sicht).

## 1.4 Operatives und strategisches Controlling

**Tab. 1.2** Unterschied operatives und strategisches Controlling

| Wirkungsebene (Controlling-zielsystem) | Operatives Controlling | Strategisches Controlling |
|---|---|---|
| Zeithorizont | • 1–3 Jahre | • 3 und mehr Jahre |
| Planungshorizont | • Kurz- und mittelfristige Planung | • Langfristige Planung |
| Botschaft | • Die Dinge richtig tun (=Effizienz) | • Die richtigen Dinge tun (=Effektivität) |
| Richtungen | • Wirtschaftlichkeit der Einrichtung, Abbau vermeidbarer Verluste, Erwirtschaftung von Gewinn, Deckungsbeiträgen oder Verlustminimierung | • Motivierung der EinrichtungsmitarbeiterInnen für neue Aufgaben, zukunftsorientierte Erfolgspotenziale und Anpassung der Leistungen an neue Markterfordernisse |
| Ziele | • Ziele vorgegeben: Rentabilität, Gewinn, höhere Wirtschaftlichkeit, Liquidität, Wirkung *(Outcome)* | • Ziele veränderbar: mittel- bis langfristige Erfolgssicherung für die Einrichtung, Existenzsicherung, Wirkung *(Impact)* |
| Kurzfristige Auswirkungen | • Verbesserung der kurzfristigen Gewinn- und Liquiditätslage | • Belastung der kurzfristigen Gewinn- und Liquiditätslage |
| Gegenstand | • Soll-Ist-Vergleiche, Aufwand/Ertrag, Kosten/Erlöse, Ausgaben/Einnahmen | • Chancen/Risiken, Stärken/Schwächen, Umweltanalysen, Auswertung von Frühwarnsignalen |

Quelle: Kortendieck (2017, S. 18)

---

**Fallbeispiel 1: Organisation des Controllings bei der Caritas der Erzdiözese Wien**

Die Caritas Österreich (mit ihren eigenständigen Bundesländer-Organisationen) zählt zu den größten Non-Profit-Organisationen in Österreich. Die Caritas der Erzdiözese Wien (kurz Caritas Wien) ist schwerpunktmäßig in Wien und Umgebung tätig, hat aber auch Projekte im Ausland. Zu den Aufgabenbereichen zählen *Kinder & Jugend; Menschen in Not; Familienorientierte Arbeit; Beschäftigungsprojekte; Asyl, Migration & Integration; Menschen mit*

*Behinderung; Pflegewohnhäuser; Pflege zu Hause/Hospiz sowie Schulen und Lehrgänge.* Auch die *PfarrCaritas* ist Teil der Organisation.

**Die Caritas Wien in Zahlen (2016)**
2016 beschäftigte die Caritas Wien 5312 hauptamtliche MitarbeiterInnen, und wurde von 154 ZivildienerInnen und 11.989 Freiwilligen unterstützt. Das Budget belief sich auf mehr als 350 Mio. € aus Spenden, Dienstleistungserträgen, Subventionen und öffentlichen Zuwendungen. Mehr als 70 % des Budgets wurden für fünf der neun Bereiche aufgewendet:

1. Pflegewohnhäuser: 64.331.085 €
2. Pflege zu Hause, inkl. Hospiz: 56.693.100 €
3. Menschen mit Behinderung: 55.096.867 €
4. Asyl, Migration & Integration: 49.691.158 €
5. Menschen in Not: 26.664.451 €

*Auszug aus den Leistungszahlen (2016):*

- 2,3 Mio. € Auszahlungen an Menschen in konkreten Notlagen
- 1152 Plätze in zwölf Pflegewohnhäusern
- 1,27 Mio. h Betreuung in der Pflege
- 2467 Menschen von den Hospizteams begleitet
- 1576 Arbeits- und Wohnplätze für Menschen mit Behinderung
- 3069 Plätze in Flüchtlingshäusern und Notquartieren
- 4983 Bildungsberatungen für AsylbewerberInnen und MigrantInnen
- 1282 Beherbergungsplätze und Notunterkünfte für wohnungslose Menschen
- 398 Arbeitsplätze für langzeitarbeitslose Frauen und Männer
- 12.207 Beratungen bei sozialen und finanziellen Notlagen in den Sozialberatungsstellen

**Das Controlling bei der Caritas Wien**
Das Controlling ist Teil der Finanzabteilung, zu der auch das Rechnungswesen und eine Förderabteilung (für spezielle Förderungen bzw. EU-Projekte) zählen. Die acht MitarbeiterInnen der Controllingabteilung unterstehen direkt dem Leiter der Controllingabteilung sowie dem Leiter der Finanzabteilung. Zu den – meist operativen – Hauptaufgaben der Controllingabteilung gehören:

## 1.4 Operatives und strategisches Controlling

- die Budgetierung;
- das periodische Berichtswesen (Leistungsberichte, Personalanalysen, Kennzahlen, Kostenstellenberichte);
- monatliche Finanzinformationen (z. B. Soll-Ist-Vergleich für verschiedene Kostenstellen);
- Hochrechnungen und Vorschaurechnungen;
- die Abrechnung von Förderungen und Leistungsverträge;
- die Kalkulation neuer Angebote und Leistungen sowie
- das Erstellen von Businessplänen.

Die Berichte werden in unterschiedlicher Detaillierung monatlich, quartalsmäßig oder jährlich erstellt und den Bereichen sowie der Geschäftsführung zur Verfügung gestellt. Bei der Budgetierung, der Kalkulation neuer Angebote und bei der Erstellung von Businessplänen gibt es eine enge Abstimmung mit den einzelnen Fachbereichen, die genaue Informationen über den Bedarf und den nötigen Personaleinsatz haben. Einzelne Bereiche übernehmen auch selbstständig Controllingaufgaben, wenn das mit den vorhandenen personellen und fachlichen Ressourcen möglich ist. Über den Leiter des Controllings und dem Leiter der Finanzabteilung, der auch für das strategische Controlling zuständig ist, erfolgt der Austausch mit der Geschäftsführung. Eine spezielle Herausforderung ist der Umstand, dass das Controlling einerseits auf neun verschiedene Leistungsbereiche (in den Leistungsbereichen gibt es wiederum eine Vielzahl unterschiedlicher Leistungen, die angeboten werden) und andererseits auf unterschiedliche FördergeberInnen (und ihre Ansprüche an das externe Berichtswesen) abgestimmt werden muss.

**Operatives und strategisches Controlling bei der Caritas Wien**
Das operative Controlling hat einen Zeithorizont von bis zu anderthalb Jahren. Dabei kommen die folgenden Controllingtools zum Einsatz: *Deckungsbeitragsrechnung, Kostenstellenrechnung, Kostenträgerrechnung (bezogen auf Tagessatz oder KlientIn), Kennzahlen, Budget, Investitionsrechnung, Break-Even-Analyse, Forecast (Hochrechnung), Preisbildung* sowie *Planerfolgsrechnung*. Wirkungscontrolling wird als zusätzliche Aufgabe zu den bestehenden Controllingaufgaben gesehen. In Zusammenarbeit mit der Wirtschaftsuniversität Wien arbeitet man an einem fast abgeschlossenen Pilotprojekt mit dem Ziel, soziale Wirkungskennzahlen für einen Teilbereich der Caritas zu entwickeln. Das strategische Controlling hat vor allem die

Entwicklung der Einnahmen, im Besonderen die Veränderungen bei den FördergeberInnen im Fokus. Dabei werden *Szenarioanalysen, strategische Finanzplanung, Wettbewerbsanalysen* sowie *Portfolioanalysen* angewandt.
*Quellen: Wirkungsbericht der Caritas Wien 2016,* https://www.caritas-wien.at/fileadmin/storage/wien/ueber-uns/wirkungsberichte/wirkungsbericht-2016.pdf; *Interview M. Tomaschitz, Controller Caritas Wien, 03/2018*

## Anhang

### Arbeitsaufgaben zur praktischen Auseinandersetzung und persönlichen Vertiefung

A 1.1: Welches Verständnis von Controlling gibt es in Ihrer Organisation? Welche Aufgaben stehen beim Thema Controlling derzeit im Fokus? Wohin soll sich das Controlling in den nächsten Jahren entwickeln?
A 1.2: Wer ist in Ihrer Organisation für Controlling verantwortlich? Welche Aufgaben fallen den Leitungsebenen zu? Welche werden in der Controllingabteilung erledigt?
A 1.3: Wie sieht Ihr persönliches Controllingverständnis als Führungskraft aus?
A 1.4: Welche Relevanz hat in Ihrer Organisation das Operative Controlling? Welche Ziele verfolgt es? Welche Tools kommen zum Einsatz? Was fehlt?
A 1.5: Welche Relevanz hat in Ihrer Organisation das strategische Controlling? Welche Ziele verfolgt es? Welche Tools kommen zum Einsatz? Was fehlt?

## Literatur

Bono, M. L. (2006). *NPO-Controlling: Professionelle Steuerung sozialer Dienstleistungen.* Stuttgart: Schäffer-Poeschel.
Fischer, T., Möller, K., & Schultze, W. (2015). *Controlling Grundlagen, Instrumente und Entwicklungsperspektiven* (2. Aufl.). Stuttgart: Schäffer-Poeschel.
Gmür, M., Schauer, R., & Theuvsen, L. (Hrsg.). (2013). *Performance management in nonprofit-organisationen.* Bern: Haupt.
Halfar, B. (2014). Controlling in sozialwirtschaftlichen Organisationen. In U. Arnold & B. Maelicke (Hrsg.), *Lehrbuch der Sozialwirtschaft* (4. Aufl., S. 768–788). Baden-Baden: Nomos.
Halfar, B., Moos, G., & Schellberg, K. (2014). *Controlling in der Sozialwirtschaft.* Baden-Baden: Nomos.

# Literatur

König, M., & Clausen, H. (2011). Controlling vor neuen Herausforderungen. In Fachbeitrag in *BfS-Info 6/2011*. https://www.sozialbank.de/fileadmin/2015/documents/3_Expertise/3.3.6_Fachbeitraege/2011/Fachbeitrag_BFS-Info2011-6_Controllingstudie.pdf. Zugegriffen: 25. Juni 2019.

Kortendieck, G. (2017). *Strategisches Management* (2. Aufl.). Regensburg: Walhalla Fachverlag.

Vahs, D., & Schäfer-Kunz, J. (2007). *Betriebswirtschaftslehre* (5. Aufl.). Stuttgart: Schäffer-Poeschel.

Weber, J., & Schäffer, U. (2015). *Einführung in das Controlling* (15. Aufl.). Stuttgart: Schäffer-Poeschel.

## Literaturtipps zur Vertiefung

Eisl, C., Losbichler, H., & Hofer, P. (2015). *Grundlagen der finanziellen Unternehmensführung. Band IV: Controlling* (4. Aufl.). Wien: Linde.

Horvath, P., Gleich, R., & Seiter, M. (2015). *Controlling* (13. Aufl.). München: Vahlen.

Kaspers, U. (2016). *Wirtschaftliche Steuerung von Sozial- und Gesundheitsunternehmen*. Regensburg: Walhalla Fachverlag.

Schauer, R., Andeßner, R. C., & Greiling, D. (2015). *Rechnungswesen und Controlling für Nonprofit-Organisationen* (4. Aufl.). Bern: Haupt.

# Informationsversorgung durch das Controlling

**2**

### Zusammenfassung

In diesem Kapitel steht die zentrale Aufgabe des Controllings, für die Führungskräfte entscheidungsrelevante Informationen zu sammeln, aufzubereiten und zu präsentieren, im Mittelpunkt. Viele Informationen entstammen dem Rechnungswesen. Es geht um monetäre Größen wie Umsatz, Gewinn oder Deckungsbeiträge. In der Sozialwirtschaft mit ihrem großen Anteil an Non-Profit-Organisationen sind Gewinn und Renditen meist kein Thema. Leistungszahlen, die Wirksamkeit, Output und Zufriedenheit wiedergeben, rücken in den Vordergrund. Sowohl monetäre als auch leistungsbezogene Informationen werden in Form von Kennzahlen wiedergegeben. Sie sind genauer zu spezifizieren und für die Darstellung aufzubereiten. Schließlich finden sie im Berichtswesen des Controllings ihren Niederschlag.

### Lernziele

- Sie wissen, dass die Daten für das Controlling in den allermeisten Fällen aus der Buchhaltung stammen und warum diese für die weitere Verarbeitung in Kosten und Erlöse überführt werden müssen.
- Sie haben einen Überblick über den grundlegenden Aufbau und über verschiedene Arten von Kennzahlen.
- Sie kennen die wichtigsten Kennzahlen des Finanz- und Leistungsbereichs.
- Sie haben die Bedeutung des internen und externen Berichtswesens für die Steuerung der Organisation und die Kommunikation zu verschiedenen StakeholderInnen erkannt.

© Springer Fachmedien Wiesbaden GmbH, ein Teil von Springer Nature 2019
G. Kortendieck und P. Stepanek, *Controlling in der deutschsprachigen Sozialwirtschaft*, Basiswissen Sozialwirtschaft und Sozialmanagement, https://doi.org/10.1007/978-3-658-24600-6_2

## 2.1 Informationsangebot, -nachfrage und -bedarf

ControllerInnen wird oftmals vorgeworfen, dass sie die Beschäftigten mit ihren Informationen in Form langer Auswertungen „erschlagen". Ihr *Informationsangebot* sei zu groß. Allein die Kostenrechnung bietet eine Vielzahl von Auswertungsmöglichkeiten an. Das Qualitätsmanagement und die Dokumentation der Leistungen stehen dem kaum nach. Das Informationsangebot ist abhängig davon, welche Instrumente innerhalb der Organisation verfügbar sind. Die Führungskräfte und die MitarbeiterInnen sind für die *Nachfrage nach Informationen* verantwortlich. Sie können kostenlos das Informationsangebot des Controllings nachfragen, sodass mitunter Auswertungen verlangt werden, deren Wert zweifelhaft ist. Der *Bedarf an Informationen* orientiert sich an den Problemen und Entscheidungen. Schließlich gibt es Informationen, die man für Entscheidungen gerne hätte oder unbedingt bräuchte (zeitnahe Auswertungen aus der Finanzbuchhaltung, Marktforschungsdaten etc.). Das Auseinanderfallen von Informationsangebot, Informationsnachfrage und dem Informationsbedarf verursacht unnötigen Erhebungs- und Interpretationsaufwand (vgl. Weber und Schäffer 2015, S. 93 f.). Es gehört zu den Aufgaben des Controllings, zu überlegen, welches Informationsangebot auf welchen Bedarf und welche Nachfrage trifft, um die entsprechenden Daten vorzubereiten. Die Daten des Rechnungswesens lassen sich leicht ermitteln, jene über Qualität und vor allem über die Wirksamkeit der Leistungen jedoch deutlich schwerer und nur mit erheblichem Aufwand. Mit ein paar Faustregeln lässt sich die Informationsflut und das Zusammenspiel von Informationsbedarf und Informationsnachfrage steuern:

- **Weniger ist mehr!** Die Informationen sollen nur so umfangreich sein, wie sie die Informationsempfänger zur Selbststeuerung benötigen. Dies sind meist nur wenige Kennzahlen.
- **Konzentration auf Erfolgsfaktoren!** Es werden nur jene Kennzahlen ermittelt, die sich auf die Ziele der Organisation beziehen. Kennzahlen dürfen nicht um ihrer selbst willen erhoben werden.

Grundsätzlich ist, wie Tab. 2.1 zeigt, bei der Informationssuche zu bedenken, dass die ermittelten Informationen relevant, gültig, zuverlässig, objektiv sind und kostengünstig erhoben werden.

## 2.1 Informationsangebot, -nachfrage und -bedarf

**Tab. 2.1** Anforderungen an die Informationssuche

| | |
|---|---|
| Relevanz | Die Relevanz der Informationen hängt von der Situation der Organisation und des zu lösenden Problems ab. Wozu werden die Daten erhoben? *Beispiel: Sind Daten über arbeitsmarktpolitische Entwicklungen für eine Kita relevant, um die Nachfrage nach längeren Betreuungszeiten zu beantworten?* |
| Gültigkeit | Geben die Daten den zu untersuchenden Sachverhalt wieder (Validität)? *Beispiel: Wenn die Innovationsfähigkeit der Kita gemessen werden soll, stellen neue Angebote und die damit verbundene Nachfrage (gemessen durch Belegung, Umsatz) gültige Indikatoren dar* |
| Zuverlässigkeit | Die gewonnenen Daten sind (weitgehend) frei von Erhebungs-, Mess- und Auswertungsfehlern (Reliabilität). Man erreicht dies durch Kontrolluntersuchungen und durch Messungen zu unterschiedlichen Zeitpunkten *Beispiel: Stellt der Wunsch nach samstäglicher Betreuung, vorgebracht durch drei Väter, einen Einzelfall dar oder gibt es einen allgemeinen Bedarf?* |
| Objektivität | Die Daten sind unabhängig von den Untersuchenden zustande gekommen *Beispiel: Die Befragung der Eltern, ob es eine Samstagsbetreuung geben soll, beinhaltet keine rhetorischen Fragen (Suggestivfragen, Fragen mit sozial erwünschten Antworten): „Sie sind sicher der Meinung, dass Mitarbeiter am Wochenende ihre wohlverdiente Ruhe genießen sollten?"* |
| Kosten | Die Kosten und Nutzen der Informationsgewinnung stehen in einem vertretbaren Zusammenhang. Anwendung der 80-zu-20-Regel (Pareto-Prinzip): Mit 20 % Aufwand werden 80 % der relevanten Informationen gewonnen. Ziel ist nicht Informationsmaximierung, sondern -optimierung *Beispiel: Die Befragung der Eltern, ob es ein Samstagsangebot geben soll, erstreckt sich auf eine Stichprobe von 20 % der Eltern, da eine Vollbefragung zu teuer wäre* |
| Aktualität | Die Informationen beschreiben aktuelle Tatbestände *Beispiel: Eine Kritik an der Zertifizierung von Kitas nach ISO 9001ff. sollte sich nicht an den alten 20 Merkmalen der ISO-Norm orientieren. Seit 2000 gilt die „neue" Norm, die diese 20 Merkmale so nicht mehr aufweist* |

Quelle: vgl. Bono (2006, S. 60)

## 2.2 Das Rechnungswesen als Grundlage der Informationsversorgung

Das Rechnungswesen bildet die realen Geschäftsfälle einer Einrichtung als finanzielles Spiegelbild ab. Es wird unterteilt in eine intern ausgerichtete Kosten- und Leistungsrechnung und eine an die externen Adressaten gerichtete, meist gesetzlich vorgeschriebene Finanzbuchhaltung. Je nach Größe und Rechtsform einer sozialen Einrichtung unterliegt das Rechnungswesen unterschiedlichen gesetzlichen Anforderungen. Kleinere Einrichtungen, die gesetzlich nicht zum Führen einer doppelten Buchhaltung verpflichtet sind, haben nur selten eine eigene Buchhaltungsabteilung und neigen aus Kostengründen zu einer einfachen Einnahmen-Ausgaben-Rechnung und einem Budget (Haushalt). Für Einrichtungen ohne größeres (Anlage-)Vermögen ist das durchaus zweckmäßig. Zur Erfassung von Abschreibungen oder Rückstellungen ist eine solche Rechnung jedoch nicht geeignet. Größeren Einrichtungen mit nennenswertem Anlagevermögen (Gebäude, Ausstattung, Fuhrpark) ist ungeachtet von gesetzlichen Auflagen das Führen einer doppelten Buchführung (mit Bilanz, Gewinn- und Verlustrechnung, Anhang) zu empfehlen.

Dorothea Greiling (2013, S. 55) problematisiert die fehlende Verpflichtung zur transparenten Darstellung der monetären Ergebnisse vor allem in Deutschland, aber auch in Österreich. Sie sieht in allen Branchen eine Tendenz vom „trust me" zum „show me". Ineffizienz auf der einen Seite und deutlich erhöhter Legitimationsdruck auf der anderen Seite erfordern auch von Non-Profit-Einrichtungen im sozialen Bereich viel deutlicher klare Offenlegungsregeln, als das bislang in der Vergangenheit der Fall war. Abgesehen von der Pflege- und Krankenhausbuchführungsverordnung sind die meisten Vereine und Stiftungen in Deutschland nicht zur Offenlegung ihrer Jahresabschlüsse und ihres Geschäftsgebarens gezwungen. Zwar müssen sie gegenüber Mitgliederversammlung (Verein) bzw. Stiftungsaufsicht ihre vereinfachte Einnahmen-Ausgaben-Rechnung präsentieren und im Verein durch interne Prüfer kontrollieren lassen. Von einer Corporate Governance ist man jedoch weit entfernt. Bislang müssen Vereine als traditionelle Gesellschaftsform im sozialen Bereich in Deutschland erst dann nach dem Handelsgesetzbuch ihren Jahresabschluss erstellen und eine doppelte Buchführung anwenden, wenn sie an zwei aufeinanderfolgenden Geschäftsjahren zwei von drei Kriterien erfüllen: Bilanzsumme größer als 65 Mio. €, Umsatzerlöse größer als 130 Mio. € und im Jahresdurchschnitt mehr als 5000 Beschäftigte. In der Abgabenordnung (AO) ist zudem geregelt, dass für den Fall, dass ein Nebengewerbe geführt wird, für dieses ein kaufmännisches Rechenwerk

## 2.2 Das Rechnungswesen als Grundlage der Informationsversorgung

zu führen ist, wenn der Gewerbebetrieb mehr als 500.000 € Umsatz oder mehr als 50.000 € Gewinn erzielt (§ 141 AO; Kaspers et al. 2017, S. 23). In Österreich sind die Regeln hierfür deutlich schärfer: Für Vereine gilt in Österreich laut Vereinsgesetz die Grenze von einer Million Euro Einnahmen oder Ausgaben, damit die doppelte Buchführung angewandt werden muss. Ab drei Millionen Euro muss dem Jahresabschluss ein detaillierter Anhang beigefügt und dieser von WirtschaftstreuhänderInnen geprüft werden (Schauer et al. 2015, S. 146 ff.). Da eine intransparente Erfolgs-, Finanz- und Vermögensdarstellung nicht das Vertrauen der GeldgeberInnen fördert, sondern im Gegenteil Misstrauen hervorruft, gehen Spendensiegel in Deutschland, Österreich und der Schweiz in ihren Forderungen nach Transparenz weiter als die gesetzlichen Grundlagen. Im Folgenden wird daher davon ausgegangen, dass eine doppelte Buchführung vorherrscht.

Das Rechnungswesen ist die zentrale Informationsquelle für erfolgreiches Controlling. Es ermittelt Daten über Strukturen, Bestände, Abläufe und Ergebnisse in einer Organisation (Schauer et al. 2015, S. 31 ff.), die bereits eingetreten sind (Vergangenheit: Ist-Rechnung) oder sich vermutlich so entwickeln werden oder sollen (Zukunft: Wird- oder Soll-Rechnung). Gegenstände sind:

- die Zahlungsbewegungen, die die Liquidität widerspiegeln (Finanzierungsrechnung),
- die Bestände, die Mittelverwendung und die Mittelherkunft widerspiegeln (Bilanz) sowie
- die Erfolge, die Wertverbrauch und Wertschöpfung widerspiegeln (Gewinn- und Verlustrechnung).

Dabei werden auf der einen Seite Bestände zu einem bestimmten Stichtag (Bilanz) oder Entwicklungen über eine Periode (Gewinn- und Verlustrechnung) dargestellt. Die Sicherung der Liquidität ist eines der vorrangigsten Ziele jedes Unternehmens. Die Finanzierungsrechnung betrachtet die laufenden Ausgaben und Einnahmen. Grundsätzlich sollten die Einnahmen die Ausgaben decken (finanzieren). Von den Einnahmen und Ausgaben sind zunächst die Einzahlungen und Auszahlungen zu unterscheiden. *Einzahlungen* vergrößern den Bestand an Zahlungsmitteln, *Auszahlungen* verringern ihn. Zu den Zahlungsmitteln zählen Bargeldbestände und Buchgeld (Kontokorrentvermögen bei Banken). *Einnahmen* entstehen, wenn von KundInnen gegenüber der Einrichtung eine Zahlungsverpflichtung eingegangen wird. Im Einzelhandel finden Einzahlungen und Einnahmen oft zeitgleich statt. Man zahlt gleich an der Kasse in bar oder per Abbuchung. Nicht so im sozialen Bereich. Die Verpflichtung zur Zahlung gibt der Kostenträger zu Beginn eines Auftrags. Erst wenn dieser nach erfolgter

Leistung (z. B. KlientIn wurde für einen Monat betreut) eine Rechnung erhält (Verwendungsnachweis, Abrechnung) zahlt er. Zwischen Einnahme und Einzahlung können so mehrere Monate liegen (was auch im normalen Geschäftsleben durchaus üblich ist, um den Umsatz anzukurbeln: „kaufe jetzt, zahle später"). Solange der Kostenträger nicht bezahlt hat und eine Einnahme entstanden ist, hat die Einrichtung gegenüber ihm eine Forderung. Bei *Ausgaben* und *Auszahlungen* ist es entsprechend. Solange eine Rechnung nicht bezahlt wurde, hat man Schulden beim Lieferanten (ausführlich zu diesen Unterscheidungen: Kaspers et al. 2017, S. 27 ff., 78). Entsteht ein Einnahmeüberschuss, der zur Schuldentilgung oder für Investitionen eingesetzt werden kann, spricht man hier vom *Cash Flow*. Einzahlungen und Auszahlungen (Stromgrößen) verändern den Zahlungsmittelbestand (Bestandsgröße), Einnahmen und Ausgaben (Stromgrößen) das Geldvermögen (Bestandsgröße). Komplizierter ist die Unterscheidung der Erträge und Aufwendungen von den Einnahmen und Ausgaben. Als Stromgrößen verändern Erträge und Aufwendungen als Wertverbrauch *(Aufwand)* und als Wertschöpfung *(Ertrag)* das Eigenkapital (Bestandsgröße). Das *Eigenkapital* erhält man, wenn man zum Geldvermögen das Sachvermögen (Grundstücke, Gebäude, Ausstattung) hinzuzählt, was in der Summe das gesamte Vermögen darstellt und von diesem die Schulden wieder abzieht. Zählt man Eigenkapital und Fremdkapital (Schulden) zusammen, erhält man das (Gesamt-) *Kapital*. Dieses wird auch als Passiva oder als Kapitalherkunft bezeichnet und ist immer genauso hoch wie das (Gesamt-) *Vermögen*, das als Aktiva oder Kapitalverwendung zu bezeichnen ist. Zusammen werden Aktiva (Vermögen) und Passiva (Kapital) als *Bilanz* (italienisch: die Waage) zu einem Stichtag erfasst und geben Auskunft über den Bestand an Vermögen und dessen Finanzierung durch das Kapital (vgl. Kaspers et al. 2017, S. 36 f.).

Am nachfolgenden Beispiel sollen die Begriffe abgegrenzt werden. Der Bildungsträger Sorgenlos e. V. schließt mit dem Jobcenter eine Auftragsvereinbarung zur Durchführung eines Sprachkurses für MigrantInnen ab. Es sollen 20 Personen teilnehmen:

- Wenn die vereinbarten 20 Personen für den Kurs angemeldet sind, ist das Jobcenter verpflichtet, für diese den Kurs zu bezahlen *(Ausgabe für das Jobcenter, Einnahme für die Bildungseinrichtung).*
- Die Unterrichtsleistung stellt für Sorglos e. V. eine Wertschöpfung dar *(Ertrag).*
- Wenn der Bildungsträger seine Rechnung gestellt hat, erfolgt die Bezahlung durch das Jobcenter, was für Sorglos e. V. einer *Einzahlung* entspricht.

## 2.2 Das Rechnungswesen als Grundlage der Informationsversorgung

- Zeitgleich musste der Bildungsträger für den Kurs Personal vorhalten, denn dieser hat den Kurs kalkuliert und geplant, was einen *Aufwand darstellt*.
- Mit Beginn der Tätigkeit der TrainerInnen (z. B. zum 1. eines Monats) hat der Bildungsträger eine Zahlungsverpflichtung gegenüber seinem Personal. Dies stellt eine *Ausgabe* dar.
- Zum 15. jeden Monats erhalten die MitarbeiterInnen ihr Gehalt *(Auszahlung)*.
- Beginnt der Kurs neuerlich und werden neue MitarbeiterInnen eingestellt, wird wiederum durch den Unterricht die Arbeitszeit der MitarbeiterInnen verbraucht *(Aufwand)*.

Abb. 2.1 verdeutlicht diesen Zusammenhang und zeigt die unterschiedlichen Bedeutungen von Auszahlungen, Ausgaben und Aufwand bzw. Einzahlungen, Einnahmen und Erträge. Die Daten der Erträge und Aufwendungen sind die Grundlage für das interne Rechnungswesen, die Kosten- und Leistungsrechnung. Sie dienen der Kalkulation der Leistungen und der Wirtschaftlichkeitsberechnungen. Aus Aufwendungen werden dann Kosten, aus Erträgen Erlöse (Leistungen).

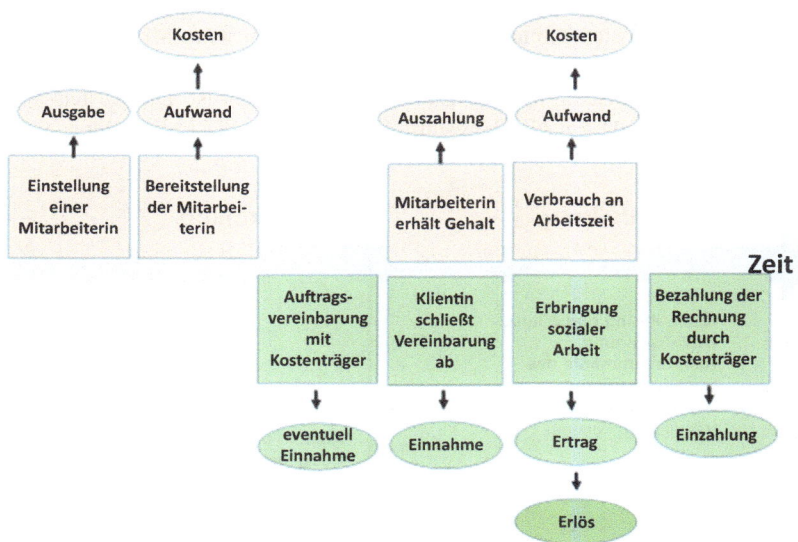

**Abb. 2.1** Auszahlung, Ausgabe, Aufwand und Kosten. (Quelle: Becker und Holzmann 2016, S. 22)

Die kaufmännische Buchhaltung erfasst alle Veränderungen des Vermögens und des Kapitals. Es gilt der Grundsatz: keine Buchung ohne Beleg und das Gebot kaufmännischer Vorsicht, nach der drohende Verluste bzw. Wertminderungen zu erfassen sind, eventuelle Erträge bzw. Wertsteigerungen aber nicht. Erfasst werden alle in einer Einrichtung anfallenden Geschäftsvorfälle, unabhängig davon, ob sie den eigentlichen Geschäftstätigkeiten entsprechen: in einem Krankenhaus wird versorgt, gepflegt, betreut und operiert oder darüber hinausgehende Leistungen erbracht (das Altenheim betreibt ein öffentliches Café nebenbei). Es kann auch zu außerordentlichen Ereignissen kommen (ein Baum stürzt auf das Krankenhaus). All das löst sogenannte Geschäftsfälle aus. Die korrekte Erfassung dieser Geschäftsvorfälle ist gesetzlich vorgeschrieben. Das Rechnungswesen (Buchhaltung und Controlling) muss die Geschäftsführung bei dieser Aufgabe unterstützen und bspw. für korrekte Kontenzuordnung und zeitgerechte Verbuchungssysteme sorgen, den Jahresabschluss verständlich aufbereiten und Kennzahlen sowie deren Entwicklung daraus ableiten bzw. für neue Perioden Budgets ableiten. Mithilfe von Kosten- und Leistungsbetrachtungen werden zu den Aufwands- und Ertragsbuchungen zusätzlich kalkulatorische Kosten und Leistungen mitberücksichtigt. Ein Ziel in der Finanzbuchhaltung ist die „Steuerschonung", also einen möglichst geringen steuerlichen Bilanzgewinn auszuweisen. In der Kostenrechnung steht die Kostenwahrheit im Mittelpunkt. Die Finanzbuchhaltung ist, wie Abb. 2.2 zeigt, vergangenheitsorientiert, und kann nur aufzeigen, was bislang in einer Einrichtung geschehen ist. Die Kosten- und Leistungsrechnung als Entscheidungshilfe berücksichtigt die Entwicklungen der

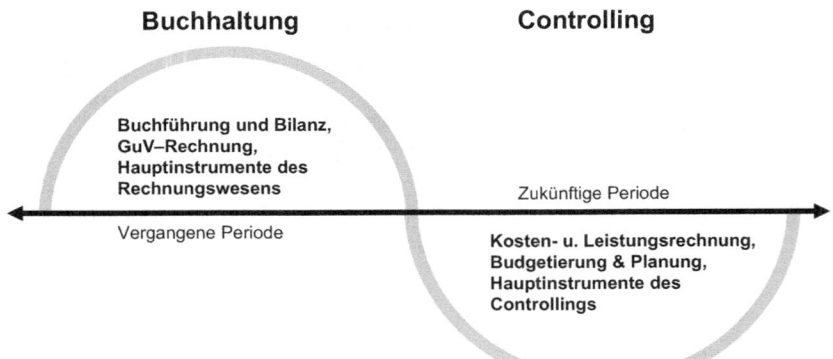

**Abb. 2.2** Buchhaltung und Controlling. (Quelle: Preißler und Preißler 2007, S. 141)

Zukunft, die innerbetrieblichen Leistungen und die Aufteilung der Kosten. Erst dadurch wird es möglich, die Kostenrechnung als Planungs- und Entscheidungsinstrument einzusetzen.

Der Kostenrechnung kommen als zentrales Controllingtool folgende Aufgaben zu:

1. Informationsfunktion für die Leistungsplanung und -entscheidung;
2. Ermittlung von Selbstkosten und Preisuntergrenzen als Kalkulationsgrundlage für Preise bzw. Stunden, Tag- und Pflegesätze sowie Gebühren;
3. Wirtschaftlichkeitsanalyse durch Soll-Ist- und Periodenvergleiche;
4. Ermittlung innerbetrieblicher Verrechnungspreise und Verteilung auf verschiedene Leistungen;
5. Entscheidungsgrundlage für Make-or-Buy-Entscheidungen (Leistungen selbst erstellen oder einkaufen, z. B. Reinigung, Buchhaltung, Wäscherei, Küche);
6. Ermittlung von Gewinnschwellen bei Fixkostenauslastung (Break-Even-Grenze) sowie die
7. Entscheidungsgrundlage für die Angebotszusammensetzung.

## 2.3 Kennzahlen

Kennzahlen stellen Sachverhalte in konzentrierter, metrischer Form zum Informationszwecke des Managements dar. Kennzahlen werden als Mengen (z. B. durchschnittliche Verweildauer der PatientInnen oder Zahl der Pflegevisiten pro Tag auf einer Krankenhausstation) oder als Werte (z. B. Kosten eines jeweiligen Pflegetages) abgebildet. Dabei ist zwischen der Berechnung, dem Namen und dem Ergebnis oder Wert einer Kennzahl zu unterscheiden (siehe Abb. 2.3).

Kennzahlen bedürfen der Interpretation. So sagt z. B. die Arbeitslosenzahl einer Kommune oder der Arbeitslosenquote (in Prozent der zivilen Erwerbspersonen) noch nichts über die Ursachen, die Zusammensetzung oder mögliche Lösungsansätze für die Bewältigung der Arbeitslosigkeit aus. Erst im regionalen

| Personalkosten / Pflegeumsatz | x 100 = | Personalkostenquote in % | 70.000 € / 100.000 € | x 100 = | 70% |
|---|---|---|---|---|---|
| Berechnung/Formel | | Name der Kennzahl | | | Ergebnis |

**Abb. 2.3** Bildung von Kennzahlen. (Quelle: Halfar et al. 2014, S. 38)

und zeitlichen Vergleich liefert sie brauchbare Anhaltspunkte. Häufig werden Kennzahlen wieder aus weiteren Kennzahlen gebildet. Die Anzahl der geleisteten Unterrichtsstunden einer Bildungseinrichtung ergibt sich aus einer Vielzahl von Veranstaltungen in unterschiedlichen Bereichen. *Absolute Kennzahlen* sind einfach zu erheben (Anzahl der KlientInnen oder Personalkosten als Summe). Wenn man die Anzahl der KlientInnen pro Tag ermittelt, also die Durchschnittszahl, sind genauere Kennzahlenanalysen möglich (Halfar et al. 2014, S. 38). Aussagekräftiger sind *Verhältniszahlen,* bei denen mehrere Zahlen zueinander ins Verhältnis gesetzt werden. Verhältniszahlen unterteilen sich in Beziehungszahlen, Gliederungszahlen und Indexzahlen.

- **Beziehungszahlen** geben kausale Zusammenhänge wieder, indem für einen Zeitpunkt oder Zeitraum zwei unterschiedliche Größen ins Verhältnis gesetzt werden. So kann man die Anzahl der Personen, die einen Pflegeplatz suchen, in Beziehung zu den freien Pflegeheimplätzen setzen.
- **Gliederungskennzahlen** setzen zwei gleiche Bezugsgrößen (als Teilgröße und als Gesamtgröße) in Bezug. Sie zerlegen eine Kennzahl in ihre Teile. Üblich ist z. B., den Anteil der Personalkosten an den Gesamtkosten einer Einrichtung darzustellen.
- **Indexzahlen** geben die zeitliche Entwicklung ab einem Ausgangsjahr wieder, das = 100 gesetzt wird. Ein sehr gebräuchlicher Index ist zum Beispiel der Verbraucherpreisindex, der den Anstieg der Verbraucherpreise zeigt und sich z. B. auf das Jahr 2010 als Ausgangsjahr bezieht.

Kennzahlen ermittelt man nicht nur für quantitative und damit leicht messbare Tatbestände (kardinale Messung), sondern auch für „weiche" Daten wie Klienten- oder Mitarbeiterzufriedenheit. Weiche Daten sind nur indirekt mithilfe von Indikatoren zu erfassen (ordinale Messung). Unterstellt wird eine Ursache-Wirkungs-Beziehung, die durch Korrelationen untermauert wird, z. B. die Anzahl der Beschwerden als Indikator für die Klientenzufriedenheit. Tab. 2.2 gibt einen Überblick über verschiedene Systematisierungsmerkmale von Kennzahlen.

Neben allgemeinen Kennzahlen, die sich z. B. auf Umsatz oder Rendite beziehen, gibt es in jeder Branche und in jedem Handlungsfeld der sozialen Arbeit eigene Kennzahlen. Im Jugendhilfebereich z. B. betreffen wichtige Zahlen die Verweildauer der Jugendlichen, die Auslastung der Einrichtung oder das Spektrum der eingesetzten Hilfen für die Wirkungsqualität. Neben finanz- und erfolgsbezogenen Kennzahlen ermittelt man Personalkennzahlen (Krankheitsquote, Teilzeitquote, Fachkraftquote, Fortbildungsrate), Prozesskennzahlen (Bearbeitungsdauer, Anzahl

**Tab. 2.2** Kennzahlarten

| Merkmal | Kennzahlenarten | | | |
|---|---|---|---|---|
| Planung | Operative Kennzahlen *Monatliche Auslastung* | Strategische Kennzahlen *Krankheitsquote als Indikator für die Betriebszufriedenheit* | Plankennzahlen *Haushalts- und Budgetzahlen* | Ist-Kennzahlen *Jahresabschluss* |
| Größen | Zeitraumgrößen *Umsatz pro Jahr* | | Zeitpunktgrößen *Bilanzsumme am 31.12.20xx* | |
| Methodische Einordnung | **Absolute Zahlen** | | | |
| | Einzelzahlen *Zahl der MitarbeiterInnen in einem Unternehmen* | Summen *Anzahl der Arbeitslosen im Bereich SGB II und SGB III* | Differenzen *Gewinn (Umsatz – Aufwand)* | Mittelwerte *durchschnittliche Dauer einer Beratung, Verweildauer* |
| | **Verhältniszahlen** | | | |
| | Gliederungszahlen *Teilmenge zum Ganzen: in %, Anteil der Frauenarbeitslosigkeit an der Gesamtarbeitslosigkeit* | Indexzahlen *Zeitreihen Arbeitslosigkeit 2010 = 100 2020 = 80* | Beziehungszahlen *(Teil-)Menge/(Teil-)Werte: Pro-Kopf-Verschuldung, Deckungsbeitrag je Produkteinheit* | |
| Kennzahlensystem | Rechensysteme *DuPont-System* | | Ordnungssysteme *Balanced Scorecard* | |

Quelle: in Anlehnung an Gladen (2014, S. 15)

der Beschwerden), Kennzahlen zur Hauswirtschaft (Essenskosten pro BewohnerIn, Wäschekosten), Verwaltungskennzahlen (Verwaltungskostenanteil) oder Forschungs- und Entwicklungszahlen (Weiterbildungsquote; Halfar et al. 2014). Grundsätzlich sollten, je nach Arbeitsplatz und Verantwortungsbereich gestaffelt, nicht zu viele Kennzahlen ermittelt und zur Verfügung gestellt werden. Wenige Kennzahlen sparen Geld bei der Erhebung und zeigen, worauf es ankommt. Damit sie vergleichbar bleiben, sind die Erhebungsmethoden beizubehalten und in allen Abteilungen und Bereichen gleichermaßen anzuwenden.

Die Kennzahlenanalyse verdeutlicht komplexe Sachverhalte, indem sie diese auf wenige Zahlen verdichtet. Ihre Aufgabe besteht darin,

- Erfolgsfaktoren in messbare Größen zu übersetzen,
- die Realität abzubilden, zu verdichten und vergangenheits- wie zukunftsbezogene Informationen wiederzugeben sowie
- Entscheidungen vorzubereiten und für Stellen Sollvorgaben bereitzustellen.

Kennzahlen dienen der Steuerung von Unternehmen im Bereich von Abweichungsanalysen, Budgetkontrolle, Prognosen, Risikoanalysen und Investitionsentscheidungen. Hilfreich ist die Unterteilung der Kennzahlen in Früh- und Spätindikatoren (siehe Tab. 2.3): *Frühindikatoren* sind Werte, die frühzeitig eine Entwicklung ankündigen können (sog. schwache Signale); *Spätindikatoren* helfen indessen zu verstehen, weshalb eine bestimmte Entwicklung eingetreten ist.

Entscheidend bleibt, den Informationsgehalt eines Wertes richtig einzuordnen. Die Anzahl der Leistungen in einer Jugendhilfeeinrichtung kann nach den jeweiligen Kostenträgern gegliedert werden, sodass sich abbildet, inwieweit man von wenigen Kostenträgern abhängt oder nicht. Die Altersstruktur des Personals erzählt etwas über einen ausgewogenen Generationenmix oder über eine veraltete Personalstruktur. Ist die Personalstruktur überaltet, z. B. gehen 30 % der MitarbeiterInnen in den nächsten fünf Jahren in den Ruhestand, sind viele Fluktuationen zu erwarten. Wenn es schwierig ist, geeignetes Fachpersonal zu bekommen, können der Einrichtung künftig Schwierigkeiten entstehen, weil geeignetes Personal nicht mehr da ist. Zusammenfassend stellen Kennzahlen im sozialen Bereich eine unverzichtbare Hilfe dar, um Leistungen, Qualität, MitarbeiterInnen und Kosten zielgerichtet steuern zu können. Entweder direkt gemessen oder indirekt als Indikatoren für qualitative Zusammenhänge geben sie einen Teil der Realität einer Einrichtung wieder und ermöglichen Lernen und Veränderungen.

## 2.3 Kennzahlen

**Tab. 2.3** Früh- und Spätindikatoren

| Kategorie | Beispiele für Frühindikatoren | Beispiele für Spätindikatoren |
|---|---|---|
| Finanzperspektive | • Kosten je Einzelleistung<br>• Zahl der Einzelleistungen<br>• Vergütung je Einzelleistung | • Grad der Kostendeckung<br>• Zuschussbedarf<br>• Gewinn |
| Kundenperspektive | • Kundenrückmeldungen<br>• Reaktionszeiten, Pünktlichkeit<br>• Kontakte mit Absatzmittlern (niedergelassenen ÄrztInnen) | • Kundenzufriedenheit<br>• Zahl der NeukundInnen<br>• Widersprüche/Reklamationen |
| Interne Prozesse | • Wartezeiten bei Vorgängen<br>• Zahl standardisierter Prozesse<br>• Dauer der Rückrufzeiten | • Dauer der Vorgangsbearbeitung<br>• Dauer von Entscheidungen<br>• Zahl der internen Rückfragen |
| Lernen und Entwicklung | • Qualifikation des Personals<br>• Dauer von Entwicklungs- und Entscheidungsprozessen | • Zahl Verbesserungsvorschläge<br>• Zahl der verwerteten Ideen<br>• Zahl der erfolgreichen Projekte |
| Fachlichkeit | • Qualifikation des Personals<br>• Beschreibung der Prozesse<br>• Hilfeplanung/-dokumentation | • Zahl/Umfang von Haftungsfällen<br>• Ergebnisse externer Evaluation<br>• Qualitätskontrollen |
| Werte- und Gesellschaftsbezug | • Umfang ideeller Leistungen<br>• Auswahl der MitarbeiterInnen | • Spendenbereitschaft<br>• Zahl/Existenz von Ehrenamtlichen |
| MitarbeiterInnen | • Fürsorge, Arbeitsplatzsicherheit<br>• Partizipationsmöglichkeiten | • Mitarbeiterzufriedenheit<br>• Fluktuation, Krankheitsraten |

Quelle: Kortendieck (2017, S. 180)

## Kennzahlen des Finanz- und Leistungsbereiches

Viele betriebswirtschaftliche Kennzahlen analysieren den Jahresabschluss einer Einrichtung. Sie zeigen die Vermögenslage („Worin steckt das Vermögen?"), die Kapitalstruktur und die Finanzierung („Woher stammt das Kapital?"), die Liquidität („Wie flüssig ist das Unternehmen?"), die Ertragslage („Wie rentabel ist das Unternehmen?") und die Leistungen des Unternehmens. Tab. 2.4 listet

**Tab. 2.4** Übersicht über wichtige Kennzahlen

| Zielgröße | Kennzahl | Aussage |
|---|---|---|
| **Vermögenslage** | | |
| Anlagenintensität des Anlagevermögens in % | *Anlagevermögen \*100 Gesamtvermögen* | Anpassungsfähigkeit des Unternehmens bei Wachstumsschwankungen: je mehr Anlagevermögen, umso höher die fixen Kosten |
| Abschreibungsquote | *Abschreibungen \*100 Anlagevermögen* | Ermittlung der durchschnittlichen Nutzungsdauer des Anlagevermögens |
| **Finanzierung und Kapitalstruktur** | | |
| Eigenkapitalquote in % | *Eigenkapital \* 100 Gesamtkapital* | Aussage über Kreditwürdigkeit und Unabhängigkeit eines Unternehmens |
| Verschuldungsgrad in % | *Fremdkapital \* 100 Eigenkapital* | Verhältnis zwischen Eigen- und Fremdkapital, zeigt Risiko für Gläubiger bzw. erschwert, neue Kredite zu bekommen |
| Finanzierung: goldene Bilanzregel | *Eigenkapital + langfr. Fremdkapital \* 100 Anlagevermögen* | Anlagevermögen sollte durch Eigenkapital und langfristiges Fremdkapital finanziert werden |
| Working Capital | *Umlaufvermögen – kurzfr. Fremdkapital* | Ist der Wert negativ, wird das kurzfristige Fremdkapital zur Finanzierung von Schulden eingesetzt |
| **Liquidität** | | |
| Liquidität 1. Grades | *Flüssige Mittel \* 100 kurzfr. Verbindlichkeiten* flüssige Mittel = Kasse, Bankguthaben | Wie sehr können kurzfristige Verbindlichkeiten durch flüssige Mittel gedeckt werden? Zielgröße: 5–10 % |
| Liquidität 2. Grades | *Flüssige Mittel + kurzfr. Forderungen \* 100 kurzfr. Verbindlichkeiten* | Können kurzfristige Verbindlichkeiten durch die flüssigen Mittel und kurzfristiges Vermögen gedeckt werden? Zielgröße: 100 % |

(Fortsetzung)

## 2.3 Kennzahlen

**Tab. 2.4** (Fortsetzung)

| Zielgröße | Kennzahl | Aussage |
|---|---|---|
| Liquidität 3. Grades | $Flüss.\ Mittel + kurzfr.\ Ford. + Vorräte * 100$ / kurzfr. Verbindlichkeiten | Deckt das Umlaufvermögen die kurzfristigen Verbindlichkeiten? Zielgröße: 150 % |
| **Ertragslage** | | |
| Gewinn | Umsatzerlöse – Aufwendungen | Gibt an, wie hoch der jeweilige Jahreserfolg ist |
| Deckungsbeitrag | Erlöse – variable Kosten | Gibt den Deckungsbetrag für die fixen Kosten an, in der Praxis mehrstufig differenziert |
| Break-Even-Point | Umsatz – Kosten (fix und variabel) = 0 | notwendig für die Berechnung der Kapazitätsauslastung |
| Break-Even-Stückzahl | Summe Fixkosten Deckungsbeitrag je Einheit | für ein ausgeglichenes Ergebnis |
| Rentabilität in % (Gesamtkapital) | $Gewinn + (Fremdkapitalzinsen) * 100$ / Gesamtkapital | Verzinsung des eingesetzten Kapitals, dient dem Vergleich unterschiedlicher Anlage- und Investitionsobjekte |
| Return on Investment in % | $Umsatzrentabilität * 100$ Kapitalumschlag Umsatzrentabilität = Gewinn/Umsatz Kapitalumschlag = Umsatz/Gesamtkapital | Rendite des insgesamt in einer Organisation eingesetzten Kapitals (Eigen- und Fremdkapital) |
| Cashflow | Jahresüberschuss<br>- nicht einzahlungswirksame Erträge (Auflösung von Rückstellungen)<br>+ nicht auszahlungswirksame Aufwendungen (Abschreibungen) | Quote des Einnahmeüberschusses, Kennzahl über die Ertrags- und Finanzkraft einer Einrichtung |

(Fortsetzung)

**Tab. 2.4** (Fortsetzung)

| Zielgröße | Kennzahl | Aussage |
|---|---|---|
| **Leistungen** | | |
| Personalaufwendungen je Pflegetag | Personalaufwendungen/Pflegetag | Dient dem Zeitreihenvergleich und Betriebsvergleich |
| Personalintensität | *Personalkosten * 100*<br>*Umsatz* | Personalkosten werden zum Umsatz in Beziehung gesetzt |
| Überstundenquote | *Mehrarbeitsstunden * 100*<br>*Planarbeitsstunden* | Bei höher oder steigender Überstundenquote zeichnet sich ein Personal- und Personalkostenproblem ab |
| Zeitbedarf | Wartezeiten<br>Dauer einer Behandlung, Beratung, Anmeldung, Bearbeitung von Anfragen durchschnittliche Verweildauer | Zeigt an, wie lange Bearbeitungsprozesse und Leerzeiten andauern |
| Produktivität | Summe der Leistungen (z. B. Unterrichtsstunden, Operationen, Pflegestunden) im Verhältnis zur MitarbeiterInnenzahl, Anzahl der betreuten PatientInnen pro Station, der Beratungsfälle pro MitarbeiterInnen | Zeigt an, wie hoch die Leistungsfähigkeit der Einrichtung ist und wie viel die MitarbeiterInnen zum Unternehmenserfolg beitragen |
| KundInnen und MitarbeiterInnen | Kundenbindungszeit<br>Häufigkeit der Wiederinanspruchnahme<br>Empfehlung an andere KlientInnen<br>Lern- und Transfererfolg | Zeigt an, wie zufrieden KundInnen und MitarbeiterInnen sind; Angaben über Potenziale der Einrichtung |
| Verwaltungskennzahlen | Zeit für die Erstellung der monatlichen Abschlüsse und Statistiken<br>Dauer der Auftragsbearbeitung | Effizienz der Verwaltung |

Quelle: in Anlehnung an Kaspers (2016, S. 219 ff.)

gebräuchliche Kennzahlen auf. Viele sind auch für soziale Organisationen aussagekräftig. Ob es Sinn ergibt, die Ertragslage einer Non-Profit-Organisation zu untersuchen, muss im Einzelfall entschieden werden, da das Ziel nicht Gewinn, sondern Kostendeckung (also weder Gewinn noch Verlust) ist. Ausführlich stellen Kaspers et al. (2017, S. 68 ff.). Kennzahlen (Kennziffern) zur Jahresabschlussanalyse vor.

**Kennzahlensysteme**

Kennzahlen stehen nicht isoliert voneinander, sondern sind über Ursache-Wirkungs-Beziehungen verbunden. So ergeben sich Zusammenhänge, die es erlauben, Spitzenkennzahlen abzuleiten. Die harten Fakten der Finanzbuchhaltung haben so „weiche" Ursachen. Der Erfolg einer Einrichtung resultiert aus der Inanspruchnahme ihrer Leistungen. Grundlage dieses Erfolgs sind Kunden- und Mitarbeiterzufriedenheit. Letztere hängt wiederum von der Ausstattung, der Fortbildung der MitarbeiterInnen, dem Image und der Arbeitsplatzsicherheit ab. Die Kundenzufriedenheit ergibt sich aus der Qualität der Leistung selbst, der Bedienung bei Anmeldung und Abrechnung, dem Service vor, während und nach der Inanspruchnahme sowie einigen Faktoren mehr. Finanzielle Daten geben Auskunft über den Zielerreichungsgrad der Formalziele. Wie dagegen werden die Sachziele adäquat wiedergegeben und gesteuert? Darüber kann ein Kennzahlensystem Auskunft geben, das versucht, harte und weiche Fakten, Vorhersagen und Soll-Ist-Vergleiche zu aussagefähigen Informationen zu verdichten (Schauer et al. 2015, S. 184).

Die *Balanced Scorecard (BSC)* ist ein solches Kennzahlensystem, mit dem neben finanzwirtschaftlicher Perspektive Kundensicht, einrichtungsinterner Ablauf sowie Organisations- und Mitarbeiterentwicklung gleichermaßen gemessen und berücksichtigt werden (Kaplan und Norton 2001). Die BSC erfasst vier verschiedene Perspektiven (Finanzen, KundInnen, interne Prozesse sowie Innovationen und Potenziale) mittels Ziele, Leistungstreiber und zugrunde liegender Ursache-Wirkungs-Zusammenhänge. Die vier Grundperspektiven lassen sich mittels einer Vielzahl von Kennzahlen abbilden. Eingang finden solche Kennzahlen, die beeinflussbar und Auswirkungen auf Erfolgsfaktoren haben. Dabei geht die BSC von Ursache-Wirkungs-Ketten aus (vgl. für NPOs: Niven 2008, S. 155):

- Maßgeblich für langfristige Gewinne sind ertragreiche Kundenbeziehungen.
- Gute Gewinne und gute, ertragreiche Kundenbeziehungen sind das Ergebnis von fehlerfrei verlaufenden, flexiblen und qualitativ hochwertigen Prozessen.
- Gute, fehlerfreie Prozesse sind das Ergebnis von langfristigen Zukunftsinvestitionen und hoher MitarbeiterInnenzufriedenheit.

Ausgangspunkt der BSC ist das Leitbild der Einrichtung, aus dem die strategischen Ziele abzuleiten sind. In einer gemeinnützigen Einrichtung hat das finanzwirtschaftliche Ziel nicht den gleichen Stellenwert wie in einem erwerbswirtschaftlichen Unternehmen. Im Gegenteil: während bei Profitunternehmen alles letztlich auf einen guten Jahresabschluss hinzielt, steht in einer Behinderteneinrichtung, einem christlichen Altenheim oder in einer Drogenberatungsstelle nicht die finanzwirtschaftliche Perspektive an erster Stelle. Vielmehr sollte die finanzwirtschaftliche Perspektive (z. B. das Erzielen eines ausgeglichenen Budgets) eine notwendige Grundlage zur Erreichung der Sachziele sein. Wie im Einzelnen die Perspektiven aussehen, hängt vom Zweck der Einrichtung und von der Zielrichtung der verfolgten Strategien ab. Die Kundenperspektive kann in die KlientInnenperspektive oder in eine Stakeholderperspektive umgewandelt werden. Inwiefern es sinnvoll ist, die verschiedenen Stakeholdergruppen zu differenzieren, muss individuell betrachtet werden. Da der Aufwand zur Einführung einer BSC durch die Definition der Erfolgsfaktoren in den vier Perspektiven, der konkreten Ziele und der Kennzahlen sowie das Messen und Steuern vieler Parameter aufwendig ist, hat sich dieses Kennzahlensystem bisher noch nicht durchgesetzt. Abschn. 4.6 beleuchtet die BSC aus einer strategischen Perspektive.

## 2.4  Das Berichtswesen

Das Berichtswesen *(Reporting)* gehört zu den wichtigsten Controllingaufgaben. Die Zusammenfassung der Kennzahlen in anschaulicher Weise erfolgt monatlich, quartalsweise oder jährlich in einem Bericht. Damit der Bericht überschaubar bleibt und keine Zahlenfriedhöfe produziert werden, konzentrieren sich die Auswertungen auf wenige adressatenorientierte (Informationsbedürfnisse der EmpfängerInnen) Kennzahlen. SozialarbeiterInnen benötigen für ihre Arbeit meist nur wenige Zahlen, eine Wohngruppenleitung braucht schon mehr und die Geschäftsführung einen ausführlichen Report. Ziel des Berichts ist es, die MitarbeiterInnen in ihrem Selbstcontrolling (durch Bekanntgabe der Soll-Ist-Werte) und die Führungskräfte bei ihrer Entscheidungsfindung zu unterstützen und ein Instrument zur Evaluierung an die Hand zu geben. Art, Umfang und Zeitpunkt der Berichte hängen vom Ereignis ab, das den jeweiligen Bericht initiiert (siehe Tab. 2.5). Standardberichte erscheinen regelmäßig in normierter, vergleichbarer Form. Sie dienen einem breiteren Adressatenkreis. Dagegen werden Bedarfsberichte gezielt vom (Bereichs-) Management angefragt, sind dementsprechend spezifisch und wegen des Einzelfallcharakters aufwendig zu erstellen. Abweichungsberichte erscheinen nur anlassbedingt. Sie lenken den Blick der

## 2.4 Das Berichtswesen

**Tab. 2.5** Berichterstattung im Unternehmen

| Standardberichte | Abweichungsberichte | Bedarfsberichte |
|---|---|---|
| • Normierung/Fixierung der wesentlichen Elemente des Berichts (Inhalt, Form und Erscheinungstermin) hohe Bedeutung in der Unternehmenspraxis<br>• Sorgfältige Analyse des relevanten Informationsbedarfs und eingehende Beschäftigung mit der Berichtsgestaltung erforderlich<br>Z. B. Quartalsbericht zu verschiedenen Leistungskennzahlen wie Betreuungsstunden, KlientInnenfallzahl, Kontakte, … | • Keine Erstellung im Rahmen eines festen Berichtszyklus<br>• Vorlage beim Management lediglich, wenn ein vorgegebener Schwellenwert über- bzw. unterschritten wird<br>• Geeignet insbesondere zur Willensdurchsetzung und Kontrolle bestimmter Sachverhalte<br>• Bestimmung der Höhe des Schwellenwertes als wesentliche Herausforderung<br>Z. B. Über- bzw. Unterschreitung einer gewissen Anzahl an KlientInnen pro Monat, Überschreitung einer Anzahl an Überstunden pro Bereich, … | • Fallweise Anforderung durch das Management<br>• Erforderlich, wenn der Informationsbedarf des Managements über die in den Standardberichten bzw. Abweichungsberichten enthaltenen Informationen hinausgeht<br>• Stark schwankende(r) Anzahl und Rhythmus der Anfragen<br>• Verwischung der Grenze zwischen Standard- und Bedarfsberichten aufgrund der DV-Entwicklungen<br>Z. B. Bericht über die Mehr- und Überstunden, über die Reisekosten, über die geplanten Investitionen … |

Quelle: Fischer et al. (2015, S. 94)

EmpfängerInnen auf die „Verletzung" von Sollvorgaben und fordern Stellungnahmen oder Handlungen des betroffenen Managements heraus.

Die Gestaltung der Berichte orientiert sich am Zweck, an den EmpfängerInnen und am Berichtstyp (Standard, Abweichung, Bedarf). Die tabellarische Darstellung spiegelt Information wider, die für den Berichtsempfänger gut lesbar sein sollte. Unterstützt werden Berichte daher durch eine grafische Wiedergabe der einzelnen Kennzahlen. Im Sozialbereich müssen oftmals Zahlen für Menschen aufbereitet werden, die nicht täglich mit diesen zu tun oder eine Abneigung gegen betriebswirtschaftliche Analysen haben. Der Darstellung kommt aus didaktischen Gründen eine wichtige Bedeutung zu. Je klarer Zusammenhänge wiedergegeben werden, umso wahrscheinlicher ist, dass deren Aussage verstanden wird. Eine Grafik hilft, die Information zu erfassen. Weit verbreitet sind Kreisdiagramme, Entwicklungslinien und Spinnendiagramme. Tab. 2.6 zeigt einen Bericht einer Bildungseinrichtung.

**Tab. 2.6** Standard-Controllingbericht einer Bildungseinrichtung

| | 1. Halbjahr | | | 2. Halbjahr | | |
|---|---|---|---|---|---|---|
| | Plan | Ist | Vorjahr | Plan | Ist | Vorjahr |
| **2017** | | | | | | |
| Unterrichtsstunden | 10.000 | 8000 | 11.000 | 8000 | 8000 | 9000 |
| Betriebsergebnis | 20.000 € | 16.000 € | 30.000 € | 20.000 € | 10.000 € | 5000 € |
| Ausfallquote | 25 % | 30 % | 20 % | 20 % | 25 % | 30 % |
| Vermittlungsquoten | 80 % | 90 % | 72 % | 80 % | 72 % | 76 % |
| Kundenzufriedenheit | 2,0 | 2,0 | 3,0 | 2,0 | 2,5 | 2,8 |
| Mitarbeiterzufriedenheit | 2,2 | 2,4 | 3,0 | 2,1 | 2,6 | 2,5 |
| **2018** | | | | | | |
| Unterrichtsstunden | 12.000 | 10.000 | 8000 | 9000 | 10.000 | 8000 |
| Betriebsergebnis | 20.000 € | 0 € | 16.000 € | 16.000 € | 10.000 € | 10.000 € |
| Ausfallquote | 20 % | 22 % | 30 % | 15 % | 20 % | 25 % |
| Vermittlungsquoten | 75 % | 70 % | 90 % | 75 % | 80 % | 72 % |
| Kundenzufriedenheit | 2,0 | 2,2 | 2,0 | 2,0 | 1,8 | 2,5 |
| Mitarbeiterzufriedenheit | 2,0 | 2,4 | 2,4 | 1,8 | 2,3 | 2,6 |

Quelle: Eigene Darstellung

Laut einer Untersuchung von Moos et al. (2014) sind, wie in Abb. 2.4 ersichtlich, Leistungsmengen und Finanzauswertungen die Schwerpunkte im Berichtswesen von Jugend- und Sozialverwaltungen in Deutschland. Spezifische Wirkungsinformationen fehlen dagegen.

## 2.4 Das Berichtswesen

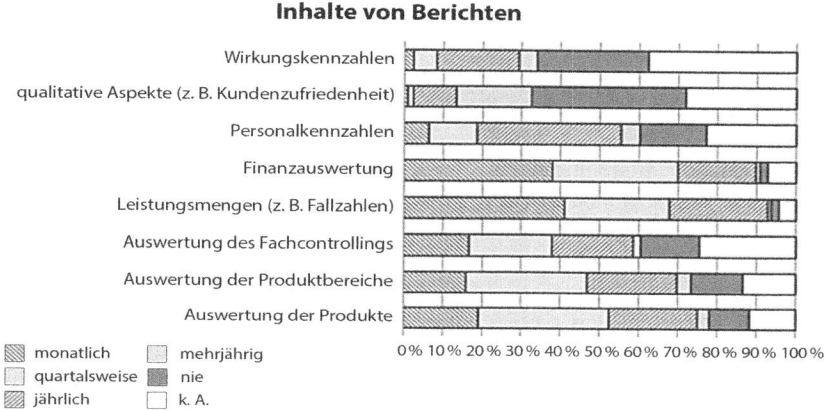

**Abb. 2.4** Berichte in der Jugend- und Sozialverwaltung. (Quelle: Moos et al. 2014, S. 233)

> **Fallbeispiel 2: Bedeutung von Kennzahlen bei der Sucht- und Drogenkoordination Wien (SDW)**
>
> Die Sucht- und Drogenkoordination Wien gemeinnützige GmbH (SDW) ist seit 2006 mit der Umsetzung der strategischen und operativen Ziele der Wiener Sucht- und Drogenpolitik und der damit verbundenen Mittelvergabe betraut. Eigentümer der SDW ist das Kuratorium Psychosoziale Dienste Wien, vertreten durch den amtsführenden Stadtrat für Gesundheit und Soziales. Der SDW koordiniert die Wiener Suchteinrichtungen und stimmt die verschiedenen Maßnahmen und Angebote aufeinander ab. Konkret verantwortet die SDW die Mittelvergabe im Rahmen der Förderrichtlinien, die Entwicklung und die Steuerung eines einheitlichen Dokumentationssystems, die Qualitätssicherung, die Bedarfserhebung und die Bedarfsplanung sowie die Vernetzung. Die SDW umfasst die vier Kernbereiche *Prävention, Arbeitsmarktpolitische Maßnahmen und soziale (Re-)Integration, Öffentlicher Raum und Sicherheit und Behandlung, Beratung, Betreuung*. Gemäß ihren Förderrichtlinien kann die Sucht- und Drogenkoordination Wien (SDW) Maßnahmen für Einzelpersonen, die suchtkrank oder suchtgefährdet sind, gewähren (Subjektförderung). Weiterhin sind Förderungen des laufenden Betriebes und Investitionen von Einrichtungen für Suchtkranke oder Suchtgefährdete möglich (Objektförderung). Die SDW ist somit einerseits selbst über die Suchthilfe Wien (eine Tochtergesellschaft der SDW mit 14 verschiedenen Einrichtungen und Projekten)

operativ tätig und andererseits dafür verantwortlich, dass die Gelder der Stadt Wien an verschiedene Träger im Suchtbereich verteilt werden.

**Die Sucht- und Drogenkoordination Wien in Zahlen (2017)**

- 95 eigene MitarbeiterInnen,
- 71 % des Gesamtbudgets für Förderungen (Objekt- wie Subjektförderungen) und der Leistungsvereinbarung mit der Suchthilfe Wien (siehe nachfolgende Aufschlüsselung),
- 34 % des Gesamtbudgets auf die Suchthilfe Wien, die ihrerseits die Arbeit von 14 verschiedenen Einrichtungen (Abteilungen, Projekte) finanziert,
- 31 % des Gesamtbudgets als direkte Subjektförderungen zur Finanzierung von stationärer und ambulanter Behandlung und Betreuung von KlientInnen im Bereich stoffgebundene Süchte, pathologisches Glücksspiel sowie Alkohol (ko-finanziert),
- 6 % des Gesamtbudgets für Verteilung als Objektförderungen an sechs verschiedene Träger.

**Gestiegene Relevanz des Controllings**
Die Bedeutung des Controllings ist für die SDW selbst wie für Träger im Sucht- und Drogenbereich deutlich gestiegen und kann analog zur Bedeutung des Sozialmanagements gesehen werden. Dafür gibt es verschiedene Ursachen. Zum einen war früher der Aufwand bei einem klassischen Fördersystem mit Jahresbudgets geringer als heute mit Leistungsverträgen und Subjektförderung. Das erhöht den Planungs-, Steuerungs- und Managementaufwand. Anderseits tragen die Professionalisierung und das Wachstum der Organisationen dazu bei, dass Controlling und Finanzmanagement an Bedeutung gewinnen. Insgesamt orientieren sich die Organisationen des Wiener Sucht- und Drogenbereichs in puncto Controlling und Kennzahlen stark an den Vorgaben der SDW. Manche arbeiten mit eigenen ControllerInnen, andere ziehen externe BeraterInnen hinzu. Wirkungscontrolling war und bleibt ein zentrales Thema. Als große Herausforderung werden die kurzen Jahresbudgets gesehen. Mehrjährige Budgets würden mehr Spielräume eröffnen und die strategische Planung erleichtern.

**Controllingbausteine: Leistungs-, Wirkungs- und Finanzkennzahlen**
Als Wiener Sucht- und Drogenkoordination sieht man für sich selbst die zentrale Aufgabe in der Steuerung des Bereichs. Das legt nahe, dass Controllingaufgaben eine hohe Priorität haben. Bereits 2008 hat die SDW für den Bereich

## 2.4 Das Berichtswesen

Behandlung, Beratung, Betreuung ein wirkungsorientiertes Controllingsystem eingeführt. Vorausgegangen war ein intensiver Prozess, an dem sich auch VertreterInnen verschiedener Organisationen des Sucht- und Drogenbereichs beteiligt haben. Entlang der WHO-Gesundheitsziele (körperliche, seelische und soziale Gesundheit) und unter Berücksichtigung der Besonderheiten der Zielgruppe(n) wurde überlegt, wie man Wirkungen definieren, messen und mit den jeweiligen Leistungen verknüpfen kann (Wirkungsketten). Den Hintergrund dieser Überlegungen bildete einerseits der Wunsch, die Aufgaben und Ziele transparent zu machen und gegenüber der Öffentlichkeit Rechenschaft ablegen zu können, wofür die Steuergelder eingesetzt werden und was diese schlussendlich bewirken. Das Ergebnis stellt die *Multidimensionale Diagnostik (MD)* dar. Auch wenn es zu Beginn des Projekts bei manchen Trägern Vorbehalte und Ängste gab, wird der Nutzen heute von vielen erkannt. Einige Träger haben begonnen, die Auswertungen der MD auch zur Steuerung der eigenen Organisation einzusetzen. Die MD wird nun von allen Wiener Trägern in der Arbeit mit den KlientInnen eingesetzt. Ausgehend von einer Einschätzung der KlientInnen zu Beginn der Betreuung, Behandlung oder Beratung und den geplanten Maßnahmenmodulen werden zu verschiedenen Zeitpunkten der Status bzw. Veränderungen (=Wirkungen) bei den KlientInnen dokumentiert. Dazu kommt eine Bewertung durch die MitarbeiterInnen sowie durch die KlientInnen selbst. Die anonymisierten Daten können dann aufgrund verschiedener Parameter entweder bezogen auf einzelnen KlientInnen, die gesamte Einrichtung oder aggregiert für alle Wiener Einrichtungen ausgewertet werden. Die MD als umfangreiches Wirkungscontrollingtool ermöglicht die Wirkung auf der Ebene der KlientInnen umfassend darzustellen. Diese kann durch externe Informationen, wie z. B. die Anzahl der Todesfälle, die Kriminalitätsstatistik oder der Aufnahme von Beschäftigung ergänzt werden, um auch Aussagen zur Wirkung auf gesellschaftlicher Ebene darzustellen. Das nützt die SDW auch, um z. B. zu zeigen, dass eine Betreuung im ambulanten Bereich effizienter und kostengünstiger sein kann als im stationären Bereich. In der Zusammenarbeit mit den verschiedenen Einrichtungen und Trägern, die von der SDW finanziert werden, findet ein laufendes Reporting statt. Hierzu werden monatlich Leistungen abgerechnet sowie Wirkungskennzahlen und Leistungskennzahlen übermittelt, die von einem unabhängigen Forschungsinstitut ausgewertet werden. Im Zuge der Abrechnung der Leistungen durch die Träger und Einrichtungen wird ein Soll-Ist-Vergleich zwischen Planwerten und den tatsächlich abgerechneten Leistungen durchgeführt. Darüber hinaus findet ein Benchmarking verschiedener

Kennzahlen bei den unterschiedlichen Trägern und Einrichtungen statt. Unter anderem werden verglichen:

- Stundensätze verschiedener Personalgruppen,
- Leistungsstunden pro Modul,
- Verhältnis von Personal- und Sachkosten in Blättern, die zur Kalkulation der Modulpreise dienen,
- Kosten pro Kontakt (ambulanter Bereich) und durchschnittliche Kontaktanzahl pro Modul oder
- Kosten pro Belagstag und durchschnittliche Anzahl von Belagstagen pro Modul (stationärer Bereich) sowie
- Abschluss- und Abbruchquoten.

Die SDW bekommt auch die Jahresberichte und Jahresabschlüsse der finanzierten Träger jährlich übermittelt. Diese werden von externen Wirtschaftsprüfern geprüft.

*Quellen: Sucht- und Drogenkoordination Wien,* https://sdw.wien/; *Interview mit Dominik Kalwoda, Kaufm. Leiter der Sucht- und Drogenkoordination Wien, 04/2018.*

## Anhang

### Arbeitsaufgaben zur praktischen Auseinandersetzung und persönlichen Vertiefung

A 2.1: Recherchieren Sie bei Ihrem Arbeitgeber oder einer bekannten Organisation, wie das Rechnungswesen aufgebaut ist. Gibt es eine Teilung in Buchhaltung und Controlling oder ist alles in einer Abteilung zusammengefasst? Überlegen Sie sich, was für diese Struktur spricht.

A 2.2: Recherchieren Sie bei Ihrem Arbeitgeber oder einer bekannten Organisation, auf welche Art die Organisation den Jahresabschluss erstellt. Wird freiwillig doppelte Buchhaltung geführt oder aufgrund gesetzlicher Vorschriften?

A 2.3: Welche Arten von Kennzahlen kommen in Ihrem direkten Arbeitsumfeld zum Einsatz? Welche Indikatoren gibt es dafür? Werden in Ihrem Arbeitsbereich auch Kennzahlen des Finanz- und Leistungsbereichs betrachtet? Wenn nicht, welche Gründe sprechen dafür?

A 2.4: Wie ist das Berichtswesen in Ihrer Organisation aufgebaut? Welche Berichte werden erstellt, in welchen Intervallen?

A 2.5: Welche Informationen seitens des Controllings würden Sie sich für die eigene Arbeit als Führungskraft wünschen? Welche Kennzahlen und welche Berichte wären wichtig, um besser planen und steuern zu können?

## Literatur

Becker, W., & Holzmann, R. (2016). *Kosten-, Erlös- und Ergebnisrechnung* (2. Aufl.). Wiesbaden: Springer-Gabler.

Bono, M. L. (2006). *NPO-Controlling: Professionelle Steuerung sozialer Dienstleistungen.* Stuttgart: Schäffer-Poeschel.

Fischer, T., Möller, K., & Schultze, W. (2015). *Controlling Grundlagen, Instrumente und Entwicklungsperspektiven* (2. Aufl.). Stuttgart: Schäffer-Poeschel.

Gladen, W. (2014). *Performance Measurement – Controlling mit Kennzahlen* (6. Aufl.). Wiesbaden: Springer-Gabler.

Greiling, D. (2013). Externes Rechnungswesen und Erfolgsmessung in Non-profit-Organisationen. In M. Gmür, R. Schauer, & L. Theuvsen (Hrsg.), *Performance Management in Nonprofit-Organisationen* (S. 55–65). Bern: Haupt.

Halfar, B., Moos, G., & Schellberg, K. (2014). *Controlling in der Sozialwirtschaft.* Baden-Baden: Nomos.

Kaplan, R. S., & Norton, D. P. (2001). *Die strategiefokussierte Organisation – Führen mit der Balanced Scorecard.* Stuttgart: Schäffer-Poeschel.

Kaspers, U., Kennerknecht, S., & Schellberg, K. (2017). *Kostenmanagement in Sozialunternehmen* (2. Aufl.). Regensburg: Walhalla Fachverlag.

Kortendieck, G. (2017). *Strategisches Management* (2. Aufl.). Regensburg: Walhalla Fachverlag.

Moos, G., Rothermel, U., Konrad, M., & Titz, K. (2014). Controlling in kommunalen Jugend- und Sozialverwaltungen – Eine Studie zum Ausbauzustand. *NDV, 05*(2014), 231–236.

Niven, P. R. (2008). *Balanced scorecard for government and nonprofit-agencies* (2. Aufl.). Hoboken: Wiley.

Preißler, R., & Preißler, G. (2007). *Lexikon Controlling* (2. Aufl.). Landsberg am Lech: mi-Fachverlag.

Schauer, R., Andeßner, R. C., & Greiling, D. (2015). *Rechnungswesen und Controlling für Nonprofit-Organisationen* (4. Aufl.). Bern: Haupt.

Weber, J., & Schäffer, U. (2015). *Einführung in das Controlling* (15. Aufl.). Stuttgart: Schäffer-Poeschel.

## Literaturtipps zur Vertiefung

Greiling, D. (2008). *Performance measurement in nonprofit-organisationen*. Wiesbaden: Gabler.
Kaspers, U. (2016). *Wirtschaftliche Steuerung von Sozial- und Gesundheitsunternehmen*. Regensburg: Walhalla Fachverlag.

# Planung und Koordination 3

**Zusammenfassung**

In diesem Kapitel stehen die Planung und die Koordination der verschiedenen Informationen im Vordergrund. Die Planung basiert auf den langfristigen wie kurzfristigen Zielen der Einrichtung. Aus den damit ermittelten Soll-Kennzahlen werden einerseits Budgets abgeleitet, andererseits diese Sollwerte mit den Ist-Werten verglichen, um Rückschlüsse auf die Abweichungsgründe abzuleiten und Plankorrekturen vorzunehmen.

**Lernziele**

- Sie kennen die Aspekte des Planungsprozesses und seine Verbindung zum Controlling.
- Sie erfassen die besondere Bedeutung der Ziele für den Planungsprozess und die Anforderung, Ziele operational zu formulieren, um Richtwerte für die Zielerreichung zu haben.
- Sie sehen, wie die verschiedenen Pläne aufeinander aufbauen und daraus Budgets entstehen.
- Sie erkennen die Grenzen der herkömmlichen Budgetierung.
- Sie kennen die Bedeutung der Vorausplanung und der Prognosen.
- Sie sehen die Notwendigkeit, Soll-Werte mit Ist-Werten zu vergleichen und haben das Controllingtool Abweichungsanalyse verstanden.

## 3.1 Planung und Controlling

Peter Ustinov wird das Zitat „Planung bedeutet, den Zufall durch den Irrtum zu ersetzen" zugesprochen. Oder stammt es von Albert Einstein? Es ist auf jeden Fall sehr pointiert. Kann man deswegen gänzlich auf Planung verzichten? Das ist wohl keine Lösung. Planung heißt, die Zukunft durch Vorhersagen berechenbar und gestaltbar zu machen. Der Plan legt künftiges Verhalten fest und reagiert auf sich verändernde Umweltsituationen. Planung sollte die vielfältigen Veränderungen und Szenarien für verschiedene Zukunftsentwicklungen berücksichtigen. Ein englisches Sprichwort lautet „better the devil you know (than the devil you don't)". Organisationen sollten Entwicklungen erkennen; das ist besser, als von diesen überrascht oder überrollt zu werden.

Planung beruht auf systematischem, strukturiertem Vorgehen, nicht auf Improvisation. Mithilfe von Formalisierungen werden Wirkungszusammenhänge transparent und Komplexität reduziert. Planung dient der systematischen Entscheidungsvorbereitung. Werden dem Plan wirtschaftliche Berechnungen und Ressourcen zur Verwirklichung bereitgestellt, spricht man von einem *Budget*. Bei der Planung geht es nicht bloß um das Berechnen von Zahlen und Befüllen von Tabellen. Die Planung resultiert aus den Organisationszielen. Je konkreter die Ziele, desto präziser der Plan. Es ist im Idealfall eine gemeinsame Aufgabe von Führung, Controlling und MitarbeiterInnen.

Planung hat somit folgende Aufgaben:

- Ausrichtung der Planungsobjekte auf die angestrebten Ziele,
- Information und Motivation der Führungskräfte und MitarbeiterInnen,
- Risikoerkennung und Flexibilitätserhöhung und
- Schaffung von Entscheidungsgrundlagen.

## 3.2 Ziele und Erfolgsdimensionen

Alle Unternehmen verfolgen Formal- und Sachziele. Formalziele geben ökonomische Ziele wieder, die monetär ausgedrückt gut messbar sind. Hierzu zählen Umsatz-, Renditeziele oder Marktanteile. Sachziele dagegen umfassen die Leistungen, ihren Umfang, ihre Qualität und ihre Wirkung. In Profitunternehmen dominieren Formalziele, die Erfüllung der Sachziele dient dort einer besseren Formalzielerreichung („wir machen gute Arbeit, um einen höheren Gewinn zu erreichen"). In der öffentlichen Verwaltung und in Non-Profit-Einrichtungen

## 3.2 Ziele und Erfolgsdimensionen

dominieren dagegen die Sachzielerreichung, um den Nutzen bei einer Zielgruppe oder der Allgemeinheit zu steigern. Formalziele dienen hier als Mittel zum Zweck („wir erzielen Überschüsse, um damit weitere Investitionen für unsere Klientel zu ermöglichen"). Unternehmen formulieren Ziele, um erfolgreich zu werden. Dabei geht es nicht nur um finanziellen Erfolg. Neben dem wirtschaftlichen Erfolg können Kundenerfolg, Organisationserfolg und Mitarbeitererfolg betrachtet werden (Tab. 3.1 zeigt verschiedene Beispiele für Erfolgsgrößen).

Im Unterschied zum Profitunternehmen misst sich der Erfolg einer Non-Profit-Organisation daran, welche Wirkungen sie für bzw. bei ihren Anspruchsgruppen erzielt. Deswegen muss das Zielsystem der NPO viele Aspekte abdecken. Ausgehend vom Leitbild („Was möchte die Organisation erreichen?") werden *Leistungswirkungsziele* („Was soll sich bei den Menschen und in der Gesellschaft verändern?"), *Leistungsziele* („Wie viele Leistungen will man erbringen?"), *Prozessziele* („Wie möchte man die Leistungen erbringen?") und *Ressourcenziele* („Welche und wie viele Ressourcen sind einzusetzen?") formuliert.

Tab. 3.2 zeigt das Zielsystem für ein Seniorenheim. Ausgehend von der Mission, älteren Menschen einen menschenwürdigen Lebensabend zu bereiten, wird auf der Wirkungsebene die Verbesserung bzw. Bewahrung des physischen Wohlbefindens wie der sozialen Integration angestrebt. Dies sind allgemeine, schwer messbare Ziele. Konkreter sind die Leistungsziele, die zum Erreichen der Wirkungsziele beitragen. Soziale Integration wird durch Einbeziehung von Angehörigen, soziale Aktivitäten im Heim und einen wertschätzenden, liebevollen

**Tab. 3.1** Ziele und Kennzahlen

| Erfolgsdimension (Ziele) | Erfolgsgrößen (Indikatoren) | Begründung |
|---|---|---|
| Wirtschaftlicher Erfolg | • Gewinn, Rendite, Umsatz, Marktanteil | • Überlebenssicherung<br>• Erfolgspotenzial |
| Kundenerfolg | • Zufriedenheit der KlientInnen<br>• Zufriedenheit der Angehörigen<br>• Teilhabe<br>• Gesellschaftliche Wirkung | • Selbstzweck der Einrichtung<br>• Sachziel steht ganz oben |
| Organisationserfolg | • Hohe, messbare Qualität<br>• Keine Fehler | • Voraussetzung für Kundenerfolg |
| Mitarbeitererfolg | • Mitarbeiterzufriedenheit<br>• Entwicklung: Fortbildungen<br>• Gesundheit: Krankenstand | • Voraussetzung für Organisationserfolg |

Quelle: Eigene Darstellung

**Tab. 3.2** Zielsystem eines Altenheims

| Mission |
|---|
| Älteren, hilfebedürftigen Menschen einen menschenwürdigen Lebensabend bereiten |
| **Leistungswirkungsziele** |
| • Verbesserung des physischen Gesundheitszustandes<br>• Soziale Integration zum psychischen Wohlbefinden |
| **Leistungsziele** |
| • Förderung der Pflegequalität<br>• Sicherstellung der medizinischen Versorgung<br>• Gewährleistung eines therapeutischen Angebotes<br>• Einbindung von Angehörigen<br>• Förderung der Geselligkeit im Heim<br>• Intensivierung der Kontakte mit dem Pflegepersonal |

| Prozessziele | Ressourcenziele |
|---|---|
| • Sicherstellung effizienter Prozesse<br>• Erhöhung des Auslastungsgrades | • Sicherstellung von qualifiziertem Personal<br>• Sicherstellung der wirtschaftlichen Handlungsfähigkeit<br>• Pflegegerechte Ausstattung der Zimmer<br>• Stimulierende Heimatmosphäre |

| Interessen der Anspruchsgruppen (z. B. Kostenträger) |
|---|
| • Versorgung der älteren MitbürgerInnen<br>• Bestimmter Pflege- und Betreuungsschlüssel<br>• Einhaltung des Budgetrahmens |

Quelle: Becker und Moses (2004, S. 23)

Umgang des Pflegepersonals möglich. Das setzt genügend Zeit für die MitarbeiterInnen und deren Schulung voraus, was aber mit den Vorgaben der Kostenträger (z. B. bestimmte Betreuungszeiten) in Konflikt geraten kann.

Ob ein Ziel messbar ist, hängt davon ab, wie es formuliert wird. Im Planungsprozess sind die Ziele zu operationalisieren und Indikatoren zu bestimmen, mit deren Hilfe man den Zielerreichungsgrad messen kann. Schwierig ist es mit den „weichen" Zielen bzw. mit den Leistungswirkungszielen. Wie sind die soziale Integration und das physische Wohlbefinden der BewohnerInnen zu messen? Tab. 3.3 gibt einen Überblick über Indikatoren der Zielerreichung im Seniorenheim. Es ist ersichtlich, dass nicht genau formulierte Ziele schwierig zu messen sind. Das Seniorenheim hat das Ziel „Förderung der Pflegequalität" formuliert. Was genau versteht der Betreiber unter Qualität und unter Förderung? Von welchem Ausgangswert aus wird eine Förderung (=Erhöhung) angepeilt? Die Indikatoren

## 3.2 Ziele und Erfolgsdimensionen

**Tab. 3.3** Indikatoren eines Seniorenheims

| Ziele | Indikatoren |
|---|---|
| Förderung der Pflegequalität | • Durchschnittlicher Arbeitszeitaufwand für verschiedene Pflegeleistungen<br>• Anzahl regelmäßiger Stationsbesprechungen |
| Sicherstellung der medizinischen Versorgung | • Anzahl und Rhythmus der Sprechstunden der ÄrztInnen im Heim<br>• Transportmöglichkeiten zu den HausärztInnen<br>• Anzahl der Visiten und Untersuchungen |
| Gewährleistung eines therapeutischen Angebots | • Anzahl der Stunden für Physio- und Ergotherapie |
| Einbindung von Angehörigen | • Anzahl der Einladungen Angehöriger zu Veranstaltungen<br>• Anzahl mithelfender Angehöriger bei Pflege und Betreuung<br>• Anzahl der Übernachtungsmöglichkeiten für Angehörige im Heim |
| Förderung der Geselligkeit im Heim | • Art, Ausmaß und Regelmäßigkeit der angebotenen Freizeitveranstaltungen |
| Intensivierung der Kontakte mit dem Pflegepersonal | • Anzahl der Kontakte des Personals mit den zu betreuenden BewohnerInnen pro Zeiteinheit<br>• Zeit des Personals für Gespräche und Spaziergänge |
| Sicherstellung effizienter Prozesse | • Prozessdurchlaufzeiten<br>• Anteil Verwaltung an den Gesamtstunden<br>• Anzahl der Prozessschnittstellen |
| Erhöhung des Auslastungsgrads | • Anzahl der Tage, an denen keine 100 % Auslastung gegeben ist |
| Sicherstellung von qualifiziertem Personal | • Anzahl des diplomierten Personals (ÄrztInnen, TherapeutInnen, SozialarbeiterInnen) pro HeimbewohnerIn<br>• Art der vom Personal besuchten internen und externen Weiterbildungsveranstaltungen |
| Sicherstellung der wirtschaftlichen Handlungsfähigkeit | • Liquidität<br>• Anteil der jeweiligen Finanzierungsquellen |
| Pflegegerechte Ausstattung der Zimmer | • Anzahl der Zimmer mit Notrufanlage<br>• Anzahl der pflege- und rollstuhlgerechten Zimmer |
| Stimulierende Heimatmosphäre | • Anzahl der Quadratmeter von Grünanlagen<br>• Anzahl der Sitzgruppen in den Gängen |

Quelle: Becker und Moses (2004, S. 28)

(durchschnittlicher Arbeitszeitaufwand für Pflegeleistungen sowie Anzahl regelmäßiger Stationsbesprechungen) können als Qualitätsindikatoren verstanden werden.

Die Qualität in der Pflege hängt auch von anderen Faktoren ab: Besuch von Weiterbildungen, Teilnahme an Reflexionen, Weitergabe von Informationen zwischen den MitarbeiterInnen.

Es ist keine einfache Aufgabe, alle Ziele SMART zu formulieren. Mitunter ist es leichter, einzelne Ziele in verschiedene Teilziele zu zerlegen. So könnte man z. B. das Ziel Erhöhung der Pflegequalität in folgende Teilziele zerlegen:

- Verstärkung der internen Kommunikation zwischen den Schichten;
- Supervision für alle MitarbeiterInnen;
- Vermeidung/Senkung von Dekubitus-Fällen;
- Mobilisierung nach einem Oberschenkelhalsbruch.

Tab. 3.4 zeigt, wie Teilziele zur Erhöhung der Pflegequalität SMART formuliert werden können.

Aufgrund der unterschiedlichen Anspruchsgruppen (Träger, MitarbeiterInnen, Kostenträger, KlientInnen, Angehörige) gibt es unter Umständen konkurrierende Ziele. Immer weniger können sich auch Profitunternehmen vom Druck der unterschiedlichen Anspruchsgruppen lösen und allein auf ihre Rendite achten. Deswegen ist es wichtig, die Ansprüche und Ziele der verschiedenen StakeholderInnen zu kennen und diese als Grundlage für die Planung des Angebots, der Leistungen bzw. in weiterer Folge auch des Budgets zu sehen. Es empfiehlt sich, diese Informationen systematisch zu sammeln.

**Tab. 3.4** SMARTe Zielformulierungen

|   | Erklärung | Das heißt | Beispiel | Beispiel | Beispiel |
|---|---|---|---|---|---|
| S | Specific | Spezifisch, klar & eindeutig | Eine interne Projektgruppe erarbeitet innerhalb von sechs Monaten einen Maßnahmenkatalog, wie die interne Kommunikation bei der Schichtübergabe verbessert werden kann | Alle PflegemitarbeiterInnen besuchen ab dem folgenden Quartal einmal pro Monat eine verpflichtende Supervision im Ausmaß von einer Stunde | Innerhalb eines Jahres soll das Auftreten von Dekubitus-Fällen um 25 % gesenkt werden |
| M | Measurable | Messbar | | | |
| A | Achievable | Erreichbar | | | |
| R | Reasonable | Realistisch | | | |
| T | Time-bound | Terminierbar, zeitlich fixiert | | | |

Quelle: Eigene Darstellung

## 3.2 Ziele und Erfolgsdimensionen

**Interview 2: Zielorientierung der Rummelsberger Diakonie**
Harald Frei, Geschäftsführer Rummelsberger Dienste für Menschen gGmbH, 07/2018, www.rummelsberger-diakonie.de

Die Rummelsberger Diakonie (RD) ist ein großer, seit über 125 Jahren tätiger diakonischer Sozialdienstleister. Rund 5800 MitarbeiterInnen erbringen in Bayern Dienstleistungen in den Handlungsfeldern Jugendhilfe, Behindertenhilfe und Altenhilfe. Darüber hinaus ist sie Träger diverser Bildungseinrichtungen wie Berufsfachschulen und Fachakademien. Mit einem konsolidierten Umsatz von ca. 275 Mio. € findet sich die RD in Deutschland unter den Top 30 der diakonischen (evangelischen) Unternehmen. Der Trägerverein hat als Satzungszweck auch die Ausbildung von jungen Menschen zu DiakonInnen. Dem Trägerverein stehen fünf Vorstände vor. Vorstandsvorsitzender ist immer ein Theologe, daneben sind zwei Vorstände Vertreter der Diakoninnen- bzw. der Diakonengemeinschaft („Brüderschaft") sowie die beiden „weltlichen" Vorstände Dienste und Finanzen tätig.

**Wie sieht das richtungsweisende Gedankenmodell der Rummelsberger Diakonie aus?**
Der RD geht es „schlicht" um die Erfüllung von Bedarfen der Menschen in jungen und alten Jahren sowie denen, die ein Handicap meistern müssen und orientiert sich an den ureigenen Bedürfnissen von Menschen. Im Jahr 2015 wurde die Strategie 2025 verabschiedet. Diese Matrix ordnet die jeweiligen Tätigkeiten einerseits in die Handlungsfelder und andererseits in die spezifischen Tätigkeiten anhand der Sieben Werke der Barmherzigkeit: Durstige tränken, Gefangene besuchen, Tote bestatten, Kranke heilen, Fremde beherbergen, Hungrige speisen und Nackte bekleiden in einer zeitgemäßen Form ab. Als dritte Dimension wird die Strategie in vier Qualitätsmerkmalen gemessen, die in der Strategie detailliert beschrieben sind: fachlicher Anspruch, Diakonischer Geist, wirtschaftliche Verantwortung und kommunikative Kultur. Es gibt explizit kein ausgeschriebenes Leitbild, da dieser Prozess Jahre dauert und aus Sicht des Vorstands am Ende nur abstrakt beschriebenes Papier liefert.

**Welche strategischen und operativen Ziele verfolgen Sie?**
In der praktischen Ausarbeitung der strategischen Ziele wurden die bisherigen Tätigkeiten herangezogen, ergänzt um die zum Zeitpunkt der Erstellung der „Strategie 2025" sichtbaren Entwicklungen und Marktchancen. Wir sind dabei weniger anhand von konkreten Zahlen und Wirtschaftlichkeitsberechnungen vorgegangen, sondern haben anhand von inhaltlichen und fachlichen Gedanken Projekte der einzelnen Handlungsfelder definiert, die bis 2025 umgesetzt sein sollen. Dieser Schritt wurde auf Ebene des Gesamtvorstands und der Geschäftsführungen initiiert und grundlegende Gedanken dazu formuliert. In einer weiteren Detaillierung wurde der Prozess dann „bottom up" von den Leitungskräften der einzelnen Handlungsfelder in Workshops weitergeführt und strategische Ziele ausgearbeitet. Man kann also sagen, dass der Impuls „top down" erfolgte und die Ziele dann in einem breiten Entwicklungsprozess ausgearbeitet wurden. Abschließend wurden die Ziele der verschiedenen Handlungsfelder in einer gemeinsamen Führungskonferenz vorgestellt, bereichsübergreifend diskutiert, ggf. verfeinert und in einer abschließenden Runde sowohl vom Vorstand beschlossen als auch vom Aufsichtsrat goutiert. Die operativen Ziele wurden dann im jeweiligen Handlungsfeld erarbeitet, inklusive eines Maßnahmenkatalogs, Zuständigkeiten und Zeitschiene. Dieser Katalog wurde abschließend in einer gemeinsamen Tagung der obersten Leitungskräfte verabschiedet.

**Wie wurde die Strategie dann gelebt?**
Selbstverständlich gibt es im „Leben" einer Strategie Veränderungsbedarf. Nicht zuletzt durch geänderte externe Rahmenbedingungen wie bspw. Gesetzgebung, Nachfrageverhalten, Standortgüte, Refinanzierungsbedingungen und Verfügbarkeit von Fachpersonal, aber auch durch interne Parameter wie Ressourcen und Wirtschaftlichkeit kommt es zwangsläufig zu Veränderungen in der zukünftigen Ausrichtung. Diese Veränderungen führen nun nach drei Jahren der bisherigen Strategie zu einem wiederum breit angelegten „Review-Prozess". Dabei kommt jedoch nicht allzu viel Veränderungsbedarf zum Tragen. Dies wäre auch ein Widerspruch zum Begriff Strategie, der ja relativ allgemein die Ausrichtung formuliert, während die Veränderung des Tuns vorrangig auf der operativen

Ebene stattfindet (z. B. stellt die Eröffnung eines multikulturellen Kindergartens aufgrund des verstärkten Zuzugs anderer Kulturen eine veränderte Ausrichtung dar, ist jedoch keine neue Strategie, die schon immer die Ausweitung des Angebots an Kindergartenplätzen aufweist). Dieser Review-Prozess wurde auf der diesjährigen Führungskonferenz angestoßen und wird in den jeweiligen Handlungsfeldern fortgeführt. Falls sichtbarer Veränderungsbedarf besteht, wird dies am Ende wieder vom Vorstand beschlossen und dem Aufsichtsrat zur Billigung vorgelegt.

**Gibt es auch unterschiedlichen Meinungen über Strategie und Werte oder gar Konflikte?**
Unterschiedliche Auffassungen sollen durch eine ausgeprägte, jedoch nicht ausufernde, Gesprächskultur zu einer brauchbaren Gesamtlösung geführt werden. Hierzu trägt sowohl die Diversity im Vorstand selbst (ein Theologe, eine „Vertreterin" der Diakoninnen sowie ein „Vertreter" der Diakone sowie zwei kaufmännisch orientierte Vorstände), wie auch der gemischte Aufsichtsrat aus fachlich qualifizierten Mitgliedern des Trägervereins, Mitarbeitervertretern und externen Fachleuten für Bau, Banken, Rechnungswesen, als auch ein vielfältiges Spektrum an Arbeitsgruppen bei. Regelmäßig treffen sich auch ad hoc Arbeitsgruppen, um Zielvorstellungen zu bündeln und die Umsetzung gemeinsam abzustimmen. Grundlegende Diskrepanzen (wie „Kirche und Diakonie sind für die Armen da" – die es aber nicht bezahlen können; „man darf als NPO keinen Gewinn machen" – der aber nötig ist, um wirtschaftliche Talsohlen durchstehen zu können; „Verlust ist sexy" – was langfristig durch Liquiditätsverlust zur Insolvenz führt) bestehen natürlich, können jedoch durch vernünftige Argumentation auf ein „unschädliches" Maß beschränkt werden. Hilfreich ist der Bezug auf die vier oben genannten Qualitätsdimensionen. Nur in einer ausgewogenen Mischung der vier Parameter kann der Sozialdienstleister RD vernünftig in die Zukunft gehen.

## 3.3 Planung verschiedener Bereiche

Ziele und Planung, das sind zwei Seiten der gleichen Medaille. Ohne Planung sind die Ziele nutzlos. Dennoch beschäftigt sich Planung eher mit Zielen, die sich in Geld oder Leistungseinheiten messen lassen. Selten werden „weiche Ziele" direkt in den Planungsprozess miteinbezogen. Sie gelten oft als Ergebnis der Planung. Gerade im Bereich der Leistungswirkung ist eine Planung der Wirkungen (ob Impact oder Outcome) durchaus als Steuerungselement vorstellbar, sodass eine integrierte Planungsrechnung erfolgt (beispielhaft: Schauer et al. 2015, S. 196 ff.).

Neben den Kosten und den Erlösen werden Materialverbrauch, Personaleinsatz, Investitionen oder Finanzmittel geplant. Dabei werden, wie das folgende Beispiel zeigt, zunächst verschiedene Einzelpläne erstellt. Diese führen zu einem Budget und schlussendlich zu einer Plan-GuV, einer Planbilanz und zu einem Finanzplan. Das nachfolgende Beispiel einer Kita soll das Zusammenspiel der Pläne verdeutlichen:

- Das Controlling erstellt mit der Geschäftsführung die Jahresplanung.
- Ausgehend von den *geplanten Leistungen* („wir wollen im nächsten Jahr in unseren Kitas insgesamt 400 Kinder betreuen") sind zunächst *Arbeitspläne* (davon werden in der Kita Sonnenschein 75 Kinder in sechsaltersübergreifenden und integrativen Krippengruppen zwischen 7.00 Uhr und 18.00 Uhr betreut) zu bestimmen.
- Bei diesen geht es aufgrund der vorherrschenden Technologie (z. B. Art der Gruppe, Gruppengröße) darum, die notwendigen personellen, räumlichen und materiellen Kapazitäten abzuschätzen. Daraus ergeben sich *Beschaffungspläne* (für unsere sechs Gruppen benötigen wir für 2018 als Ersatz für ausscheidende Kräfte zwei neue ErzieherInnen) für Material, Personal und Investitionen.
- Den geplanten Absätzen stehen geplante Kosten gegenüber, die in einem *Budget* oder Haushalt den einzelnen Kostenstellen vorgegeben bzw. mit ihnen abgestimmt werden.
- Daraus ergeben sich eine *Plan-GuV* und eine *Planbilanz* mit einem geplanten Jahresergebnis. Sollten im Laufe des Jahres Liquiditätsengpässe entstehen, ist zudem ein *Finanzierungsplan* zu erstellen. Abb. 3.1 zeigt das Verfahren im Überblick:

Das Controlling überprüft die Pläne auf Konsistenz und Vollständigkeit und analysiert ihre Auswirkungen auf den gesamten Betriebsablauf. Mit welchen Gemeinkosten ist zu rechnen? Ausgehend von zentralen Vorgaben für die Planung

## 3.3 Planung verschiedener Bereiche

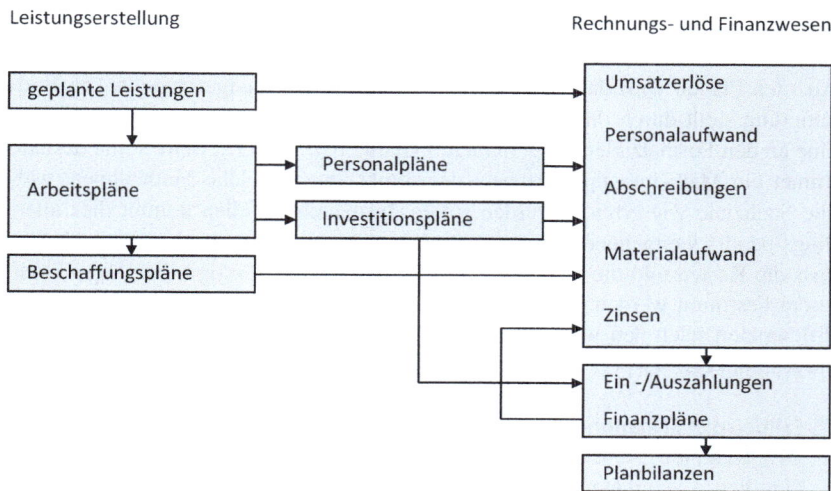

**Abb. 3.1** Struktur der Einzelpläne. (Quelle: Vahs und Schäfer-Kunz 2007, S. 281)

und einer ersten Hochrechnung erstellt man die ersten Teilpläne. Hierbei fließen die Daten der Mehrjahresplanung (strategische Planung) mit ein. Da noch Nachbesserungsbedarf besteht, werden die Pläne zu den Kostenstellen- bzw. Budgetverantwortlichen rückgekoppelt. Hier zeigen sich verschiedene Ansätze zur Planung:

- **Top-down-Verfahren:** Bei der häufig angewendeten Planung legt die Geschäftsleitung von sich aus die Ziele und das ihrer Meinung nach dafür notwendige Budget fest.
- **Bottom-up-Verfahren:** Ausgehend von den Vorstellungen der MitarbeiterInnen wird das Budget von ihnen selbst festgelegt. Eine Ausrichtung an den Gesamtzielen der Einrichtung ist dadurch eher zufällig.
- **Gegenstromverfahren:** In der Praxis bewährt sich das Gegenstromverfahren. Die Top-down-Planung von Eckwerten durch die Geschäftsleitung wird durch eine Feinplanung durch die MitarbeiterInnen ergänzt. In Zielvereinbarungsgesprächen erfolgt eine weitere Ziel- und Maßnahmenabstimmung. So kann gewährleistet werden, dass alle relevanten Informationen in die Planung miteinbezogen sind. Nach der Revision und wiederholten Planung werden die Budgets genehmigt, zu einem Gesamtplan verdichtet und von der Geschäftsleitung verabschiedet.

## 3.4 Budgetierung

Aus den Plänen wird das in Geldgrößen ausgedrückte Budget erstellt. Die Budgetierung stellt durch ihre monetäre Voraussage von Planerlösen und Plankosten eine an den Formalzielen ausgerichtete Planung dar. Dem zur Seite sollte deshalb immer ein Maßnahmenplan stehen, der angibt, durch welche Maßnahmen, welche Sachziele wie erreicht werden sollen. In manchen Fällen kommt dies allerdings bereits weitgehend durch das Budget selbst zum Ausdruck. Dies bedeutet, dass die Kosten und die Leistungen erfasst und für die künftige Planungsperiode vorausbestimmt werden. Je nach Ausbau des Rechnungswesens wird das Budget differenziert nach den wesentlichen Kostenarten für die einzelnen Kostenstellen aufgestellt (vgl. Kaspers 2016, S. 201 ff.).

> **Fallbeispiel 3: Planung der Diakonie Neustadt**
> Die Diakonie Neustadt will mithilfe ihrer Beratungsstellen im Jugend-, Familien-, Schuldner- und Asylbereich eine Verbesserung der Lebensverhältnisse im Landkreis Neustadt anstreben. Im nächsten Jahr soll die Familienberatungsstelle in Musterstadt mit zwei BeraterInnen den voraussichtlichen Bedarf von 1000 persönlichen Beratungsgesprächen abdecken und durch Öffentlichkeitsaktionen auf die Probleme von jungen Familien aufmerksam machen (operatives Ziel). Nebenbei soll eine Kleider- und Ausstattungskammer für Familien in Not betrieben werden. Die Gegenstände sollen durch gezielte Spendenaufrufe und Sponsoring erworben und zu einem günstigen Preis verkauft werden (operativer Plan). Als Grundlage der Budgetierung entsteht eine Hierarchie von Plänen (siehe Tab. 3.5).

Ausgehend von den Einzelplänen wird das Budget für 2018 geplant (siehe Tab. 3.6).
Eine erfolgreiche Budgetierung hängt davon ab, ob

- vollständige, konsistente Pläne existieren,
- Kosten(budgetierungs)stellen eingerichtet wurden,
- Soll- und Ist-Daten eindeutig den Kostenstellen zuordenbar sind und
- die Kosten- und Leistungsrechnung eine regelmäßige Auswertung ermöglicht.

An diesen Voraussetzungen entzündet sich zugleich die Kritik an der Budgetierung (vgl. Fischer et al. 2015, S. 441 ff.; Gleich et al. 2006; Rieg 2015, S. 99):

- geringe Wirtschaftlichkeit – hoher Planungsaufwand bei geringem Nutzen,
- fehlende Marktorientierung und geringe Flexibilität der Jahresbudgetierung,

## 3.4 Budgetierung

**Tab. 3.5** Planung eines Geschäftsjahres

| Planbereich | Konkrete Pläne | |
|---|---|---|
| Leistungen (Absatz) | • 30 h Öffnungszeit pro Woche bei 52 Planungswochen<br>• 1000 persönliche Beratungsgespräche p. a.<br>• 10.000 € Verkäufe von Kleidung und Ausstattung | |
| Erlöse | • Unterstützung des Landkreises für BeraterInnen<br>• Unterstützung durch die Zentrale der Diakonie für Beratungsstellen<br>• Kommunale Zuschüsse (z. B. Musterstadt)<br>• Sponsorenmittel<br>• 100,00 € pro Gespräch/geplant 1000 Gespräche<br>• Verkäufe von Kleidung und Ausstattung<br>**Summe** | 80.000 €<br>50.000 €<br>20.000 €<br>10.000 €<br>100.000 €<br>10.000 €<br>**270.000 €** |
| Tätigkeiten (Produktion) | • ca. 800 Beratungsgespräche p. a. mit Vor- und Nachbereitung (90 % der Arbeitszeit von zwei hauptberuflichen BeraterInnen)<br>• Verwaltung der Geschäftsstelle (10 % der Arbeitszeit BeraterInnen)<br>• 10 nebenberufliche BeraterInnen für insg. 200 Beratungsgespräche<br>• Verkauf der Kleidung und Ausstattung durch Ehrenamtliche<br>• Öffentlichkeitsarbeit und Sponsorensuche durch Ehrenamtliche | |
| Beschaffungen | • Kleidung, Ausstattung<br>• Werbematerialien<br>• Akquise von Ehrenamtlichen | |
| Personaleinsatz | • 2 hauptberufliche BeraterInnen<br>• 1 Stelle Sekretariat<br>• 10 nebenberufliche BeraterInnen<br>• 10 Ehrenamtliche für Kleiderkammer | |

Quelle: Kortendieck (2016, S. 41 ff.)

**Tab. 3.6** Der Budgetplan

| Budget 2018 | |
|---|---|
| Personalausgaben BeraterInnen (detailliert berechnet in Kap. 5) | 100.000 € |
| Personalausgaben Sekretariat | 35.000 € |
| Honorar nebenberufliche BeraterInnen, Aufwandsentschädigungen für Ehrenamtliche | 35.000 € |
| Miete | 40.000 € |
| Werbebudget | 30.000 € |
| Porto/Telefon | 20.000 € |
| Summe | 260.000 € |

Quelle: Kortendieck (2016, S. 41 ff.)

- kurzsichtiger Charakter durch unzureichende Verknüpfung mit den strategischen Zielen sowie
- Tendenz zur Bestandswahrung und zur Unehrlichkeit.

Die Kritik an der Budgetierung entzündet sich immer wieder an der zugrunde liegenden Planung, die einerseits annehmen muss, dass in der Zukunft bestimmte Ereignisse eintreten und andererseits die (nahe) Zukunft konstant bleibt. Rieg (2015, S. 83 f.) hat die wichtigsten Planungsprobleme und deren Verbesserungsansätze zusammengefasst: Der Wunsch besteht nach einer verringerten Planungskomplexität und nicht nach einer noch feineren Planung.

---

**Interview 3: Budgetierung bei der Lebenshilfe Peine-Burgdorf**
Uwe Hiltner, Geschäftsführer Lebenshilfe Peine – Burgdorf, 07/2018, www.lhpb.de

**Wer ist in Ihrer Organisation für die Budgetierung verantwortlich?**
Der Leiter der Verwaltung mit (Unterstützung des Controllers) trägt die Gesamtverantwortung für den Budgetierungsprozess. Zusätzlich sind fünf Bereichsleiter sowie 29 Leiter von Einrichtungen und Diensten eingebunden. Auch diese mittlere Ebene der Führungskräfte hat Budgetverantwortung.

**Welchen Budgetierungsansatz verfolgen Sie und welche Planungsgrundlagen ziehen Sie heran?**
Wir verfolgen einen Bottom-up-Ansatz. Aufbauend von der Kostenstellenplanung erstellen wir eine Jahresplanung, die dann Teil einer Fünfjahres-Finanzplanung ist. Ziel ist eine rollierende Planungsrechnung zur Sicherstellung des Unternehmenserfolgs. Wir stützen uns auf bekannte Daten (z. B. aus dem Vorjahr) und erstellen Prognosen. Vorgaben für die Planung sind die anerkannten Plätze, die Betriebsvereinbarungen, die Leistungs- und Prüfungsvereinbarungen, die Vergütungsvereinbarungen, der TVöD (Tarifvertrag des öffentlichen Dienstes) sowie Vorgaben der Geschäftsführung.

**Wie ist die strategische Planung aufgesetzt?**
Bei der strategischen Planung sind Investitionen und Instandhaltungen für mehrere Jahre zu planen. Das Folgejahr wird monatlich und die weiteren Jahre mit Jahreswerten geplant. Empfohlen ist ein 5-Jahres-Plan. Die strategische Planung erstellen die Bereichsleitungen in Zusammenarbeit

## 3.4 Budgetierung

mit ihren Einrichtungsleitungen. Ziel ist, die jährlichen Werte rechtzeitig zu kennen, um Risiken zu vermeiden und Verhandlungen rechtzeitig aufnehmen zu können.

**Wie läuft der Prozess der Budgetierung genau ab?**
Die jährliche Budgetierung ist in einer Prozessbeschreibung im Qualitätsmanagementsystem beschrieben (siehe Abb. 3.2). Zu Planungsbeginn sind die Werte für die Eingliederungshilfen (aus der Kapazitätsplanung), Personalkosten (aus der PKH), Abschreibungen (aus der AfA-Vorschau), Zinsen (aus der Zinsvorschau) und Steuern durch die Verwaltung in Professional Planner erfasst. Auch die weiteren Daten sind auf Basis des laufenden Geschäftsjahres und der mit der Geschäftsführung vereinbarten Vorgaben, hochgerechnet durch die Verwaltung, für das Planjahr als Vorschläge vorgegeben und stehen zur weiteren Bearbeitung durch den Planungsverantwortlichen zur Verfügung. Die Planungsverantwortlichen ändern nur die Daten, bei denen sie andere Daten für das folgende zu planende Jahr erwarten.

**Wie und wann wird das Budget überwacht? Wie läuft die Zusammenarbeit der verschiedenen Ebenen? Gibt es regelmäßige Budgetgespräche bzw. Controllingmeetings?**
Die Leitung Rechnungswesen erstellt die monatlichen Dateien der Plan-Ist-Auswertungen für die Geschäftsführung (gesamtes Unternehmen) und für die Bereichsleitungen. Detaillierte Auswertungen werden quartalsweise für die Einrichtungsleitungen erstellt. Die Plan-Ist-Auswertungen des vorläufigen Jahresabschlusses werden Ende April des laufenden Wirtschaftsjahres zur Verfügung gestellt. Im Laufe des Jahres erfolgen Bewertungen nach Bedarf und anlassbezogen.

Das Controlling überprüft nach Verabschiedung der Budgets regelmäßig die Ist-Werte, rechnet sie auf Wird-Werte zum Jahresende hoch und analysiert die (voraussichtlichen) Abweichungen. Die Abweichungsanalyse gehört zum Controllingprozess wie das Abschätzen und Aushandeln der notwendigen Budgets. Es wird analysiert, inwieweit die Planwerte erreicht bzw. eingehalten werden. Anschließend vergleicht man die Ist-Zahlen mit den Planzahlen und ermittelt die Abweichungen. Dabei werden die Jahrespläne durch eine laufende Planung verfeinert. In regelmäßigen Controllingmeetings werden die Zahlen analysiert

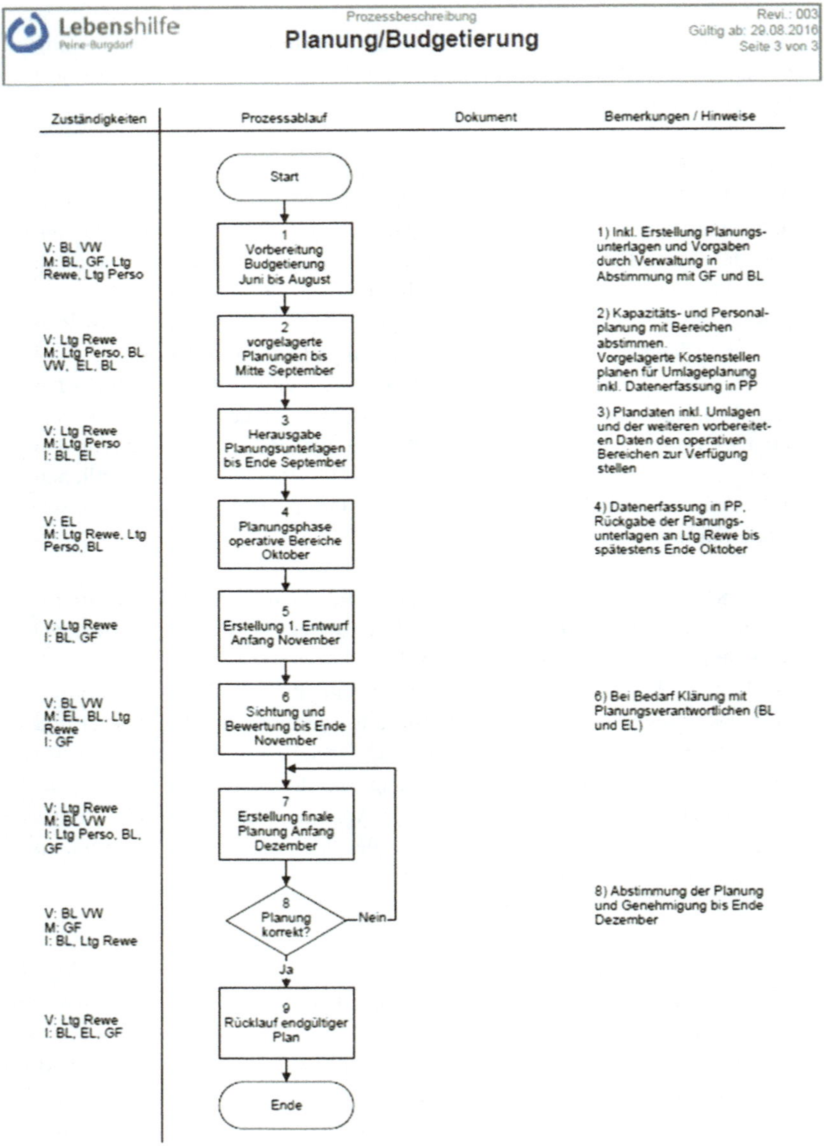

**Abb. 3.2** Planungsablauf der Budgetierung bei der Lebenshilfe Peine/Burgdorf (2016). (Quelle: Lebenshilfe Peine/Burgdorf 2016)

## 3.4 Budgetierung

und Maßnahmen überlegt, um Planwerte zu erfüllen. Auch wenn das Controlling an diesen Entscheidungen mitwirkt, liegt die Verantwortung bei den Führungskräften der Organisationen. Gleich et al. (2006) formulieren als Kriterien für erfolgreiches Budgetieren drei Maßstäbe:

- *Einfache Planung:* Es sollten so wenig Datensätze wie nötig verwendet werden.
- *Flexible Planung:* Die Planung sollte während des Budgetierungsprozesses flexibel bleiben.
- *Szenarien für die Zukunft:* Mithilfe von Szenarien und rollierender Planung können die Budgets angepasst werden.

Es stellt sich die Frage, wie viele Kosten- und Erlösartengeplant bzw. budgetiert werden müssen. Die ABC-Analyse der Kostenarten vereinfacht den Planungsprozess und verkürzt so die Budgetierungszeit (vgl. Rieg 2015, S. 101 f.).

1. **ABC-Analyse der Kostenarten:** Bei der Budgetierung werden die wichtigsten 80–90 % der Kosten detailliert, der Rest nur als Sammelposten grob geplant. Da in Einrichtungen der sozialen Arbeit die Personalkosten dominieren, stellen sie A-Kosten dar. Weitere relevante B-Kosten können sein: Miete, Mietnebenkosten, Abschreibungen, Honorare. In den meisten Fällen können Erhaltungsaufwand, Sachaufwand (Telefon, Porto, Druckkosten), Büromaterial, Reinigungsbedarf und Versicherungen zu den 10–20 % C-Kosten gerechnet werden.
*Vorteil der ABC-Analyse:* Steuerung von 90 % der Kostenarten durch wenige Kostenarten; Reduzierung der Informationsmenge und somit des Erfassungsaufwands.
2. **Reduzierung der Budgetierungszeit:** Der Prozess der Budgetierung soll anstatt innerhalb von sechs Monaten bereits innerhalb von zwei Monaten (oder weniger) abgeschlossen werden und somit zeitnaher erfolgen. Dafür werden die Eckwerte topdown festgelegt und die zeitliche Vorgabe für die detaillierte Bottom-up-Planung auf wenige Wochen und die Konzentration auf die wichtigsten Werte eingeschränkt.
*Vorteil der schnelleren Budgetierung:* durch den zeitnahen Prozess und den geringen Planungsvorlauf werden Planungsunsicherheiten reduziert und der Aufwand vermindert.
3. **Vorhersage rollierend und Szenarien entwickeln:** Die Vorhersagen (Wird-Rechnung) sind immer auf 12–15 Monate (das fünfte Quartal wird zum Vergleich des ersten herangezogen) gerichtet und beziehen sowohl Ist-Werte

als auch Soll-Werte mit ein. Generell gilt: man muss nicht jedes Quartal in der Zukunft fein planen und je weiter das Quartal in der Zukunft liegt, desto gröber kann die Prognose ausfallen. Unter rollierender Planung versteht sich, die Szenarien laufend für die nächste 12–15 Monate zu berechnen. So werden im ersten Quartal 2018 Szenarien für April 2018 bis Juni 2019 betrachtet. Im zweiten Quartal 2018 wird der Zeitraum Juli 2018 bis September 2019 prognostiziert und so weiter.

*Vorteil der rollierenden Planung:* durch den Blick in die Zukunft können finanzielle Auswirkungen einzelner Maßnahmen oder die generelle finanzielle Entwicklung rechtzeitig erkannt werden, sodass noch rechtzeitig Gegenmaßnahmen getroffen werden können. So kann durch die Prognose der Entwicklung der Personalkosten rechtzeitig erkannt werden, ob eine weitere Aufstockung des Personals finanziell tragbar ist oder ob befristetes Personal nicht verlängert werden kann.

## 3.5 Prognosen und Szenarien

„Das Ziel der Frühaufklärung besteht darin, Chancen und Gefahren frühzeitig zu erkennen, mit der Absicht, das Unternehmen vor Krisen zu schützen. Zeitdruck schränkt die Handlungsmöglichkeiten und Aktionsräume zunehmend ein" (Lombriser und Ablanalp 2015, S. 139).

Die Frühaufklärung oder Früherkennung zielt besonders auf die rechtzeitige Wahrnehmung von Bedrohungen ab, d. h. die Existenzsicherung der Einrichtung steht im Vordergrund und die damit verbundenen Formal- und Sachziele. Anforderungen an die zu bildenden oder eingesetzten Indikatoren sind:

- Vermeidung von Fehlinterpretationen der Indikatoren (steht der Indikator wirklich für die gewünschte Aussage?),
- umfassende Abdeckung des jeweiligen Beobachtungsbereiches (entspricht der Indikator meinen Anforderungen?),
- rechtzeitige Ermittlung von Bedrohungen und Chancen (ist der Indikator geeignet, rechtzeitig eine Entwicklung vorherzusagen?),
- rechtzeitige Verfügbarkeit der ermittelten Daten (sind die Daten verfügbar?) sowie
- ökonomische Vertretbarkeit (Kosten-Nutzen-Relation) des Prozesses der Datensammlung und Auswertung (wie hoch ist der finanzielle oder zeitliche Aufwand, um die Daten zu beschaffen?).

## 3.5 Prognosen und Szenarien

Wichtige Informationen früh zu erkennen, ist für die Erstellung von Prognosen von zentraler Bedeutung und wird in drei „Generationen von Informationen" unterteilt (vgl. Baum et al. 2013, S. 371 ff.):

- **Informationen der ersten Generation** sind eigene Kennzahlen aus dem operativen Bereich, die für die Jahresplanung hochgerechnet werden, wie z. B. die Fallzahlen des ersten Quartals, die Personalauslastung im ersten Halbjahr. Sie sind für kleine Einrichtungen gut zu beschaffen und auszuwerten. Die Zukunftsplanung auf der Basis von quantifizierbaren Vergangenheitswerten ist allerdings sehr fehleranfällig, weil sie zukünftige Entwicklungen nicht vorhersieht und den Status quo fortschreibt. So erfolgt zum Beispiel die Planung der Personalkosten für das nächste Jahr anhand des Personalstands des aktuellen Jahres.
- Die **zweite Generation der Früherkennung** nutzt Indikatoren, die wirtschaftliche (z. B. Wirtschaftswachstum, Inflationsrate), strukturelle (Armutsquote, Gini-Koeffizient), personalpolitische (Arbeitslosenquote, Erwerbsquote von Frauen) oder technologische Entwicklungen (Breitbanddichte, Grad der Digitalisierung) widerspiegeln sollen. Hierbei werden Ursache-Wirkungs-Zusammenhänge unterstellt. Wenn die Arbeitslosigkeit wegen der hohen Flüchtlingszahlen ansteigt, wird es mehr Geld und Maßnahmen für Integrationsmaßnahmen geben oder der Druck auf bestehende Programme zunehmen. Je weiter die Ereignisse in der Zukunft liegen, umso schwieriger ist es, alle Umstände für einen Ursache-Wirkungs-Zusammenhang zu erfassen. Zudem beschränkt man sich auf bekannte Risiken. Durch den Einsatz externer Indikatoren wird zwar die Informationsbasis erweitert, die Wirkungszusammenhänge stellen Annahmen dar, die zu einer Fehleinschätzung führen können. Je weiter die Ereignisse in der Zukunft liegen, umso schwieriger ist es, alle Umstände für die Ursache-Wirkungs-Zusammenhänge zu erfassen. Zudem beschränkt man sich auf bekannte Risiken.
- Die **dritte Generation der Früherkennung** ist im Vergleich zu den beiden anderen Generationen aufwendiger und wegen der zunehmenden Komplexität fehlerbehafteter. Die Informationen über Diskontinuitäten in der Zukunft sollen wie auf einem Radar erfasst und bewertet werden, um möglichst früh mit vergleichsweise geringem Aufwand reagieren zu können (vgl. Baum et al. 2013, S. 380 ff.). Dabei sollen rechtzeitig sogenannte schwache Signale erkannt werden. Problematisch ist, dass man meist erst hinterher weiß, was solche schwachen Signale tatsächlich waren. Um sie zu generieren, werden

methodisch Expertenbefragungen, Mindmaps oder Szenariotechniken eingesetzt. Welche schwachen Signale hätten im sozialen Bereich in den letzten Jahren identifiziert werden können? Die Personalsteigerung im Wohlfahrtsbereich in den letzten 20 Jahren sind ein Indiz für die wachsende Bedeutung der Sozialbranche, aber auch ein Indiz für Ausgabensteigerungen der Kostenträger. Bedingt durch die Einführung einer gemeinsamen Währung hatten sich die Eurobeitrittsländer gegenseitig zur Haushaltsdisziplin verpflichtet. Wer seine Ausgaben reduzieren musste, überprüfte zunächst, welche Aufgaben er streichen konnte, ob es nicht noch ein bisschen günstiger ginge und ob überhaupt den Ausgaben ein angemessener Gegenwert gegenüberstand. Damit ergaben sich für den sozialen Bereich Ausgabensenkungen, Privatisierungen und Wirksamkeitsdialoge zeitgleich. Wer dagegen nur die Steigerungen von 1970 bis 2015 im sozialen Bereich vor Augen hatte, der mochte vielleicht weiterhin auf Ausgaben- und damit Personalzuwächse hoffen. Wie findet man nun heraus, was in Zukunft finanziert wird?

Die deutschen und österreichischen Kommunen stellen dafür Informationen zur Sozialplanung zur Verfügung. Die Stadt Stuttgart (vgl. Sozialplanung 2018) versteht unter Sozialplanung:

- Die *Handlungsfelder der Sozialplanung* bestehen in der Entwicklung differenzierter Angebote der sozialen Infrastruktur für Menschen, die Transferleistungen empfangen und/oder soziale Unterstützungsangebote benötigen. Dies sind vor allem Menschen mit geistiger und körperlicher Behinderung, Menschen mit chronisch-psychischer Erkrankung, Menschen mit besonderen sozialen Schwierigkeiten (Wohnungsnotfallhilfe), Menschen mit Suchtproblematik, ältere und pflegebedürftige Menschen und Flüchtlinge. Außerdem werden zielgruppen- und generationsübergreifende Begegnungsmöglichkeiten gestaltet und die Selbsthilfe unterstützt.
- Die *Planungsprozesse* berücksichtigen die jeweilige Besonderheit eines konkreten Stadtteils oder Stadtbezirks (Sozialraum).
- Die *sozialen Angebote* werden in enger Kooperation mit Trägern der Wohlfahrtspflege (Subsidiaritätsprinzip), Kirchen oder den Eigenbetrieben der Landeshauptstadt Stuttgart fachlich gestaltet.
- Die Sozialplanungen werden von *Beteiligungsprozessen* von Betroffenen bzw. EinwohnerInnen im Rahmen von Quartiersprojekten begleitet. Die Sozialplanung bringt sich aktiv in Stadtentwicklungsprozesse ein, um die soziale Infrastruktur und Begegnungsmöglichkeiten umzusetzen und Wohnraum für Menschen mit Unterstützungsbedarf oder geringen materiellen Ressourcen anzumelden.

## 3.5 Prognosen und Szenarien

In Stuttgart werden für verschiedene Handlungsfelder (ältere Menschen, Flüchtlinge, Menschen mit chronischen und psychischen Erkrankungen, Menschen mit Suchtproblematik, u. a.) z. B. Grundlagen, Kooperationspartner und Angebotsstrukturen dargestellt. Aus der Sozialplanung lässt sich für Organisationen ablesen, wo die Schwerpunkte der Kommunen in den nächsten Jahren liegen werden und wo Gelder hinfließen.

Die Entwicklungen im Jahr 2015 haben uns gezeigt, dass sich nicht alle politischen Entwicklungen vorhersehen lassen. Hier sollen Trendanalysen und Szenariotechniken Abhilfe schaffen. *Trendanalysen* übertragen durch Extrapolation (Trendfortschreibung, Hochrechnung) der Vergangenheit bisher Bekanntes auf die unsichere Zukunft. Sie unterstellen eine relativ kontinuierliche Entwicklung. Bei der Retropolation werden künftige, erwartete Ereignisse (erhoffte oder befürchtete Szenarien) zur Grundlage für das heutige Verhalten, die Planung und die Entscheidungen:

- **Extrapolation/Trendfortschreibung:** Was passiert, wenn die Nachfrage nach Kitaplätzen wegen sinkender Geburtenraten in Deutschland wie in den letzten 10 Jahren auch in den nächsten 10 Jahren durchschnittlich um 3 % zurückgeht? Wann wird die Leistung gar nicht mehr nachgefragt?
- **Retropolation/Zukunftsszenarien:** Stellen wir uns vor, in 10 Jahren gibt es verglichen mit heute in unserem Stadtteil nur 30 % der Kinderzahl, was müssten wir als Kita heute tun, um in 10 Jahren noch zu bestehen?

Solche Aussagen sind schwer zu quantifizieren. Allerdings vermitteln Beobachtungen ähnlicher Branchen Rückschlüsse auf das Veränderungspotenzial in der eigenen Branche. Dafür können Szenarien entwickelt werden. Ein *Szenario* ist keine Vorhersage, sondern eine vermutete, modellierte Umwelt (vgl. Lombriser und Abplanalp 2015, S. 147). Es werden positive („Best Case"), negative Ereignisse („Worst Case") und ein wahrscheinlicher Trend („Realistic Case") simuliert sowie Gegenmaßnahmen miteingeplant, um Auswirkungen auf die Zukunft der Einrichtung abzuschätzen. Je länger der Prognosezeitraum ist, umso mehr Möglichkeiten ergeben sich innerhalb des Trichters (siehe Abb. 3.3).

Eine gute Methode zur Sammlung von Szenarien sind *Szenarioworkshops*. Sie schaffen ein kreatives und gleichsam die Vernetzungen förderndes Potenzial zum Verständnis der Komplexität der Zukunft und ihrer Beherrschung. Allerdings sind sie zeitaufwendig und kostspielig, vor allem, wenn viele MitarbeiterInnen

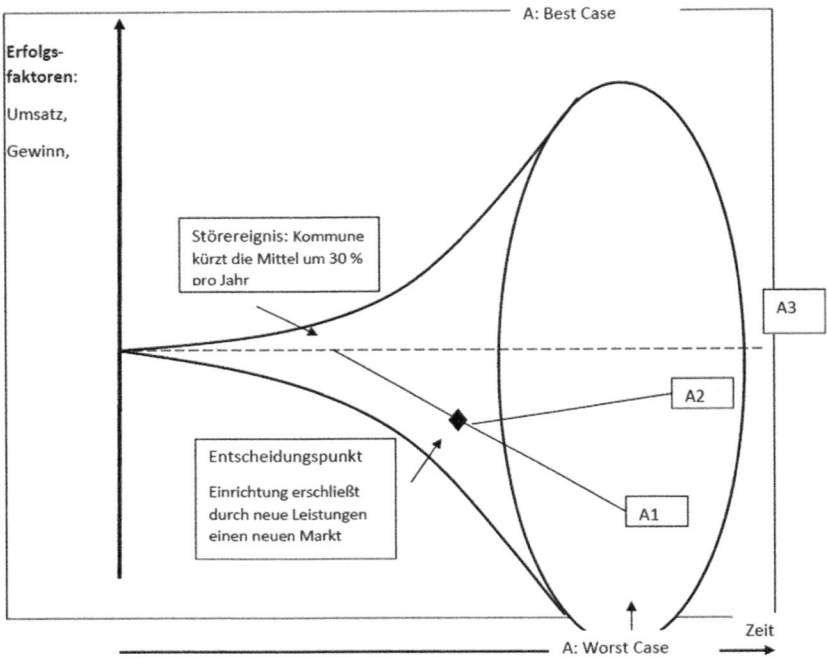

**Abb. 3.3** Szenarioentwicklung. (Quelle: in Anlehnung an Hungenberg 2014, S. 183)

beteiligt sind. Strategisches Denken setzt voraus, offen für massive Umweltveränderungen und neue Problemlösungswege zu sein. Für die gemeinsame Sammlung und Bewertung von möglichen Entwicklungen und Ereignissen in der Zukunft braucht es Know-how in Moderationstechnik (eventuell durch eine externe Person) und eine ausgewogene Zusammenstellung der Teammitglieder, die idealerweise unterschiedliche Perspektiven, Erfahrungen und Sichtweisen einbringen. Gerade für die strategische Analyse sind multiperspektivische Teams, wie sie in der sozialen Arbeit schon lange erfolgreich eingesetzt werden, von Vorteil. Ein Zirkel von SozialpädagogInnen ist ebenso einseitig in seinen Zukunftsprognosen ausgerichtet wie ein Kreis von Kaufleuten oder PolitikerInnen. Das nachfolgende Beispiel in Tab. 3.7 zeigt die einzelnen Schritte der Szenariotechnik anhand einer Kita in einer deutschen Kreisstadt.

## 3.6 Abweichungsanalyse

**Tab. 3.7** Soll-Ist-Vergleich der Erträge und der Aufwendungen

|  | Soll | Ist 01–06/2018 | Wird 2018 | Abweichung | % |
|---|---|---|---|---|---|
| **Beratungen** | 1000 | 450 | 900 | −100 | −10 % |
| **Erträge** | | | | | |
| Leistungsentgelte | 100 T€ | 45 T€ | 90 T€ | −10 T€ | −10 % |
| Allgemeine Zuschüsse | 150 T€ | 70 T€ | 145 T€ | −5 T€ | −3,33 % |
| Verkäufe Kleiderkammer | 10 T€ | 7 T€ | 14 T€ | +4 T€ | +40 % |
| Sponsorenmittel | 10 T€ | 6 T€ | 10 T€ | 0 | 0 |
| **Summe Erträge** | 270 T€ | 128 T€ | 259 T€ | −11 T€ | −4,07 % |
| **Aufwendungen** | | | | | |
| Personalaufwand | 135 T€ | 60 T€ | 130 T€ | −5 T€ | −3,70 % |
| Mietaufwand | 40 T€ | 22 T€ | 45 T€ | +5 T€ | +12,5 % |
| Hononar nebenberufliche Beraterinnen/Aufwandsentschädigungen | 35 T€ | 10 T€ | 30 T€ | −5 T€ | −14,29 % |
| Werbung | 30 T€ | 14 T€ | 28 T€ | −2 T€ | −6,66 % |
| Porto/Telefon | 20 T€ | 12 T€ | 24 T€ | +4 T€ | +20 % |
| **Summe Aufwendungen** | 260 T€ | 118 T€ | 257 T€ | −3 T€ | −1,15 % |
| **Gesamtergebnis** | 10 T€ | 10 T€ | 2 T€ | −8 T€ | −80 % |

Quelle: Kortendieck (2016, S. 41 ff.)

## 3.6 Abweichungsanalyse

Abweichungsanalysen sind Instrumente der operativen Kontrolle und beschließen den Planungsprozess. Im Zentrum stehen Soll-Ist-Vergleiche. Dabei werden Ist-Werte der Kosten und Erlöse erfasst und vorgegebenen Soll-Daten (aus dem Budget) gegenübergestellt. Die Abweichungen werden analysiert und Korrekturmaßnahmen vorgeschlagen, um rechtzeitig gegensteuern zu können.

**Fortsetzung Fallbeispiel 3**

Bei der Diakonie Neustadt gibt es ein monatliches Controllingmeeting. Von dieser Jahresplanung ausgehend wird analysiert, inwieweit die Ausgabenbudgets eingehalten und ob die Einnahmen wie erwartet erzielt werden. Beim Soll-Ist-Vergleich zwischen Planwerten und ermittelten Werten wird überlegt, wie man am Ende des Jahres die Planzahlen erreichen kann. Dafür liefert das Controlling Hochrechnungen für das laufende Jahr. Beim Halbjahresmeeting werden Abweichungen bei den Beratungen und bei den Erträgen festgestellt (siehe Tab. 3.8). Im ersten Halbjahr wurden nur 450 Beratungen durchgeführt. Das sind 10 % weniger als geplant. Schreibt man diese Entwicklung für die zweite Jahreshälfte fort, so werden mit Ende 2018 nur 900 Beratungen durchgeführt worden sein. Dadurch sinken zwar die Einnahmen, die Kosten bleiben aber gleich hoch. Ein Teil der entfallenen Einnahmen kann durch mehr Verkäufe in der Kleiderkammer erreicht werden. Ein positiver Effekt ist, dass weniger nebenberufliche BeraterInnen eingesetzt wurden, wodurch die Kosten in diesem Bereich gesunken sind, allerdings rechnet man mit stark gestiegenen Miet-, Porto- und Telefonkosten. Insgesamt zeigen die Berechnungen, dass dieses Jahr nur ein Überschuss in der Höhe von 2000 € verbleiben wird, während man am Anfang des Jahres noch von 10.000 € ausgegangen ist.

Die Controllerin gibt folgende Empfehlungen, die von der Geschäftsleitung überlegt werden müssen: Die geringeren Erlöse für Beratungsgespräche sind Hauptgrund für die Ergebnisverschlechterung. Sollte dieser Trend anhalten (der Beratungsbedarf ist kleiner geworden), muss mittelfristig eine Reduzierung des Personals erwogen werden. Ein Ausgleich kann durch nebenberufliche BeraterInnen geschaffen werden. Dies reduziert die Kosten pro Gespräch. Eventuell würden Öffentlichkeitsmaßnahmen Betroffene für ihre Probleme verstärkt sensibilisieren und zu einer größeren Inanspruchnahme der Beratungsstelle führen. Bei den Verbrauchsposten wäre eine strengere Budgetierung angebracht.

Abweichungen entstehen durch Verbrauchsabweichungen, Beschäftigungsabweichungen oder Preisveränderungen. Üblicherweise werden diese Analysen monatlich oder quartalsweise durchgeführt (vgl. Wala und Haslacher 2009, S. 265). Die Ist-Werte der Kosten und der Erlöse können in der Preis- wie in der

## 3.6 Abweichungsanalyse

**Tab. 3.8** Vorgehensweise bei der Szenariotechnik

| Schritte der Szenariotechnik | Fragestellungen | Beispiele |
|---|---|---|
| Problem definieren und strukturieren | • Gegenstand der Untersuchung? <br>• Wichtigste zukunftsbezogene Problembereiche? <br>• Zeithorizont für die Szenarien? | • Szenario: Kita der Zukunft <br>• Problembereich: Anzahl der geborenen Kinder nimmt ab <br>• Zeithorizont: 10 Jahre |
| Schlüsselfaktoren auflisten | • Welche Faktoren wirken auf das Untersuchungsfeld ein und wie sind sie miteinander vernetzt? | • Kinderzahl insgesamt <br>• Kinderzahl im Einzugsgebiet <br>• Betreuungsansprüche der Eltern, Kommune, Schule |
| Triebkräfte der Schlüsselfaktoren auflisten | • Welche Umwelttrends beeinflussen die Entwicklung? <br>• Welche Trends sind bestimmt, welche unsicher? | • Kinderzahl: Anzahl der Eltern, Anzahl der Kinder pro Familie, Wanderungssaldo; Trend ziemlich sicher <br>• Betreuungsansprüche: PISA-Ergebnisse, Schul- und Berufsanforderungen, Arbeitsmarktsituation der Eltern: Trend eher unsicher |
| Schlüsselkräfte und Triebkräfte nach Wichtigkeit und Unsicherheit | • Welche Trends sind wichtig? <br>• Welche sind besonders unsicher? Diese bilden die Szenariovariablen, die die Szenarien unterscheiden | Wichtig: <br>• Entwicklung der Kinderzahl <br>• Betreuungsanforderungen des Gesetzgebers (Finanzierung des letzten Kindergartenjahres) <br>Unsicher: <br>• Wanderungssaldo <br>• Arbeitsmarktsituation der Eltern |

(Fortsetzung)

**Tab. 3.8** (Fortsetzung)

| Schritte der Szenariotechnik | Fragestellungen | Beispiele |
|---|---|---|
| Zukunftsprojektionen für die einzelnen Szenarien erstellen | • Wie können sich die Zukunftsprojektionen in den nächsten Jahren entwickeln? Pessimistische, optimistische, wahrscheinliche Werte? | Entwicklung der Kinderzahlen:<br>• Pessimistisch: minus 60 %<br>• Optimistisch: minus 20 %<br>• Wahrscheinlich: minus 40 %<br>Betreuungsansprüche:<br>• Pessimistisch: keine Ausweitung<br>• Optimistisch: Krippenpflicht für alle Kinder, Gesetzgeber bezahlt<br>• Wahrscheinlich: Ausweitung der Krippenplätze; vermehrte Inanspruchnahme bei den 0–3-Jährigen um 30 % |
| Variablen zu konsistenten Szenarien bündeln | • Welche Zukunftsprojektionen können logisch und widerspruchsfrei miteinander verbunden werden? | • Ausweitung der Krippenplätze<br>• Finanzierung des letzten Kindergartenjahres und Rückgang der Kinderzahl insgesamt |
| Hauptszenarien auswählen und interpretieren | • Welche zwei oder drei Hauptszenarien zeigen das mögliche Spektrum zukünftiger Realitäten auf? | • Anzahl der Kinder insgesamt sinkt um ca. 40 % in den nächsten 10 Jahren<br>• Anzahl der nachgefragten Krippenplätze steigt um 30 % |
| Auswirkungen (Chancen und Risiken) für unsere Einrichtung interpretieren | • Wie wirken sich unsere Entscheidungen in den verschiedenen Szenarien aus? | Entscheidungen:<br>• Investition in Küche, Schlafplätze und adäquate Gruppenräume in fünf Jahren abgeschlossen<br>• MitarbeiterInnen weisen vielfältige Kompetenzen auf infolge von Schulungen<br>• Einrichtung wirbt für Kitaplätze stadtweit<br>Auswirkungen:<br>• Negativer Trend des Rückgangs der Kinderzahl wird durch offensive Werbung und differenziertes Angebot zumindest teilweise kompensiert<br>• Bedarf an Krippenplätzen wird erst in fünf Jahren befriedigt; eventuell ist der Trend an uns vorbei! |

(Fortsetzung)

**Tab. 3.8** (Fortsetzung)

| Schritte der Szenariotechnik | Fragestellungen | Beispiele |
|---|---|---|
| Konsequenzen von möglichen Störereignissen abschätzen? | • Wie könnten positive/negative Störereignisse die Entwicklung beeinflussen? Wie stabil sind unsere Szenarien gegenüber den Störereignissen?<br>• Welche Präventionsmaßnahmen oder Reaktionen sind vorzubereiten? | Positiv:<br>• Kommune will mit uns (Kita A) Exklusivvertrag für Krippenbetreuung abschließen, dadurch Vorziehen der Investitionen um drei Jahre<br>• Konkurrierende Kita D schließt mangels Betreuungsnachfrage<br>Negativ:<br>• Kita B und Kita C wollen bereits in zwei Jahren stadtweit ein Krippenangebot anbieten<br>• Kita B und C reagieren auf unsere stadtweite Werbung mit Preisnachlässen<br>• Betrieb XY eröffnet Betriebskindergarten |
| Maßnahmen und Planungen konzipieren | • Welche Maßnahmen sind zu planen?<br>• Welche Frühwarnindikatoren sind zu definieren und zu beobachten, um frühzeitig auf Störereignisse reagieren zu können? | Maßnahmen:<br>• Kooperationsvertrag mit Kita B zwecks Aufteilung des Stadtgebietes<br>• Verhandlung mit Betrieb XY über Versorgung mit Betreuungsleistungen<br>Frühwarnsignale:<br>• Entscheidungen der Kommune im Sozialausschuss und im Verwaltungsausschuss zum Betreuungsangebot in der Stadt<br>• Werbung von Kita B und C in unserem Stadtgebiet |

Quelle: Lombriser und Abplanalp (2015, S. 147)

Mengenkomponente von den Soll-Werten abweichen. Generell kann man unterschiedliche Analysen wählen:

1. In der *Ist-Kostenrechnung* wird mit den tatsächlichen Ist-Mengen und Ist-Preisen gerechnet.
   *Bsp.: Ein Verein veranstaltet einen Informationsabend für Familien und möchte im Nachhinein wissen, welche Kosten dafür für Bewirtung angefallen sind.*
2. In der *Normal-Kostenrechnung* geht man einen Schritt weiter und analysiert die angefallenen Kosten mithilfe von Durchschnittspreisen und Durchschnittsmengen der Vergangenheit. Im Zentrum steht die Frage, wie die Ist-Zahlen vom Regelfall abweichen.
   *Bsp.: Ein Verein geht bei der Planung des Bewirtungsbudgets immer von einem Pauschalbetrag pro Kostenstelle aus (500 €). Die Kostenstellen nutzen diesen Betrag unterschiedlich aus. Kostenstelle 2 hat Normalkosten über die Jahre in der Höhe von 300 €. Bei der Kostenanalyse zeigt sich, dass das Pauschalbudget bereits zur Jahreshälfte fast ausgeschöpft wurde.*
3. Noch weiter geht die *Plan(Soll)-Kostenrechnung*, die von den geplanten Kosten ausgeht und sie mit den Ist-Kosten vergleicht. Plan-Kosten sind Kosten, die sich aus den geplanten Mengen und Preisen für die benötigten Produktionsfaktoren bei einer geplanten Beschäftigung (Auslastungsgrad) zusammensetzen. Falls sich die Planmenge an der tatsächlichen Ist-Beschäftigung orientiert, ermöglicht die flexible Plan-Kostenrechnung die Berechnung von Beschäftigungsabweichungen. Abweichungen der Ist-Kosten von den Plan-Kosten können bedingt sein durch:
   - **Preisabweichungen**: Abweichungen der tatsächlichen Beschaffungspreise von den ursprünglich geplanten; *z. B. steigende Preise für Lebensmittel, Treibstoffe, Verbrauchsmaterialien, gestiegene Honorare von externen DienstleisterInnen.*
   - **Mengenabweichungen (bzw. Intensitätsgradabweichung)**: Abweichungen des tatsächlichen Verbrauchs an Ressourcen von den ursprünglich geplanten Mengen; *z. B. höherer Einsatz von Putz- und Reinigungsmittel, Mehrverbrauch von Hygienematerial, höherer Energiebedarf durch zusätzliche Maschinen.*
   - **Beschäftigungsabweichungen**: Abweichungen bei der tatsächlichen Beschäftigung bzw. Leistung von der ursprünglich geplanten Auslastung; *z. B. höherer Personaleinsatz, Überstunden, höhere Beanspruchung von Maschinen.*

## 3.6 Abweichungsanalyse

Das folgende Beispiel in Tab. 3.9 zeigt zwei Budgetpositionen der Kostenstelle Veranstaltung einer Organisation. Dabei werden die Planwerte für das laufende Geschäftsjahr den Ist-Werten zum Stichtag 31.05. gegenübergestellt. Im nächsten Schritt wird berechnet, wie hoch der Wert am Stichtag 31.05. laut Planung sein sollte. Die Bewirtungskosten liegen unter dem Soll-Wert, die Personalkosten darüber. Um einschätzen zu können, was das für die weitere Jahresplanung bedeutet, werden diese Zahlen weiter analysiert. Der Rückgang in den Bewirtungskosten liegt daran, dass mit Lieferanten ein Rabatt in Höhe von 20 % verhandelt wurde (=Preisabweichung). Der Anstieg beim Personal geht auf eine vorübergehende Stundenaufstockung einer Mitarbeiterin zurück, deren Gehalt somit gestiegen ist (=Beschäftigungsabweichung). Für das Management stellen diese Informationen die Grundlagen zur Budgetsteuerung dar. Da der Rabatt weiterhin gewährt wird, kann man von einer dauerhaften Kostenreduktion sprechen. Somit spart man in dieser Kostenart insgesamt 2400 € (=20 % von 12.000 €) ein. Die Mehrkosten für das Personal werden nicht das gesamte Jahr anfallen. Da die Stundenaufstockung nur bis Mai begrenzt war, kommt es bis zum Jahresende zu keinen weiteren Mehrkosten. Somit wird für Personal im gesamten Jahr 62.000 € aufgewendet. Insgesamt ergibt das zum Jahresende eine Einsparung von 2400 €, die einem Anstieg von 2000 € gegenübersteht. Die Gesamtkosten werden voraussichtlich 71.600 € betragen.

Nicht immer sind die Kostenabweichungen so leicht zu analysieren. Oft kommt es gleichzeitig zu Preis-, Mengen- und Beschäftigungsänderungen. Zur genauen Analyse ist es daher notwendig, diese unterschiedlichen Effekte isoliert zu betrachten. In der Praxis wird man solch detaillierte Abweichungsanalysen nur bei bedeutenden Kostenpositionen durchführen. Die Berechnung der drei verschiedenen Arten von Abweichungen zeigt Tab. 3.10.

Das Beispiel in Tab. 3.11 eines ambulanten Pflegedienstes zeigt die isolierte Betrachtung einer Abweichungsanalyse der monatlichen Fahrtkosten einer Mitarbeiterin. Sie hat im letzten Monat 820 € statt der geplanten 652 € verbraucht (plus 168 €).

**Tab. 3.9** Budgetausschnitt der Kostenstelle Veranstaltungen

| Kostenart | Plan (1–12/2018) (€) | Ist zum 31.05. (€) | Soll zum 31.05. (€) | Abweichung (€) |
|---|---|---|---|---|
| Bewirtung | 12.000 | 5000 | 4000 | −1000 |
| Personal | 60.000 | 27.000 | 25.000 | +2000 |

Quelle: Eigene Darstellung

**Tab. 3.10** Arten von Kostenabweichung

| Preisabweichung | Plan-Fixkosten + Ist-Verbrauch × **Ist-Preis** × Ist-Beschäftigung − (Plan-Fixkosten + Ist-Verbrauch × **Plan-Preis** × Ist-Beschäftigung) |
|---|---|
| Verbrauchs-abweichung | Plan-Fixkosten + **Ist-Verbrauch** × Plan-Preis × Ist-Beschäftigung − (Plan-Fixkosten + **Plan-Verbrauch** × Plan-Preis × Ist-Beschäftigung) |
| Beschäftigungs-abweichung | Plan-Fixkosten + Plan-Verbrauch × Plan-Preis × **Ist-Beschäftigung** − (Plan-Fixkosten + Plan-Verbrauch × Plan-Preis × **Plan-Beschäftigung**) |

Quelle: Eigene Darstellung

Die Leitung möchte nun wissen, woran es gelegen hat: an gestiegenen Benzinkosten (Preisabweichung), an höherem Verbrauch (Mengenabweichung) oder an einer höheren Kilometerleistung (Beschäftigungsabweichung)? Deswegen werden die Preisabweichung, die Verbrauchsabweichung sowie die Beschäftigungsabweichung berechnet:

- Berechnung der Preisabweichung:
  Plan-Fixkosten + Ist-Verbrauch × Ist-Preis × Ist-Beschäftigung − (Plan-Fixkosten + Ist-Verbrauch × Plan-Preis × Ist-Beschäftigung) = *400 €+6 l × 1,40 €/l × 5000 km − (400 €+6 l × 1,20 €/l × 5000 km) = (400 €+420 €) − (40 €+360 €) = +60 €*
  *60 € des Anstiegs der Gesamtkosten sind dem erhöhten Benzinpreis zuzurechnen*
- Berechnung der Verbrauchsabweichung:
  Plan-Fixkosten + Ist-Verbrauch × Plan-Preis × Ist-Beschäftigung − (Plan-Fixkosten + Plan-Verbrauch × Plan-Preis × Ist-Beschäftigung) = *400 €+6 l × 1,20 €/l × 5000 km − (400 €+7 l × 1,20 €/l × 5000 km) = (40 €+360 €) − (400 €+420 €) = −60 €*
  *Durch den niedrigeren Verbrauch wurden 60 € eingespart.*
- Beschäftigungsabweichung:
  Plan-Fixkosten + Plan-Verbrauch × Plan-Preis × Ist-Beschäftigung − (Plan-Fixkosten + Plan-Verbrauch × Plan-Preis × Plan-Beschäftigung) = *400 €+7 l × 1,20 €/l × 5000 km − (400 €+7 l × 1,20 €/l × 3000 km) = (400 €+420 €) − (400 €+252 €) = +168 €*
  *Die Gesamtänderung ergibt somit = +60 € − 60 € + 168 € = 168 €.*

Um für unterschiedliche Leistungen einer Kostenstelle die Differenz zwischen Plan-Kosten und Ist-Kosten zu ermitteln, ist zu berücksichtigen, dass die Plan-Kosten von einem bestimmten Umfang an fixen und variablen Kosten ausgehen. Weicht die Ist-Beschäftigung vom Plan ab, sind *Soll-Kosten* zu ermitteln. Soll-Kosten sind

## 3.6 Abweichungsanalyse

die geplanten Kosten der Ist-Beschäftigung. Weicht die geplante Beschäftigung von der Ist-Beschäftigung ab, müssen die daraus entstehenden Kostenunterschiede zwischen Plan-Kosten und Ist-Kosten herausgerechnet werden, um zusätzliche Mengen- und Preisabweichungen zu ermitteln. Damit muss in der Planung zunächst eine bestimmte Beschäftigung geplant werden, die als Bezugsgröße dient. Die Beschäftigungsabweichung berechnet sich durch Vergleich der Soll-Kosten (Plan-Kosten bei Ist-Beschäftigung) mit den verrechneten Plan-Kosten:In der *flexiblen Plan-Kostenrechnung* variiert die Planungsmenge mit der Beschäftigungsmenge, sodass zwischen variablen und fixen Kosten aufgeteilt werden kann. In der *starren Plan-Kostenrechnung* wird unterstellt, dass die Beschäftigung nicht schwankt. Schwankungen der Kosten infolge niedrigerer Auslastung werden nicht berücksichtigt (vgl. Kaspers 2016, S. 159 ff.).

Das Beispiel in Tab. 3.11 soll das verdeutlichen. Laut Budget der Familienbildungsstätte Altstadt dürfen im Gesundheitsbereich bei einer Beschäftigung von 1000 h (Plan-Beschäftigung) und einem geplanten Honorarsatz von 25 EUR (Plan-Preis = variable Kosten) pro Stunde und dem Gehalt einer Mitarbeiterin von 35.000 EUR (=Fixkosten) insgesamt 60.000 EUR (Plan-Kosten) ausgegeben werden. Tatsächlich waren es bei 800 h (Ist-Beschäftigung) 58.000 EUR (Ist-Kosten). Wie haben sich Beschäftigungsabweichung, Preisabweichungen und Verbrauchsabweichungen zu Buche geschlagen?

1. Dazu werden für die variablen und die fixen Kosten jeweils die Plan-Kostenverrechnungssätze pro Stunde ermittelt (mithilfe der Plan-Beschäftigung von 1000 h) und anhand der Ist-Beschäftigung die verrechneten Plan-Kosten ermittelt.
2. Im Anschluss werden die Soll-Kosten berechnet. Das sind die fixen Kosten zuzüglich der verrechneten variablen Kosten, die sich aus der tatsächlichen Beschäftigung multipliziert mit dem Plan-Kostenverrechnungssatz ergeben.

**Tab. 3.11** Abweichungsrechnung

| | Plan-Kosten | Ist-Kosten |
|---|---|---|
| Fixkosten | 400 € | 400 € |
| Fahrleistung (Beschäftigung) | 3000 km | 5000 km |
| Benzinverbrauch | 7 l/km | 6 l/km |
| Benzinpreis | 1,20 €/l | 1,40 €/l |
| Gesamtkosten | 400 € + 3000 km × 1,20 €/l × 7 l/100 km = 652 € | 400 € + 5000 km × 1,40 €/l × 6 l/100 km = 820 € |

Quelle: Eigene Darstellung

3. Der Vergleich der Soll-Kosten mit den Ist-Kosten ergibt die Verbrauchsabweichung (die angibt, ob man für die einzelne Leistung mehr verbraucht hat: z. B. größere Betreuungsintensität).
4. Die Beschäftigungsabweichung (es wurde weniger geleistet) wiederum resultiert aus der Differenz von Soll-Kosten und verrechneten Plan-Kosten (Tab. 3.12).

Die Kostenabweichung von 3000 EUR zwischen Soll- und Ist-Kosten erscheint zwar gering. Da jedoch mit 800 h deutlich weniger geleistet wurde, hätten die verrechneten Plan-Kosten hypothetisch nur bei 48.000 EUR liegen dürfen. Unter Berücksichtigung dessen, dass die Fixkosten sich ja nicht verändern können, lägen die Soll-Kosten immerhin nur bei 55.000 EUR. Folglich setzt sich die Kostenabweichung aus zwei Effekten zusammen: einer Beschäftigungsabweichung unter Berücksichtigung von fixen Kosten in Höhe von 7000 EUR und einer Mehrausgabe in Höhe von 3000 EUR, die auf Unwirtschaftlichkeit schließen lässt. Diese Mehrausgabe kann wiederum das Resultat einer Mengenabweichung (z. B. Einsatz von mehr Honorarkräften als geplant bei einzelnen Veranstaltungen) und/oder einer Preisabweichung für variable Kosten sein (z. B. Honorarsatz bei 27,50 EUR und gleichzeitig Personalkosten bei 36.000 EUR). Diese Effekte können in Abb. 3.4 betrachtet werden.

Die verrechneten Plan-Kosten stellen einen hypothetischen Kostenverlauf dar, weil sie die fixen Kosten proportionalisieren. Die Soll-Kosten berücksichtigen

**Tab. 3.12** Berechnung der Abweichungen

| | |
|---|---|
| Variabler Plan-Kostenverrechnungssatz pro Std | 25.000 €/1000 Std. = 25 € |
| Fixer Plan-Kostenverrechnungssatz pro Std. | 35.000 €/1000 Std. = 35 € |
| Gesamter Plan-Kostenverrechnungssatz pro Std | 60.000 €/1000 Std. = 60 € |
| Verrechnete Plan-Kosten (Ist-Beschäftigung × Plan-Kostenverrechnungssatz) | 800 Std. × 60 € = 48.000 € |
| Soll-Kosten (fixe Plan-Kosten + var. Plan-Kostenverrechnungssatz × Ist-Beschäftigung) | 35.000 € + 25 € × 800 Std. = 55.000 € |
| Verbrauchsabweichung (Ist-Kosten − Soll-Kosten) | 58.000 € − 55.000 € = +3.000 € |
| Beschäftigungsabweichung (Soll-Kosten − verrechnete Plan-Kosten) | 55.000 € − 48.000 € = +7000 € |

Quelle: Eigene Darstellung

## 3.6 Abweichungsanalyse

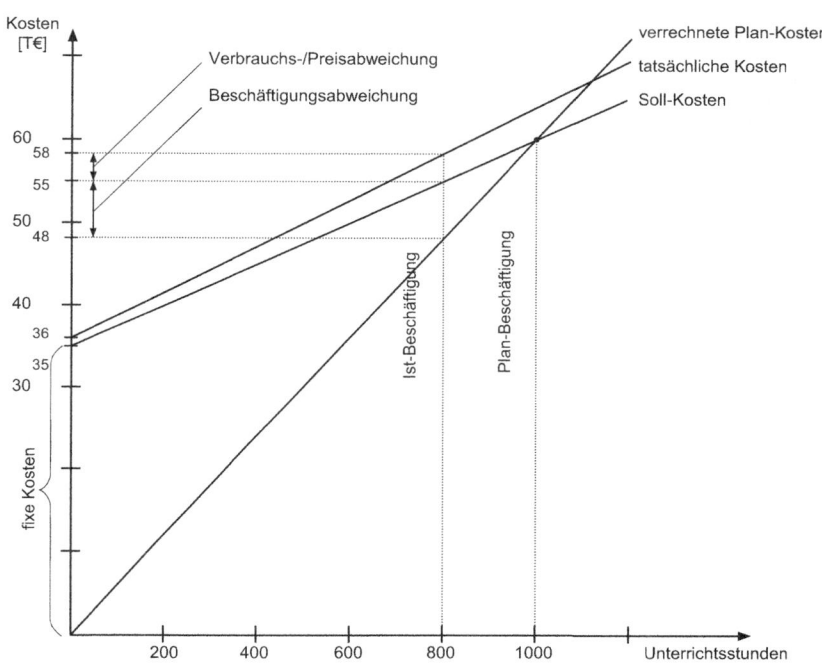

**Abb. 3.4** Flexible Plankostenrechnung. (Quelle: Eigene Darstellung)

dies und erstellen den Zusammenhang zwischen Plan-Beschäftigung und fixen Kosten. Bei der geplanten Ausbringung von 1000 h sind verrechnete Plan-Kosten und Soll-Kosten gleich. Die Differenz zwischen Soll-Kosten und verrechneten Plan-Kosten zeigt bei schwankender Beschäftigung (800 h) die Differenz von 48.000 EUR zu 55.000 EUR an. Wären die fixen Kosten variabel, hätten die Gesamtkosten bei 48.000 EUR gelegen. Da die Gesamtkosten bei 58.000 EUR lagen, waren sie infolge der Beschäftigungsabweichung um 7000 EUR und wegen der zusätzlichen Verbrauchsabweichung um 3000 EUR zu hoch.

## Anhang

### Arbeitsaufgaben zur praktischen Auseinandersetzung und persönlichen Vertiefung

A 3.1: Welche Ziele verfolgt Ihre Organisation? Stellen Sie das Zielsystem Ihrer Organisation in Anlehnung an das Beispiel eines Altenheims in Tab. 3.2 in Abschn. 3.2 dar.

A 3.2: Überlegen Sie sich anhand ausgewählter Organisationsziele passende Indikatoren. Nehmen Sie als Basis dazu das Zielsystem Ihrer Organisation (siehe A 3.1).

A 3.3: Definieren Sie fünf Ziele, die der SMART-Regel entsprechen (siehe auch Tab. 3.4).

A 3.4: Welche Planungsbereiche gibt es in Ihrer Organisation? Welche Planungsansätze gibt es für die unterschiedlichen Pläne? Was spricht für diesen Planungsansatz? Was dagegen?

A 3.5: Wie verläuft der Budgetierungsprozess? Wann startet er? Wer ist daran beteiligt? Wo sehen Sie Bedarf zur Verbesserung?

A 3.6: Wie stellt Ihre Organisation sicher, rechtzeitig Chancen und Risiken zu erkennen? Kommen Instrumente der Früherkennung zum Einsatz bzw. werden Prognosen und Szenarien erstellt? Wenn ja, für welche Bereiche? Wenn nein, warum nicht?

A 3.7: Wird in Ihrer Organisation eine Abweichungsanalyse erstellt? Wer ist dafür verantwortlich? In welchen Abständen? Wer bespricht die Ergebnisse? Welche Konsequenzen haben diese Abweichungen?

### Übungsaufgabe

Ü3.1: Betrachten Sie den Plan-Ist-Vergleich der Einnahmen und Ausgaben in Tab. 3.7.

Die Prognose sieht einen Überschuss von 2000 EUR anstatt von 10.000 EUR für das laufende Jahr vor. Die Einrichtungsleitung möchte aber für das kommende Jahr Rücklagen aufbauen, um eine dringende Investition (EDV-Server) finanzieren zu können. Welche Möglichkeiten sehen Sie, das Ergebnis zu verbessern? Machen Sie einnahmen- und ausgabenseitige Vorschläge.

Ü3.2: In einem Pflegeheim mit einer Gesamtfläche von 8700 m² wird die Reinigung vom eigenen Personal durchgeführt. Täglich soll die gesamte Fläche gereinigt werden. Die langfristige Planung hat für das nächste Jahr folgende Zahlen vorgesehen:

- Die Reinigungskräfte können mit den bestehenden Reinigungsgeräten 100 m² pro Stunde reinigen.
- Diese Kräfte arbeiten 40 Std./Woche. Pro Jahr leisten sie somit 1680 h.
- Eine Bedarfsberechnung ergibt dafür 19 Reinigungskräfte.
- Dafür fallen jährliche Gesamtkosten in der Höhe von 556.776 EUR an (im Schnitt 29.304 EUR pro Person).

Durch eine kurzfristige Änderung kommt es nächstes Jahr zu einer tarifvertraglichen (kollektivvertraglichen) Änderung. Die Ist-Situation geht jetzt von folgenden Zahlen aus:

- Die Reinigungskräfte arbeiten nur noch 38 Std./Woche. Pro Jahr leisten sie somit nur noch 1596 h (bei 42 Wochen pro Jahr).
- Das Gehalt wird angehoben. Die durchschnittlichen Kosten belaufen sich auf 30.725 EUR pro Person.
- Um die gestiegenen Kosten aufzufangen, investiert die Leitung des Pflegeheims in neue Reinigungsgeräte. Dadurch kann eine Reinigungskraft pro Stunde 130 m² reinigen. Das Management beschäftigt die Frage, wie viel Spielraum man für laufenden Kosten (Abschreibung, Strom, Wartung etc.) pro Jahr hat?
   a) Wie viele Reinigungskräfte braucht das Pflegeheim nun unter diesen Voraussetzungen?
   b) Wie hoch sind die Gesamtkosten für die Reinigung pro Jahr?
   c) Wie verändern sich die jährlichen Gesamtkosten für das Personal?
   d) Die Geschäftsleitung möchte die veränderten Kosten genauer analysieren. Berechnen Sie die Preisabweichung (im Sinne des veränderten Gehalts) sowie die Beschäftigungsabweichung (im Sinne der Jahresstunden).
   e) Wie beurteilen Sie jetzt die Gesamtsituation? Wie hoch wären die Kosten ohne die Investition? Wie hoch dürfen die jährlichen Kosten für die neuen Maschinen maximal sein?

## Literatur

Baum, H.-G., Coenenberg, A. G., & Günther, T. (2013). *Strategisches Controlling* (5. Aufl.). Stuttgart: Schäffer-Poeschel.

Becker, W., & Moses, H. (2004). *Controlling in karitativen Nonprofit-Organisationen. Bamberger Betriebswirtschaftliche Beiträge* (Bd. 133) Bamberg: Otto-Friedrich-Universität Bamberg.

Fischer, T., Möller, K., & Schultze, W. (2015). *Controlling Grundlagen, Instrumente und Entwicklungsperspektiven* (2. Aufl.). Stuttgart: Schäffer-Poeschel.

Gleich, R., Hofmann, S., & Leyk, J. (2006). *Planungs- und Budgetierungsinstrumente.* Freiburg: Haufe.

Hungenberg, H. (2014). *Strategische Führung im Unternehmen* (8. Aufl.). Wiesbaden: Springer-Gabler.

Kaspers, U. (2016). *Wirtschaftliche Steuerung von Sozial- und Gesundheitsunternehmen.* Regensburg: Walhalla Fachverlag.

Kortendieck, G. (2016). *Operatives Controlling in Sozialen Organisationen.* Fernstudienbrief der Service-Agentur des HDL. (3. Aufl.) Brandenburg: Hochschulverbund Distance Learning.

Lebenshilfe Peine/Burgdorf. (2016): *Planungsunterlagen Budgetierung,* Peine

Lombriser, R., & Abplanalp, P. (2015). *Strategisches Management* (6. Aufl.). Zürich: Versus.

Rieg, R. (2015). *Planung und Budgetierung.* Wiesbaden: Springer-Gabler.

Schauer, R., Andeßner, R. C., & Greiling, D. (2015). *Rechnungswesen und Controlling für Nonprofit-Organisationen* (4. Aufl.). Bern: Haupt.

Sozialplanung. (2018). Stuttgart.de. https://www.stuttgart.de/item/show/648470/1. Zugegriffen: 07. Nov. 2018.

Vahs, D., & Schäfer-Kunz, J. (2007). *Betriebswirtschaftslehre* (5. Aufl.). Stuttgart: Schäffer-Poeschel.

Wala, T., & Haslacher, F. (2009). *Kostenrechnung, Budgetierung und Kostenmanagement.* Wien: Linde.

## Literaturtipps zum Vertiefen

Kaspers, U., Kennerknecht, S., & Schellberg, K. (2017). *Kostenmanagement in Sozialunternehmen* (2. Aufl.). Regensburg: Walhalla Fachverlag.

# Instrumente des strategischen Controllings

4

**Zusammenfassung**

Instrumente des strategischen Controllings versuchen, zukünftige Entwicklungen der Organisation und ihrer Umwelt zu antizipieren und durch geeignete Analyseinstrumente für die EntscheiderInnen aufzubereiten. Die interne Analyse basiert auf der Feststellung und der Einschätzung der Stärken und Schwächen einer Einrichtung. Da das Personal in der Sozialwirtschaft der wesentliche Wettbewerbsfaktor ist, kommt seiner Analyse und der jeweiligen Kernkompetenzen eine besondere Bedeutung zu. Die interne Analyse ist um die externe Analyse der Umwelt, zu der im Wesentlichen die KundInnen (StakeholderInnen) und die KonkurrentInnen (WettbewerberInnen) zählen, zu ergänzen. In der Gesamtschau der internen und externen Analyse gilt es, Strategien auf Unternehmensebene wie auf Geschäftsbereichsebene zu entwickeln und vom Controlling durch entsprechende Kennzahlenerhebungen zu begleiten.

**Lernziele**

- Sie sehen die enge Beziehung zwischen strategischem Management und Controlling.
- Sie erkennen die Notwendigkeit, strategische Entscheidungen durch eine umfassende Analyse gründlich vorzubereiten und die Umsetzung durch einen Soll-Ist-Vergleich zu begleiten.
- Sie lernen verschiedene Analyseinstrumente wie z. B. die Stakeholderanalyse, die Wertkettenanalyse, die Branchenanalyse zu unterscheiden.
- Sie unterscheiden die Vorteile und Nachteile des Portfolioansatzes.
- Sie verstehen, dass strategische Prozesse aufwendig sind.

## 4.1 Strategien und strategisches Controlling

Einrichtungen im sozialen Bereich befinden sich in weitreichenden Umwälzungsprozessen: ihre traditionelle Nähe zum öffentlichen Sektor, die sie wegen des Subsidiaritätsprinzips und drittem Weg zwischen Staat und Marktwettbewerb lange Zeit in Deutschland aufrechterhalten haben, wird aufgrund:

- gesetzlicher Öffnungen des Wohlfahrtsbereiches (angefangen bei der Einführung der Pflegeversicherung 1995 bis hin zur Einführung des flächendeckenden persönlichen Budgets im Bereich für Menschen mit Behinderungen im Jahr 2008),
- der Umstellung der staatlichen Steuerung von der Inputsteuerung zur Outputsteuerung im Rahmen der Verwaltungsmodernisierung und
- des Kostendrucks bei allen Gebietskörperschaften

zugunsten einer marktwirtschaftlichen Lösung verschoben. Auch in Österreich sieht sich die Sozialwirtschaft mit großen Änderungen konfrontiert. Vor allem durch den:

- verstärkten Rückzug der öffentlichen Hand aus der Verantwortung, gesellschaftliche Herausforderungen zu lösen und dem Glauben, dass „Markt" oder Zivilgesellschaft dies („besser") könnten,
- die Bezahlung sozialer Dienstleitungen über Leistungsverträge (statt durch Subventionen und Förderungen) und die Vergabe von Aufträgen durch Ausschreibungen (vgl. Sozialwirtschaft Austria 2016, S. 7) sowie
- die wirkungsorientierte Steuerung der Verwaltung (durch die *Haushaltsrechtsreform 2013*).

Der Anspruch der StakeholderInnen an soziale Einrichtungen, adäquate, wirkungsvolle Lösungen zu bieten, ist erheblich gewachsen und bedingt Veränderungsdruck. Aber sind die AnbieterInnen sozialer Dienstleistungen diesem Veränderungsdruck gewachsen? Können sie aus Marktöffnung, Wirtschaftlichkeits- und Qualitätsdruck für sich und ihre KlientInnen Vorteile ziehen? Um das zu beantworten, bedarf es eines Blicks auf den inneren Zustand, das Management und die langfristigen Ausrichtungen dieser Organisationen. Trifft erhöhter Anpassungsbedarf auch auf entsprechende Anpassungskapazitäten? Wie flexibel reagieren die Einrichtungen auf Veränderungen, sind sie noch selbst proaktiv oder reagieren sie nur noch? Längst sind die Zeiten vorbei, wo NPO oder

## 4.1 Strategien und strategisches Controlling

soziale Einrichtungen die Frage nach der effizienten und effektiven Aufgabenbewältigung ausklammern konnten. Um nicht von ökonomischen Fragestellungen (nach Effizienz und Effektivität), Monopolverhalten der öffentlichen Hand und aufkommender Konkurrenz überrascht zu werden, bedarf es in sozialen Einrichtungen einer vorausschauenden, langfristigen Planung und gezielten Steuerung. Die Gestaltung zukünftiger Aufgaben beginnt nicht erst im vorliegenden Jahr, sondern verlangt weit im Voraus Überlegungen, um gute Voraussetzungen für künftiges Handeln zu schaffen.

*Strategien* legen nach Bea und Haas (2016, S. 14 ff.) die Handlungsfelder einer Unternehmung fest. Dies beinhaltet den Blick auf KundInnen, Konkurrenz, Umwelt, die eigenen Ressourcen und die Werte der Organisation. Strategien werden für die gesamte Einrichtung wie auch für Geschäftsbereiche (Geschäftsfelder) formuliert und stellen „große", zukunftsorientierte Entscheidungen dar, die in einem systematischen Planungsprozess formuliert werden. Langfristig verfolgt jede Profit- wie Non-Profit-Einrichtung das Ziel der *Existenzsicherung* (Formalziel) und die Erfüllung einer *Mission* (Sachziel). Daraus leiten sich alle Ziele und konsequenterweise die Planungen und Aktionen ab. Um diese Ziele erreichen zu können, braucht es eine Strategie, strategisches Management und schlussendlich strategisches Controlling. Gemäß des ressourcenorientierten Strategieansatzes in Abb. 4.1 baut eine erfolgreiche Strategie auf drei Bausteinen auf: den Zielen, dem Verständnis vom Wettbewerb und der Bewertung der Ressourcen.

Nach diesem Ansatz sind die Ressourcen entscheidend. Ressourcen sind *materieller* (Geschäftsausstattung), *monetärer* (finanzielle Mittel, Zugang zu Fremdkapital) oder *personeller* (Fähigkeiten und Wissen der MitarbeiterInnen,

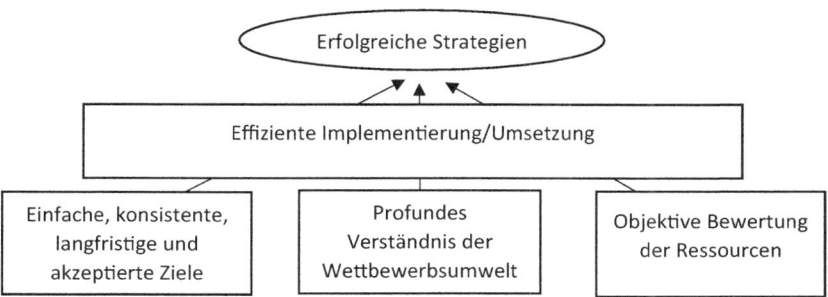

**Abb. 4.1** Elemente erfolgreicher Strategien. (Quelle: in Anlehnung an Grant und Nippa 2006, S. 28)

Motivation, Kommunikationskompetenz) sowie *immaterieller Art* (Image der Organisation, Unternehmenskultur, Netzwerk). Was als wichtige Ressource gesehen wird, hängt von der Branche und ihrer Dynamik, der Größe der Organisation oder der Phase, in der sich diese befindet, ab. In der Automobilbranche wären verlässliche ZuliefererInnen, technisches Know-how oder ein Markenimage wichtige Ressourcen. In der Sozialwirtschaft sind es die MitarbeiterInnen, prominente Vorstände, die Kontakte zu FördergeberInnen, die Nähe zur Politik oder zu den Medien.

Komponenten der strategischen Planung sind (vgl. Bea und Haas 2016, S. 45 ff.) demnach:

- die Leitbilderstellung und Zielbildung,
- die Unternehmensanalyse,
- die Umwelt- und Marktanalyse,
- die Strategieauswahl sowie
- die Strategieimplementierung.

Die Aufgabe des *strategischen Controllings* ist die Steuerung und Anpassung der Einrichtungspotenziale entlang der langfristigen Ziele der Organisation an (zukünftige) Anforderungen der Umwelt (vgl. Baum et al. 2013, S. 14 f.). Dazu gehören die Erfassung und Verarbeitung der internen und der externen Informationen zur Ableitung und Empfehlung von Strategien. Ausgehend von der Klärung des *Leitbilds* und seiner normativen Vorgaben wird überprüft, inwieweit die *Ziele* der Einrichtungen mit dem Leitbild übereinstimmen und ob sie operational und widerspruchsfrei sind. Aus den Zielen resultieren die Strategien, die wiederum ihren Niederschlag in der Budget-und Maßnahmenplanung finden. Den Abschluss bilden Zielwirksamkeitsevaluierungen. Die zentrale Fragestellung beim strategischen Controlling ist somit: „Tun wir die richtigen Dinge?"

---

**Interview 4: Bedeutung des strategischen Controllings beim Samariterbund Österreich**
Havana Celik, Controlling, Samariterbund Österreich, Rettung und Soziale Dienste gGmbH www.samariterbund.net

**Welchen Stellenwert hat strategisches Controlling aus Ihrer Sicht in der Sozialwirtschaft?**
Die Strategieentwicklung im Sozialbereich hängt sehr stark von gesellschaftlichen Entwicklungen bzw. Bedürfnissen, den Strategien der FördergeberInnen und der Finanzierbarkeit der Leistungen ab. Einerseits

## 4.1 Strategien und strategisches Controlling

erwarten FördergeberInnen von einer Non-Profit-Organisation, dass diese im Sinne der maximalen Bedarfsdeckung effizient handelt und andererseits, dass Qualitätsstandards erfüllt und die Kundenzufriedenheit sichergestellt werden. Überall wo wir Strategien entwickeln und mit knappen Ressourcen die bestmögliche Leistung erbringen wollen, müssen wir das auch in Zahlen erfassen, regelmäßig kontrollieren und steuern. Das verlangt auch nach einem strategischen Controlling. Die Aufgaben umfassen die Beschaffung und Zusammenstellung von externen Informationen (z. B. Vorgaben des Fördergebers, gesetzliche Rahmenbedingungen, statistische Informationen usw.) und internen Informationen (z. B. Kapazität, Personal- bzw. Investitionsbedarf). Somit spielt das strategische Controlling eine wichtige Rolle bei der Entwicklung, der Durchsetzung und der Kontrolle der Erfüllung von Organisationsstrategien und Zielen. Dies bildet die Grundlage für die Budgetplanung, regelmäßige Soll-Ist-Vergleiche und rechtzeitige Handlungsempfehlungen.

**Welche Erfahrungen haben Sie als Controllerin mit der Arbeit an Strategien gemacht?**
In der Sozialwirtschaft haben die externen Bedingungen einen sehr starken Einfluss auf die Strategieentwicklung. Die Strategien werden meistens im Einklang mit den sozialpolitischen Zielen der FördergeberInnen in den Gremien- und Geschäftsführungsebenen festgelegt. Die Aufgabe des strategischen Controllings fängt bereits in der Umsetzungsplanung an.

**Wie stellen Sie in Ihrer Organisation sicher, dass Ihre Ziele mit dem Leitbild übereinstimmen?**
Als eine NPO die in vielen Bereichen tätig ist (z. B. Gesundheit, Pflege, Flüchtlings- und Wohnungslosenhilfe, Jugendarbeit aber auch Entwicklungszusammenarbeit oder Katastrophenhilfsdienst) haben wir die Mission, zeitgemäß zu bleiben, gesellschaftliche Verantwortung zu zeigen und all jene, die unserer Hilfe bedürfen, zu unterstützen. Unserem Leitspruch „Wir übernehmen Verantwortung" entsprechend werden für unsere Strategien in allen Abteilungsebenen jährliche Ziele formuliert und mit der Geschäftsführung diskutiert. Auch mit anderen Abteilungen werden detaillierte Informationen ausgetauscht, um vor allem die Übereinstimmung der Ziele mit dem Leitbild sicherzustellen.

> **Wie überprüfen Sie, ob Ihre Strategie geeignet ist, Ihre Ziele zu erreichen?**
> Eine Strategie ist geeignet, wenn sie dazu beiträgt, gesetzte Ziele in effizientester Weise zu realisieren. Die Überprüfung der Eignung einer Strategie für die Zielerreichung fängt schon in der Phase der Informationszusammenstellung an. Dafür werden z. B. Erfahrungswerte aus den vergangenen Jahren, Daten über wirtschaftliche Entwicklung, Bedürfnisse der Bevölkerung, Finanzierungslage in den letzten Jahren usw. herangezogen, um vorab etwaige Unstimmigkeiten zu eliminieren und Strategien bzw. die Ziele zu revidieren. Es kommen unterschiedliche Controllingtools zum Einsatz, um die Entwicklung der Zielerreichung regelmäßig zu beobachten und gegebenenfalls rechtzeitig steuern zu können.

In den folgenden Abschnitten werden nun, wie Abb. 4.2 zeigt, jene Instrumente des strategischen Controllings vorgestellt, die gerade für sozialwirtschaftliche Organisationen von Bedeutung sind, bzw. sich für Non-Profit-Organisationen eignen und die in der Praxis mehr oder weniger regelmäßig angewandt werden. Die strategische Analyse erfordert Informationen über *interne* und *externe Erfolgsfaktoren*. Diese sind die erfolgsrelevanten Stärken und Schwächen (vgl. Bea und Haas 2016, S. 129). Die internen Faktoren resultieren aus der eigenen Organisationsstruktur und dem gewählten Leistungsprogramm. Externe Faktoren resultieren aus dem Verhalten von KonkurrentInnen und KundInnen sowie

| Unternehmensanalyse | Umweltanalyse |
|---|---|
| **Beurteilt den inneren Zustand** | **Beurteilt die äußere Umwelt** |
| • Stärken-Schwächen-Analyse<br>• Kernkompetenzen<br>• Wertkettenanalyse<br>• Strategische Lücke (GAP-Analyse)<br>• Benchmarking | • Chancen und Risiken<br>• KundInnen- und Stakeholderanalyse<br>• Markt- und Branchenanalyse |
| **Analyse auf Unternehmensebene** ||
| • SWOT-Analyse ||
| **Analyse auf Geschäftsfeldebene** ||
| • Portfolioanalyse ||

**Abb. 4.2** Auswahl strategischer Controllinginstrumente. (Quelle: Eigene Darstellung)

## 4.1 Strategien und strategisches Controlling

Entwicklungen am Markt und in der Umwelt. Aus den externen (Umwelt-) Veränderungen und Anforderungen ergeben sich Chancen und Risiken, denen die Einrichtung mit ihren (internen) Stärken und Schwächen gerecht werden muss. Die Verbindung von interner und externer Analyse des Unternehmens geschieht durch die *SWOT-Analyse*. Konzentriert man sich auf einzelne Geschäftsfelder, wendet man die *Portfolioanalyse* an.

---

**Interview 5: Strategisches Controlling bei equalizent**
Christoph Salzmann, Prokurist & Controlling, equalizent Schulungs- und Beratungs GmbH, www.equalizent.com

**Welchen Stellenwert hat strategisches Controlling aus der Sicht eines Social Business?**
Strategisches Controlling ist bei equalizent fixer Bestandteil. Frei nach Viktor Frankl hilft es uns, Möglichkeiten in Wirklichkeiten umzuwandeln. Tatsächlich geht es um die Verarbeitung von internen und externen Informationen, um diese mit den Zielen des Leitbildes abzustimmen. Hier wird klar, wer wir sind, wie wir von außen gesehen werden und wohin wir in Zukunft wollen. All diese Perspektiven sind in die „Diversity Scorecard (DSC)" eingebaut. Hier werden die strategischen Ziele anhand interner wie auch externer Perspektiven gemessen. Wir „leben" diese DSC und passen diese auch gegebenenfalls an, wenn Ziele nicht mehr der Realität entsprechen. Einmal im Jahr wird unseren MitarbeiterInnen die aktuelle DSC vorgestellt. Die MitarbeiterInnen erleben diese DSC mit hoher Identifikation. Sie gibt allen die Sicherheit, dass der Weg, den wir beschreiten (werden), strategisch durchdacht ist.

**Wo liegen die Unterschiede zum Profitbereich bzw. zur klassischen NPO?**
Die Frage ist, ob es die „klassische NPO" überhaupt gibt. Ich denke, die Grenzen verschwimmen zunehmend. Auch große gemeinnützige Organisation betreiben Sozialunternehmen oder gewinnorientierte GmbHs. Genauso kann ein Sozialunternehmen nicht eindeutig dem „Profitbereich" zugeordnet werden. Dessen Fokus ist es schlussendlich, anstatt der reinen Profitorientierung eine gesellschaftliche Änderung herbeizuführen. Gewinne werden reinvestiert, um Innovationen am Markt zu positionieren. Ich glaube, viele NPOs erkennen die dringlichen Bedürfnisse von benachteiligten Personen, reagieren sehr schnell und flexibel. Vielleicht

gehen Sozialunternehmen einen etwas anderen Weg, fokussieren stärker auf ganz neue, andere Möglichkeiten für die benachteiligten Personen. Außerdem können sie nicht auf Spenden zurückgreifen und sorgen mit Förderungen bzw. mit eigenen Einkünften für die langfristige Finanzierung und den Erhalt des Unternehmens. Wir sehen Menschen, die von epistemischer Ungerechtigkeit betroffen sind, in unserem Falle Menschen mit Behinderung oder gehörlose Personen, als ernsthaft Beitragende. Andernfalls würde uns das Wissen fehlen, um die Zielgruppe fachgerecht und auf Augenhöhe bedienen zu können. Das wäre ein massives strukturelles Hindernis. Für uns spielt es keine Rolle, ob wir genügend begünstigt behinderte Personen beschäftigen, nur um keine Ausgleichstaxe[1] zu zahlen. Wir sind auch kein Unternehmen des sogenannten „2. Arbeitsmarkts". Inklusion steht bei uns an erster Stelle.

**Welche Erfahrungen haben Sie mit der Arbeit an Strategien gemacht?**
Hier muss zwischen Plan und Strategie unterschieden werden. Pläne sind stark nach innen fokussiert. Es wird geprüft, ob die Ziele erreicht werden. Das würde ich als operatives Controlling sehen. Ob die Ziele jedoch noch marktadäquat sind, wird dabei nicht erfahren. Strategisches Denken ist im Kern schöpferisch. Es hinterfragt Pläne und Routinen, sorgt auch für Unruhe im negativen und positiven Sinne. Hier gilt es einfach, „Wahrheiten" zu hinterfragen. Bei equalizent arbeiten wir stark vernetzt, alle Funktionen im Unternehmen sind aufeinander abgestimmt, jede/r weiß, was wir machen. Denn viele Dinge machen wir gut, weil sie sich wechselseitig ergänzen.

**Wie stellen Sie sicher, dass Ihre Ziele mit dem Leitbild übereinstimmen?**
Gutes strategisches Denken setzt sich mit der internen und externen Perspektive auseinander. Was macht unsere Tätigkeit, unser Umgang mit KundInnen und dem Markt so exklusiv? Was können wir besser, was andere

---

[1] In Österreich sind Betriebe mit mehr als 25 Beschäftigten verpflichtet, auf je 25 Beschäftigte eine/n begünstigte/n Behinderte/n einzustellen. Kommen sie dieser Verpflichtung nicht nach, müssen sie eine monatliche Ausgleichstaxe abführen (https://www.sozialministerium.at/site/Arbeit_Behinderung/Berufliche_Integration/Behinderteneinstellungsgesetz/Beschaeftigungspflicht_und_Ausgleichstaxe/).

> nicht können? Das sind für uns die zentralen Fragen. Ziele und Leitbilder können teilweise angepasst werden, sofern der Grundgedanke, eine gesellschaftliche Verbesserung und Teilhabe von benachteiligten Menschen zu erreichen, erhalten bleibt. Darum ist für uns z. B. „Wachstum um jeden Preis" kein Thema. Auch ist es wichtig, zu wissen, was wir nicht tun wollen. Um das zu erreichen, sind die DSC, eine gute vernetzte Kommunikation im Betrieb und Offenheit für Ideen und Kritik wichtige Parameter. Die Vernetzung mit wichtigen StakeholderInnen zeigt uns ebenfalls, wie unsere Einzigartigkeit bzw. unsere eindeutige Marktposition wahrgenommen wird.
>
> **Wie überprüfen Sie, ob Ihre Strategie geeignet ist, Ihre Ziele zu erreichen?**
> In der täglichen Arbeit und mit einer gelebten Diversity Scorecard.

## 4.2 Unternehmensanalyse

Die Beurteilung des inneren Zustands der Einrichtung sollte die Analyse der Stärken und Schwächen, der eigenen Kernkompetenzen, die Betrachtung der Wertschöpfung, das Aufdecken strategischer Lücken sowie den systematischen Vergleich mit anderen Organisationen umfassen. In den folgenden Abschnitten werden Tools zur Analyse dieser Bereiche vorgestellt.

**Stärken-Schwächen-Analyse**

Sich mit den eigenen Stärken und Schwächen auseinander zu setzen, ist für die meisten von uns keine einfache Sache, gilt es blinde Flecken zu überwinden oder eine übertrieben positive oder negative Sicht zu vermeiden. Sie müssen ihr Selbstbild hinterfragen und so manche Hürde überwinden (kontroverse Sichtweisen oder Interessenslagen einzelner MitarbeiterInnen oder Führungskräfte; Umgang mit Tabuthemen und Misserfolgen), um einen realistischen Blick auf sich selbst zu haben. Die Stärken-Schwächen-Analyse kann für die gesamte Einrichtung oder deren einzelne Geschäftsfelder und Zielgruppen erfolgen. Üblicherweise beurteilen die MitarbeiterInnen der Organisation die Stärken und Schwächen selbst. Es ist möglich, von KundInnen, der Konkurrenz oder im Falle der Sozialwirtschaft von verschiedenen StakeholderInnen (z. B. FördergeberIn, BürgermeisterIn, Verwaltung der Kommune, Vereine, SponsorInnen) zusätzlich ein Feedback einzuholen. Neben der Bewertung der eigenen Organisation kann man die Hauptkonkurrenz in die Analyse miteinbeziehen, um die Stärken-Schwächen-Analyse gleich zu einer Konkurrenzanalyse auszubauen. Wenn die eigenen Stärken und Schwächen untersucht werden sollen, braucht es geeignete Kriterien. Die Kernkompetenzen als wichtigste Parameter für Wettbewerbsvorteile sind dafür ein brauchbarer Ansatz (Buchholz 2013, S. 76 ff.). Tab. 4.1 listet verschiedene Kriterien auf.

**Tab. 4.1** Kriterien der Stärken-Schwächen-Analyse

| Interne Analyse der Stärken und Schwächen | |
|---|---|
| Finanzielle Ressourcen | • Liquidität<br>• Rücklagen<br>• Kapitalverfügbarkeit<br>• Kreditwürdigkeit<br>• Stille Reserven |
| Ausstattungsressourcen | • Gebäude, Standort<br>• Anlagen<br>• Ausstattungen<br>• Erreichbarkeit<br>• Servicemöglichkeiten |
| Humanressourcen | • Anzahl und Qualität der MitarbeiterInnen<br>• Motivation der MitarbeiterInnen<br>• Betriebsklima<br>• Unternehmenskultur<br>• Führungsqualität |
| Organisatorische Ressourcen | • Netzwerke<br>• Interne Abläufe<br>• Informationsfluss<br>• Leistungskapazitäten<br>• Organisation der Leistungserstellung<br>• Qualität der Leistungen<br>• Produktivität |
| Wettbewerbliche Ressourcen | • Markenname, Image<br>• Marktanteil, Marktstruktur<br>• Sortiment, Portfolio<br>• Absatzkanäle, Absatzmittler und Multiplikatoren<br>• Marktkenntnisse, Kooperation oder Konkurrenz |
| Kundenbezogene Ressourcen | • Motivation der KlientInnen, mitzuarbeiten<br>• Vertragliche Beziehungen<br>• Kundenerwartungen und Kundenzufriedenheit |

Quelle: Kortendieck (2017a, S. 87)

## 4.2 Unternehmensanalyse

Aus dieser Liste wird eine Reihe der Kriterien herausgenommen und in Form einer Scoring-Tabelle bewertet. Auch hier kommt es auf die Branche an. Ein Industriebetrieb wird (teilweise) andere Kriterien anlegen als ein Dienstleistungsunternehmen. Auch innerhalb der Sozialwirtschaft werden die verschiedenen Kriterien unterschiedlich stark gewichtet sein. So kommen den Ausstattungsressourcen im stationären Bereich, wo die Ausstattung und Gemütlichkeit einer Pflegeeinrichtung eine besondere Stärke darstellt, mehr Aufmerksamkeit zu als im ambulanten Bereich, wo der Standort des mobilen Pflegedienstes eine Stärke sein kann. Im folgenden Beispiel in Tab. 4.2 sollen von den MitarbeiterInnen subjektiv die wichtigsten Leistungspotenziale der Organisation Social Power e. V. in Musterstadt auf einer Skala von −4 bis +4 bewertet werden. Zusätzlich wird eine Bewertung für den wichtigsten Konkurrenten (Hilfe für Musterstadt e. V.) abgegeben, sofern das für diesen möglich ist. Die Tabelle zeigt den Durchschnitt aller Bewertungen. Auf diese Weise gelangt man zu Einschätzungen, in welchen Bereichen die eigene Einrichtung stark und in welchen sie schwach ist. Durch den Konkurrenzvergleich wird der Abstand zum wichtigsten WettbewerberInnen positiv wie negativ deutlich.

**Tab. 4.2** Stärken-Schwächen-Analyse Social Power e. V.

| Leistungs-potenziale | Beurteilung | | | | | | | | | |
|---|---|---|---|---|---|---|---|---|---|---|
| | Schlecht | | | | Mittel | | Gut | | | |
| | −4 | −3 | −2 | −1 | 0 | 1 | 2 | 3 | 4 | |
| Finanzielle Ressourcen | | o | | | | | x | | | x: Social Power o: Hilfe für Musterstadt |
| Ausstattung | | | | | | o | x | | | |
| Humanressourcen | | | o | x | | | | | | |
| Organisatorische Ressourcen | x | | | | | | o | | | |
| Image | | | | | x | o | | | | |
| Portfolio | | | | | | x o | | | | |
| Kundenzufriedenheit | | | | | x | o | | | | |
| Marktkenntnisse | | | | | | | o | | x | |

Quelle: Baum et al. (2013, S. 98)

Die Analyse gibt ein differenziertes Bild:

- Social Power e. V. hat drei Stärken: die finanziellen Ressourcen, die Ausstattung und profunde Marktkenntnisse. Zu den Schwächen gehört die Organisation. Das Image ist schwach ausgeprägt.
- Im Vergleich zum Verein Hilfe für Musterstadt e. V. werden die Schwächen noch deutlicher. Die Kundenzufriedenheit liegt unter dem Wert der Konkurrenz.
- Die im Mittelfeld liegenden Humanressourcen sind deutlich besser als die der Konkurrenz.
- Der Vorstand von Social Power e. V. beschließt, dass rasch die organisatorischen Ressourcen (Prozesse, Informationsflüsse, Arbeitsabläufe) verbessert werden müssen, weil man diese im direkten Zusammenhang mit der schlechten KundInnenzufriedenheit und dem mäßigen Image sieht. Darüber hinaus möchte man die MitarbeiterInnen verstärkt zu MarkenbotschafterInnen machen und das gute Betriebsklima und die MitarbeiterInnenzufriedenheit stärker nach außen kommunizieren.

Aus einer Befragung von MitarbeiterInnen und des Vorstands ergibt sich eine Vielzahl von Rückschlüssen, die hilft, Betriebsblindheit bei der Führungsspitze zu vermeiden. Bei größeren Einrichtungen ist eine solch allgemeine Analyse der Stärken und Schwächen oft nicht ausreichend. Vor allem, wenn sehr unterschiedliche Geschäftsfelder vorliegen, ist eine weitergehende Analyse sinnvoll, die jeweils für die einzelnen Leistungssparten, Abteilungen, Projekte oder Standorte erstellt wird. Hier kann man entweder einzelne Stärken-Schwächen-Profile vergleichen (wie im obigen Beispiel) oder durch eine Gewichtung der einzelnen Kriterien die Ergebnisse weiter differenzieren. Nicht jedes Kriterium muss im Sinne der Stärken-Schwächen-Analyse die gleiche Bedeutung haben. So können z. B. die finanziellen Ressourcen besonders wichtig sein, während man den Humanressourcen weniger Bedeutung zuteilt, da ohnehin gesetzlich geregelt ist, welche Art der Qualifikation die MitarbeiterInnen mitbringen müssen. Mithilfe von Bewertungsgewichten werden zudem die subjektiv vergebenen Noten der Stärken-Schwächen-Analyse relativiert. Ziel ist es, nicht nur einen Notendurchschnitt pro Leistungsabteilung zu erhalten, sondern diesen Wert anhand der Bedeutung dieser Abteilung für die Einrichtung zu gewichten. Tab. 4.3 zeigt diese Vorgehensweise anhand eines katholischen Stifts (Kortendieck 2017b, S. 33).

Das Stift Musterburg hält vier Bereiche vor: ein Altenpflegeheim, eine Pflegeschule, eine Wohneinrichtung für betreutes Wohnen und ein Krankenhaus. Bei mit den jeweiligen Gewichten (1: sehr wichtig, 2: eher wichtig, 3: durchschnittlich wichtig, 4: eher unwichtig, 5: unwichtig) relativierten Noten von 1 (sehr gut)

## 4.2 Unternehmensanalyse

**Tab. 4.3** Stärken-Schwächen-Profil der vier Leistungssparten des Stifts Musterburg

| Ressourcen | Gewicht | Altenpflegeheim | Pflegeschule | Betreutes-Wohnen | Krankenhaus |
|---|---|---|---|---|---|
| | | (Noten von 1 [sehr gut] bis 8 [unzureichend]) × Gewicht [Gewicht: 5: weniger wichtig, 1: sehr wichtig] | | | |
| Finanzielle Ressourcen | 2 | 4 | 16 | 12 | 14 |
| Ausstattung | 2 | 4 | 16 | 6 | 10 |
| MitarbeiterInnenpotenzial | 1 | 1 | 6 | 3 | 5 |
| Organisatorische Ressourcen | 4 | 12 | 12 | 12 | 20 |
| Image | 5 | 15 | 30 | 30 | 35 |
| Leistungen | 2 | 4 | 10 | 12 | 4 |
| Kundenpotenzial | 3 | 12 | 21 | 21 | 12 |
| Kundenzufriedenheit | 4 | 8 | 20 | 16 | 28 |
| **Summe** | **23** | **60** | **131** | **112** | **128** |
| **Gewogener Durchschnitt** | | **2,61** | **5,70** | **4,87** | **5,57** |
| Summe dividiert durch Anzahl Gewicht | | 60/23 | 131/23 | 112/23 | 128/23 |

Quelle: Kortendieck (2017b, S. 33)

bis 8 (schlecht) folgt die Aussage, dass eine Leistungssparte umso erfolgreicher eingeschätzt wird, je niedriger der gewogene Durchschnitt aller Noten ist. So hat die Pflegeschule bei den finanziellen Ressourcen den Wert 8. Dieser wird mit dem Faktor 2 gewichtet. Er ist eher wichtig. Das ergibt für die Pflegeschule den Wert 16 (=8 × 2). Das Altenpflegeheim schneidet am Besten ab, die Pflegeschule wird in vielen Punkten kritisch eingeschätzt.

### Kernkompetenzen

Das, was ein Unternehmen besonders gut beherrscht, wird – da es meist mit dessen hauptsächlicher Ausrichtung, mit dessen wichtigstem Anliegen identifiziert wird – als Kernkompetenz bezeichnet. Diese Fähigkeiten bieten einen besonderen Kundennutzen oder beziehen sich auf eine besonders effiziente Art, diesen Kundennutzen zu erbringen (vgl. Grant und Nippa 2006, S. 191). Kernkompetenzen gelten als zentrale Erfolgsfaktoren im Wettbewerb. Vor allem der Human-Ressource-Ansatz setzt auf sie (vgl. Müller-Stewens und Lechner 2016, S. 207). Nach diesem hängt die Wettbewerbsfähigkeit nicht so sehr von einzelnen guten Leistungen, von einer guten Kundenanalyse oder Befriedigung der Kundenwünsche ab, sondern von den Fähigkeiten der MitarbeiterInnen. Kernkompetenzen entstehen nicht durch Ad-hoc-Entscheidungen, sondern wachsen langsam. Durch das organisationsspezifische Wissen und Können sind diese Kompetenzen nur schwer von anderen Einrichtungen zu imitieren. Voraussetzungen dafür sind:

- Verbesserung von Effektivität („erleichtertes Lernen") und Effizienz (geringe Koordinationskosten),
- Knappheit der Ressourcen: sie dürfen der Konkurrenz nicht zur Verfügung stehen, und
- Nicht-Imitierbarkeit der Ressourcen: die Dienstleistung hängt von der betreuenden Person ab (z. B. Bezugsbetreuung).

Die Quellen der Kernkompetenzen im Sozialbereich sind z. B.: die wichtigsten Geschäftsprozesse (z. B. Beratung), die MitarbeiterInnen (beratende SozialarbeiterInnen), deren Wissen und Können (langjährige Erfahrung), die organisationalen Fähigkeiten (integrierter Beratungsprozess), die Beziehungen (zu KlientInnen, Angehörigen, Kostenträger), die Einrichtungskultur (Umgang mit KlientInnen und untereinander) oder das Image. Vorteile ergeben sich aus den Kernkompetenzen, wenn für die KundInnen, KlientInnen, andere StakeholderInnen wie z. B. die FördergeberInnen ein besonderer Nutzen entsteht:

- **KlientInnennutzen:** Im Bereich der mobilen Altenbetreuung werden mehrsprachige AltenhelferInnen eingesetzt, die mit KlientInnen ohne Deutschkenntnisse arbeiten zu können.
- **StakeholderInnennutzen:** Durch einen speziellen Ansatz in der aufsuchenden Jugendarbeit kommt es in einer Stadt zu weniger Konflikten zwischen Jugendlichen und AnrainerInnen einer Parkanlage.
- **FördergeberInnennutzen:** Durch ein neues, im Vergleich zur Konkurrenz, einzigartiges Qualitätsmanagement werden laufend Qualitätskennzahlen an die FördergeberInnen übermittelt.

## 4.2 Unternehmensanalyse

Zusammenfassend ergeben sich nach Müller-Stewens und Lechner (2016, S. 207 ff.) vier zentrale Aspekte, die zusammen Kernkompetenzen ausmachen:

- Die Fähigkeit muss *wertvoll* sein. Das bedeutet, dass diese Fähigkeit die Unternehmensergebnisse nachhaltig verbessert.
- Die Fähigkeit muss *selten* bzw. *einzigartig* sein, da ansonsten gegenüber WettbewerberInnen kein Konkurrenzvorteil entsteht. Viele Organisationen verweisen darauf, dass ihre Kernkompetenzen darin liegen, qualitativ hochwertige Betreuung und Beratung zu bieten. Dadurch allein entsteht noch kein Unterscheidungsmerkmal.
- Die Fähigkeiten sind *kaum/nicht zu imitieren*. Dies gelingt gerade bei personenbezogenen Dienstleistungen nur durch Vertrauensbeziehungen.
- Die Fähigkeiten sind *transferierbar*. Es genügt nicht, dass eine einzelne Mitarbeiterin zu ihren KlientInnen sehr gute Beziehungen aufgebaut hat.

Wenn Organisationen ihre Kernkompetenzen analysieren möchten, gilt es in einem ersten Schritt, die relevanten Ressourcen und besonderen Fähigkeiten zu identifizieren. Im zweiten Schritt werden diese anhand verschiedener Kriterien beurteilt. Am Beispiel eines Treffpunkts für Arbeitslose lässt sich die Bedeutung der Kernkompetenzen mittels einer Eskalationstreppe darstellen (vgl. Sander und Bauer 2011, S. 111). Dabei werden in Tab. 4.4 die Kriterien *wertvoll, selten, nicht*

**Tab. 4.4** Eskalationsstufen der Kernkompetenz

| Fähigkeit | Wertvoll | Selten | Nicht imitierbar | Nicht substituierbar | Effekt |
|---|---|---|---|---|---|
| Persönliche Unterstützung bei der Stellensuche | Nein | | | | Nachteil |
| Infrastruktur | Ja | Nein | | | Parität |
| Tagesstruktur | Ja | Ja | Nein | | Temporärer Vorteil |
| Personal | Ja | Ja | Nein | | Temporärer Vorteil |
| Unentgeltliches Angebot | Ja | Ja | Ja | Nein | Inkrementeller Vorteil |
| Freiwilliges sanktionsfreies Angebot | Ja | Ja | Ja | Ja | Nachhaltiger Vorteil |

Quelle: Sander und Bauer (2011, S. 111)

*imitierbar* und *nicht substituierbar* (also nicht durch etwas anderes zu ersetzen) mit „ja" bzw. „nein" beantwortet. Zum Schluss wird anhand dieser Einordnung entschieden, ob es sich um einen *nachhaltigen* oder *temporären Vorteil* handelt oder ob *Parität mit der Konkurrenz* gegeben ist.

## Wertkettenanalyse

Organisationen im Feld sozialer Arbeit generieren für ihre KundInnen einen Mehrwert, eine Wertschöpfung, die aus einem Kundenvorteil („effektivere Problemlösung") und aus einem Organisationsvorteil („effizientere Prozesse") resultiert. Die Wertschöpfung wird als Wert der verkauften Leistungen abzüglich der Vorleistungen, also der Leistungen anderer, auf die aufgebaut wird und die mit in die Rechnung einbezogen werden, definiert und in Geldeinheiten ausgedrückt (vgl. Bruhn und Stauss 2007, S. 5). Die Wertschöpfung aus Sicht der KundInnen ist der Nutzen der erhaltenen Leistungen abzüglich der von ihnen aufgewendeten Kosten („customer added value"). Da die KundInnen in der sozialen Arbeit nicht nur die KlientInnen selbst, sondern auch der Kostenträger (oder weitere StakeholderInnen wie Angehörige, BetreuerInnen, SubventionsgeberInnen und SpenderInnen) sind, ist das in der Betriebswirtschaft vorherrschende „Kundenmodell" einer bilateralen Beziehung (KundIn und Unternehmen) durch ein multilaterales „Stakeholdermodell" zu ersetzen. Werte entstehen für verschiedene StakeholderInnen, unabhängig davon, ob sie dafür bezahlen.

Das *Wertkettenmodell* von Porter (2010, S. 68 ff.) zeigt auf, wo und wie in einer Einrichtung ein Mehrwert geschaffen wird. Es entsteht ein Gewinn, der entweder beim Unternehmen verbleibt (Gewinnspanne) oder dem Sachziel als Nutzengewinn zugutekommt. Gewerbliche Einrichtungen werden einen größeren Teil für sich als Risikoabsicherung und Unternehmerentlohnung beanspruchen. Gemeinnützige Einrichtungen werden danach streben, diesen Gewinn für die Gesellschaft im Allgemeinen und für ihre KlientInnen im Besonderen möglichst groß werden zu lassen. Der Nutzengewinn als Wertschöpfung zeigt sich für soziale Einrichtungen in drei Bereichen:

- der *private Nutzen,* den die KlientInnen selbst durch die soziale Arbeit erhalten (z. B. Vermittlung in Arbeit, Erreichen des Schulabschlusses, höhere Lebensqualität),
- der *öffentliche Nutzen,* den der Kostenträger erhält (z. B. geringere Arbeitslosenzahl und damit geringere fiskalische Belastung, geringere Kriminalitätsrate), und

## 4.2 Unternehmensanalyse

- der *öffentlich-missionsorientierte Nutzen*, den die Einrichtung infolge ihrer Gemeinnützigkeit erzielt (nachhaltige Arbeitsvermittlung, erfolgreicherer Schulabschluss durch intensive Begleitung der KlientInnen, geringere Kriminalitätsrate durch verbesserte Integration der KlientInnen in die Einrichtung).

Prozess- und Produktverbesserungen basieren auf der Analyse der Wertschöpfung. Die wertschaffenden Aktivitäten bezeichnet man als *primäre Aktivitäten*, welche die Ressourcen so kombinieren, dass der daraus resultierende Wert größer ist als ohne diesen Leistungsprozess. *Sekundäre Aktivitäten* sind die *unterstützenden Prozesse*, die selbst keinen Wert schaffen. Sie sind in jeder Organisation notwendig, trotzdem trachtet jeder Kostenträger danach, möglichst wenig dafür zu bezahlen. Allgemein könnte (wie Abb. 4.3 zeigt) die Wertkette für ein Dienstleistungsunternehmen wie folgt aussehen (vgl. Baum et al. 2013, S. 292; Schneider et al. 2007, S. 126):

- eine *Akquisitions- und Eingangsphase*, in der Aufträge generiert werden (z. B. Projektausschreibungen), in der die Leistungsbereitschaft aufgebaut wird sowie Wege für den KlientInnenkontakt gelegt werden;
- eine *Kontaktphase*, in der die Aufträge erledigt werden: KlientInnen werden beraten, betreut oder gepflegt;
- eine *Phase der Ausgangslogistik*, in der die KlientInnen weitervermittelt, geprüft oder verabschiedet werden,

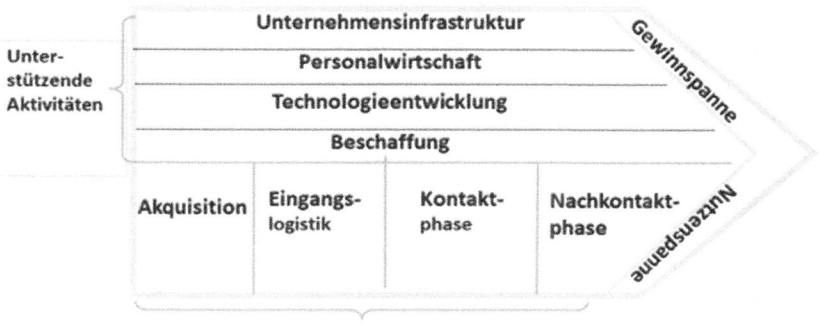

**Abb. 4.3** Die Wertschöpfungskette. (Quelle: Eigene Darstellung)

- eine *Service-* oder *Nachkontaktphase*, in der nach Beendigung des Auftrags noch Anfragen seitens des Kostenträgers (statistische Auswertungen), seitens der KlientInnen (z. B. Bescheinigungen) erfolgen.
- eine *Marketing-* und *Verkaufsaktivität*. Bei Profitunternehmen spielen absatzpolitische Handlungen ebenfalls im Konzert der Wertschöpfungen mit. Sie umfassen Verkaufsberatungen, Öffentlichkeitsarbeit, Werbung und direkte Ansprache. In Non-Profit-Unternehmen sieht dies etwas anders aus: Der Verkauf ist eher der Kontaktphase vorgelagert. Um ein Projekt zu realisieren, müssen zunächst Finanzmittel akquiriert werden. Da es sich um eine Akquisemaßnahme handelt, wurde sie dort subsumiert. Öffentlichkeitsarbeit kann in vielen Bereichen für die KlientInnen wie für den Kostenträger eine wertschaffende Funktion sein. Da sie aber nicht überall in der Sozialwirtschaft erwünscht ist (etwa in der Obdachlosenhilfe) wurde auf sie in Abb. 4.3 verzichtet.

So kann bspw. die *Wertkette einer Bildungseinrichtung* mit der Programmplanung beginnen, die Programmverteilung, die Kursdurchführung beinhalten und bis hin zur Ausgangslogistik, bei der die TeilnehmerInnen mit ihren Zertifikaten verabschiedet werden, reichen. Unterstützend greifen die Leitungskräfte, die Personalwirtschaft, die Buchhaltung und der Einkauf ein. Die *Wertkette einer Beratungseinrichtung* beginnt mit der Einstellung einer geeigneten Sozialarbeiterin, die den KlientInnen bei konkreten Anliegen weiterhilft und sachgerecht an weiterführende Stelle vermittelt. Die KlientInnen finden die Einrichtung über ein Sorgentelefon, das rund um die Uhr besetzt ist. Zusätzlich organisiert die Sozialarbeiterin eine Schuldnerberatung und gibt Stellenangebote weiter (Service). Die Beratungseinrichtung ist in ein Geflecht von ihr vorgelagerten und ihr nachgelagerten Wertketten eingebunden. Unterstützend sind ein Standort, an dem Beratung angeboten wird, die Personalwirtschaft, das Controlling und die Leitung der Organisation.

Die Wertketten verschiedener Einrichtungen unterscheiden sich. Auch innerhalb des gleichen Handlungsfeldes der sozialen Arbeit können die Wertketten sehr unterschiedlich sein. So ist z. B. zwischen ambulanten und stationären Angeboten zu differenzieren. Aber auch im Bereich der stationären Angebote kann sich z. B. aufgrund unterschiedlicher fachlicher Konzepte (Wohnungslosenbereich: Übergangswohnen versus langfristige Wohnplätze, wohnen mit oder ohne Haustiere etc.) oder aufgrund der Zielgruppen (Jugendliche, Frauen mit Gewalterfahrung, MigrantInnen) eine andere Wertkette ergeben. Deswegen muss man jedes Angebot genau analysieren. Der erste Schritt identifiziert primäre und sekundäre Aktivitäten. Danach kann eine weitere Analyse in zwei Richtungen erfolgen und zur kritischen Betrachtung des eigenen Angebotsportfolios dienen: die horizontale und die vertikale Analyse.

## 4.2 Unternehmensanalyse

**Horizontale Analyse**

- Welche Aktivitäten sind hinreichend und notwendig?
- Welche Aktivitäten stiften keinen Nutzen (fehlerhafte und redundante Bearbeitungen)?
- Welche Aktivitäten können wir gut? Welche könnten wir besser an dafür ausgebildete ExpertInnen und Einrichtungen abgeben (Fokussierung)?
- Welche Aktivitäten bieten wir in unserer Einrichtung noch nicht an, die zur Wertkette für die KundInnen gehören (Beratung aus einer Hand: Ausweitung)?

**Vertikale Analyse**

- Welche Arbeitsschritte innerhalb einer Aktivität sind zweckmäßig?
- Welche Arbeitsschritte verursachen zu hohe unterstützende Aktivitäten und sind zu teuer?
- Welche Angebote/Dienstleistungen finden bei KundInnen eine nicht so große Wertschätzung?
- Welche Aktivitäten konkurrieren, sodass unnötige Doppelarbeiten und Kosten entstehen?

## Ermittlung strategischer Lücken (Gap-Analyse)

Die Untersuchung der Stärken und Schwächen der Organisation geht in der Regel mit einer Abschätzung der Entwicklung in den nächsten Jahren einher. Auf Basis der Untersuchung der aktuellen Unternehmens-, Umwelt- und Marktentwicklung wird prognostiziert, wie sich der Anpassungsbedarf und die Anpassungskapazitäten in den nächsten Jahren entwickeln werden. Die *Gap-Analyse* ermittelt eine strategische Lücke zwischen der gewünschten, zukünftigen Position und dem auf Basis der aktuellen Position in die Zukunft prognostizierten tatsächlichen Verlauf. Dabei wird von zwei Trendverläufen ausgegangen: eine angestrebte Entwicklung („wenn wir unsere Zukunft gestalten") und eine Trendextrapolation der bisherigen Situation auf der Basis der Ist-Situation („wenn unsere Zukunft gestaltet wird"). Dadurch erkennt man Fehlentwicklungen (mangelnder Ausbau von Stärken, zu geringer Abbau von Schwächen). Geschieht nichts hinsichtlich der Verbesserung der Fähigkeiten und der Potenziale (wie dem Abbau der erkannten Schwächen) ergibt sich zwischen diesem Trend und der optimistischen, handlungsorientierten Entwicklung mit zunehmender Dauer eine immer größere (strategische) Lücke, ein sogenannter *Gap* (vgl. Baum et al. 2013, S. 23). Die Ziele der Gap-Analyse sind:

- das Ermitteln des künftigen Anpassungsbedarfs,
- das Aufzeigen der Notwendigkeit zur Verringerung künftiger Anpassungslasten sowie
- das Erkennen der Notwendigkeit der Vergrößerung der Anpassungskapazität

um die Ziele bzw. die gewünschte strategische Position erreichen zu können. Die strategischen Lücken zu schließen, kann auf verschiedenen Wegen geschehen, genauso wie diese Lücken verschiedene Ursachen haben können. Wird etwa eine strategische Lücke im Personalbereich, im Altersaufbau, den notwendigen Fähigkeiten oder den anfallenden Personalkosten befürchtet, vermindern Personalentwicklungsmaßnahmen den Anpassungsbedarf. Der Anpassungsbedarf verringert sich durch die Befristung von Arbeitsverträgen, durch Jobrotation und durch die Ausweitung der Geschäftsfelder in Abhängigkeit von den Personalressourcen. Permanente Fortbildung der MitarbeiterInnen, flexible Arbeitsplatzbeschreibungen oder Altersteilzeitregelungen verbessern die Anpassungskapazität und schließen so die strategische Lücke. Abb. 4.4 zeigt zwei Trends für die Zukunft einer sozialen Einrichtung. Ausgehend von dem strategischen Ziel der „Erhaltung der finanziellen Ausstattung und des Gleichgewichts der Einrichtung" kann sich die finanzielle Situation in Zukunft unterschiedlich entwickeln. Die Organisation betrachtet die Entwicklung der notwendigen Rücklagen in Abhängigkeit von den Kostensteigerungen, sinkenden Erträgen aus dem Seminarbetrieb und sinkenden Zuschüssen. Sie prognostiziert bis zum Jahr X einen vollständigen Verlust der Rücklagen und damit eine ernste Existenzbedrohung. Dies entspricht dem Verlauf, wenn nichts passiert. Der gewünschte Verlauf bezieht sich auf die Erhaltung der Rücklagen. Die strategische Lücke ist

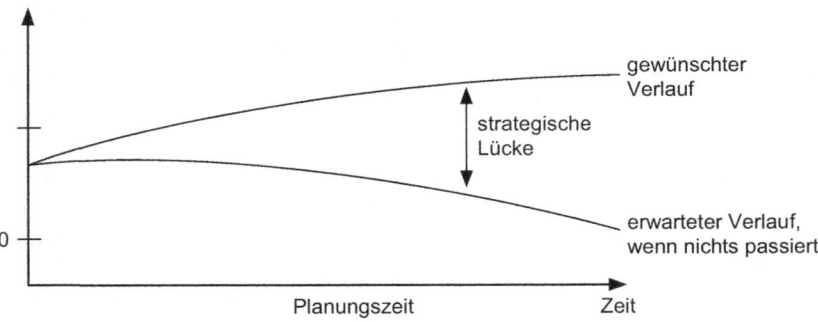

**Abb. 4.4** Gap-Analyse. (Quelle: Eigene Darstellung)

der Unterschied zwischen diesen beiden Verläufen im Jahr Y. Daraus ergibt sich ein Anpassungsbedarf, der durch zusätzliche Einnahmen, Reduktion der Ausgaben oder einer Kombination aus beiden gedeckt werden kann.

**Benchmarking**

Die Untersuchung der Stärken und Schwächen (siehe Abschn. 4.2.1) fußt auf der eigenen Einschätzung, die mitunter unrealistisch sein kann. Betriebsblindheit, fehlende Reflexion der eigenen Arbeit und deren Ergebnisse sowie mangelnder Wille, als Einrichtung lernen zu wollen, verhindern ein kritisches Hinterfragen der eigenen Potenziale und Fähigkeiten. Erst die Einbeziehung externer Informationen in Form von Benchmarking relativiert die eigenen Einschätzungen. Der Begriff der Benchmark kommt aus dem Englischen und bedeutet wörtlich übersetzt: topografischer Punkt. Solche Punkte sind vermessen und geben ihren genauen Standort nach Längen- und Breitengraden an. In Analogie hierzu helfen solche Punkte Einrichtungen, ihre Aktivitäten einzuordnen und zu „benchmarken". Ein *Benchmark* im Sinne des Controllings ist ein Ergebnis, ein Merkmal oder ein Prozess, der als optimal eingeschätzt wird. Die Erkenntnis, ob die Spitze, die man von unten gesichtet hat, die „Spitze aller erreichbaren Berge" darstellt, erhält man durch Vergleiche. Benchmarking erfordert deshalb die Lernbereitschaft aller Beteiligten und fördert sie ihrerseits.

Benchmarking bedeutet:

- Produkte und Dienstleistungen,
- die internen Prozesse der Leistungserstellung, -bereitstellung und -vermarktung sowie
- alle dafür notwendigen Hilfsprozesse (z. B. Verwaltung)

mit den ausgewählten Bereichen anderer Einrichtungen zu vergleichen.

Benchmarking wird primär mit dem Ziel eingesetzt, durch Vergleiche Qualitätsmängel oder Schwächen festzustellen, um durch gezielte Maßnahmen Qualitätsverbesserungen zu erzielen. Um zu erfahren, welche Problembereiche vorliegen, benötigt man eine Vielzahl interner und externer Informationen. Wichtigste Quelle, um etwas über die eigenen Problembereiche zu erfahren, sind die KundInnen. Durch eine *KundInnenumfrage* sollten deren Einschätzungen der Leistungen, einzelner Merkmale der Leistungserbringung und des Images untersucht werden. Verwendet werden Fragenkataloge, die eine Benotung und eine

Wertschätzung erlauben, da soziale Einrichtungen nur zum Teil auf Märkten agieren und Preiswertschätzungen der KundInnen fehlen können.

Der *Vergleich mit dem Besten* geschieht in drei aufeinander folgenden Stufen:

1. internes Benchmarking,
2. externes Benchmarking mit KonkurrentInnen des Handlungsfeldes bzw. der Branche (Konkurrenzbenchmarking),
3. externes Benchmarking mit PartnerInnen von außerhalb des Handlungsfeldes bzw. der Branche (funktionales Benchmarking).

Beim *internen Benchmarking* erfolgt ein interner Vergleich zwischen Abteilungen (z. B. verschiedene Wohngruppen), zwischen Regionalstellen (z. B. verschiedene Jugendzentren) oder zwischen den Einrichtungen (z. B. verschiedene Krankenhäuser oder Altenheime einer Dachgesellschaft). Ziel des internen Benchmarkings ist es, die beste Praxis im eigenen Haus zu identifizieren und zum Standard für andere Bereiche zu machen. Die Vorteile liegen im Zugang zu den Daten, der raschen Verfügbarkeit von Informationen und der Bereitschaft der MitarbeiterInnen, sich vergleichen zu lassen. Nachteilig ist der fehlende Blick von außen und damit das geringe Lernpotenzial.

Beim *externen Benchmarking mit Konkurrenten des Handlungsfeldes* (andere Einrichtungen in der Wohnungslosenhilfe, der Schuldnerberatung, der Gewaltschutzarbeit, andere Kitas oder Altenheime) steht der Vergleich mit dem besten Konkurrenten („best in class") oder mit dem Durchschnitt des Handlungsfeldes oder der Branche im Fokus. Da umfangreiche Benchmarkinguntersuchungen hauptsächlich zur Verbesserung des organisationsinternen Lernpotenzials durchgeführt werden, empfiehlt sich ein externer Vergleich. Innerhalb einer Branche besteht die beste Vergleichbarkeit, allerdings gleichzeitig die geringste Neigung, sich vergleichen zu lassen. Vergleiche mit dem Branchendurchschnitt oder mit dem Besten der Branche bzw. des Handlungsfeldes sind leichter, wenn keine unmittelbare Konkurrenzbeziehung vorliegt. Ein Partnervergleich ist nur auf einer außerordentlichen Vertrauensbasismöglich und wird in der Regel vertraglich abgesichert. Im sozialen Bereich herrschen Organisationen vor, die eine starke regionale Ausdifferenzierung vorgenommen haben. Innerhalb eines solchen Verbandes sind im Rahmen des Benchmarkings Informationssammlungs-, Informationsauswertungs- und Clearingfunktionen zum Teil schon Praxis und werden teilweise vom Kostenträger vorgenommen und den verschiedenen Organisationen zur Verfügung gestellt. Vorteilhaft sind gemeinsame Datenbanken, die die wichtigsten Leistungs- und Prozessdaten erfassen und auswerten.

**Tab. 4.5** Vor- und Nachteile verschiedener BenchmarkingpartnerInnen

| | Vorteile | Nachteile |
|---|---|---|
| Internes Benchmarking | • Leichte Verfügbarkeit der Daten<br>• Erster Einstieg in das Benchmarking<br>• Sofortige Verbesserung möglich<br>• Angleichungen in der eigenen Einrichtung | • Nicht unbedingt die besten VergleichspartnerInnen<br>• Nur relative Benchmarks („Maulwurfhügel")<br>• Interne Verfälschungen, weil Angst vor Kollegenschelte |
| Externes Benchmarking mit (besten) Konkurrenten | • Gute Vergleichbarkeit durch gleiche KundInnen/KlientInnen<br>• Vergleich reduziert den Abstand zum „Klassenbesten"<br>• Gute Übertragbarkeit | • Geringe Bereitschaft, Informationen auszutauschen<br>• Meist nur Kennzahlenvergleich möglich |
| Externes Benchmarking innerhalb der Branche (Durchschnitt der Branche) | • Gut geeignet für Trendanalysen<br>• Informationen leicht auf Messen und Meetings erhältlich<br>• Informationen mit Auswertungen durch Fachblätter<br>• Gute Verbesserungschancen und Übertragbarkeit | • Der Branchenbeste ist nicht automatisch der Beste aller Klassen |
| Externes (funktionales) Benchmarking mit branchenfremden Unternehmen | • Größere Benchmarkingbereitschaft<br>• Informationen über die Gründe des Erfolgs möglich<br>• Leichtes Finden von PartnerInnen („Kernkompetenzunternehmen")<br>• Vergleich auf Prozessebene<br>• Sehr gute Verbesserungschancen | • Vergleichbarkeit nicht automatisch gegeben<br>• Übertragbarkeit nicht automatisch gegeben |

Quelle: Kortendieck (2017b, S. 52)

Beim *externen Benchmarking mit Partnern* außerhalb der Branche („funktionales Benchmarking") geht es um den Vergleich einer Problemlösung mit dem in diesem Gesichtspunkt besten Unternehmen einer anderen Branche *(best practice)*. Diese umfangreichste Form des Benchmarkings hat in der Regel dort Erfolg, wo Unternehmen die gesuchte Kompetenz zu ihrer Kernkompetenz und die Praktiken und Funktionen, die verglichen werden, speziell zu ihrem Geschäftsmodell erklärt haben: *Serviceleistungen bei Übernachtungen* im Hotelbereich, *Reinigung* bei Reinigungsunternehmen, *Logistik* bei Speditionsunternehmen. Krankenhäuser könnten etwas über den Umgang mit alten, dementen Menschen von einem Altenpflegeheim erfahren, während dieses wiederum interessiert ist an Informationen über die Betreuung kranker Menschen oder über die Verhandlungen von Krankenhäusern mit Krankenkassen. Vorteilhaft ist die größere Bereitschaft zur Informationsweitergabe als beim Konkurrenzbenchmarking. Problematisch sind die Vergleichbarkeit und schwierige Übertragbarkeit zwischen unterschiedlichen Branchen. Die drei Arten des Benchmarkings bauen aufeinander auf. Erfolgreiches Benchmarking beginnt mit internem Benchmarking, setzt sich im Konkurrentenbenchmarking fort und schließt mit funktionalem Benchmarking ab. Tab. 4.5 gibt einen Überblick über die Vor- und Nachteile der jeweiligen Benchmarkingpartner.

## 4.3 Strategische Controllinginstrumente der Umweltanalyse

Die strategische Analyse verbindet Umweltchancen mit den Stärken des Unternehmens. Umweltrisiken reduziert man durch den Abbau von Unternehmensschwächen oder den Aufbau neuer Stärken (vgl. Baum et al. 2013, S. 80 f.). Die Beherrschung der Umwelt klingt nach einer *Anmaßung von Wissen*. Die Umwelteinflüsse sind zu vielfältig, komplex und unvorhersehbar in ihren Auswirkungen, sodass eine Umweltanalyse zunächst ein nutzloses Unterfangen zu sein scheint (vgl. Herzka und Mowles 2015, S. 115 f.). Ziel der Umweltanalyse und ihrer Empfehlungen für das Unternehmen sind nicht exakte Voraussagen, sondern nur grundsätzliche Tendenzaussagen. Für Grant und Nippa (2006, S. 99) ist es folgerichtig, die Umweltanalyse so weiterzuentwickeln, dass zunächst nur branchengerechte Aussagen möglich sind. So prägen den Pflegemarkt gänzlich andere Umwelteinflüsse als den Bereich der ambulanten Jugendhilfe. Innerhalb der Branchenumwelt stehen die Beziehungen zu den KundInnen, den LieferantInnen und den WettbewerberInnen im Vordergrund. Unternehmen erwirtschaften dann einen Gewinn, wenn sie besser als die Konkurrenz für ihre KundInnen

## 4.3 Strategische Controllinginstrumente der Umweltanalyse

Werte schaffen. Der Kundenbegriff wird im sozialen Bereich durch den breiteren Begriff der StakeholderInnen ersetzt, der KlientInnen, Kostenträger, Angehörige und andere Anspruchsgruppen einschließt. Folglich gilt es, die Stakeholderbedürfnisse zu verstehen, wenn man zufriedene StakeholderInnen haben und als Einrichtung bestehen (und Fördergelder sichern) möchte. In den folgenden Abschnitten werden verschiedene Tools der Umweltanalyse vorgestellt.

### Die Chancen-Risiken-Analyse

Organisationen entscheiden vor dem Hintergrund einer unbekannten Zukunft. Deshalb ist jede Entscheidung mit einem Risiko belastet. Im engeren Sinne verbindet man mit dem Wort Risiko einen Schaden, im weiteren Sinne kann man damit einen ungewissen Erfolg („Chance") oder einen Misserfolg („Risiko") bezeichnen. Ökonomisch wird ein *Risiko* definiert als Wahrscheinlichkeit eines Ereignisses mit dem Wert des Ereignisses: das *Ausmaß* eines möglichen Schadens (z. B. gemessen in einem Geldbetrag) ist mit der *Eintrittswahrscheinlichkeit* zu multiplizieren. Das Risiko ist von der *Ungewissheit* zu unterscheiden: ein Risiko (im engeren Sinne) liegt vor, wenn das Schadensausmaß und die mögliche Wahrscheinlichkeit objektiv (wie beim Würfelspiel) oder subjektiv bekannt sind. Abb. 4.5 unterscheidet Risiko im engeren Sinne, von Ungewissheit und Unkenntnis.

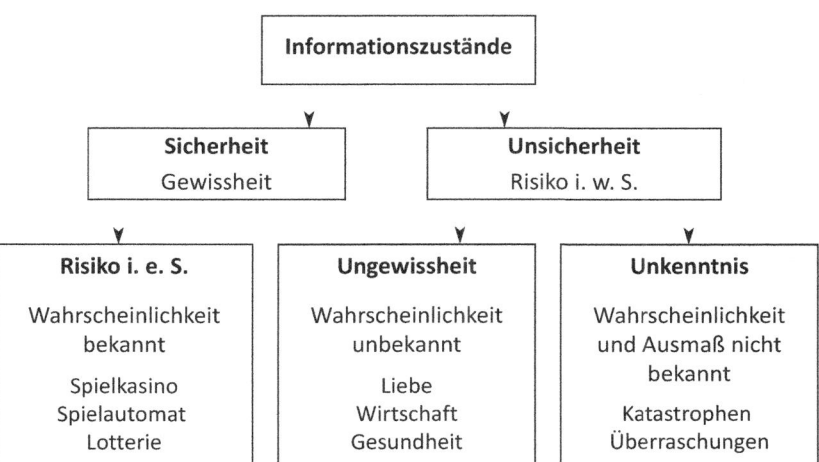

**Abb. 4.5** Informationszustände und Risiko. (Quelle: Kortendieck 2017a, S. 42)

Wahrscheinlichkeitsschätzungen beruhen auf Erfahrungen in der Vergangenheit oder auf empirisch untersuchten Ergebnissen. Problematisch an Trendextrapolationen ist, dass die Vergangenheit sich in der Zukunft nicht wiederholen muss. Wenn von Risiken im weiteren Sinne gesprochen wird, meint man den Zustand der Ungewissheit oder Unkenntnis. Bei der Unkenntnis kennt man das Schadensausmaß, nicht aber die (genaue) Eintrittswahrscheinlichkeit. Viele Aspekte des Lebens sind davon betroffen. Gesundheitliche Ereignisse und Entwicklungen lassen sich schätzen, bleiben jedoch ungewiss. Gleiches gilt für politische wirtschaftliche oder andere Umweltereignisse, wobei in diesen Bereichen oft Unkenntnis vorherrscht, weil weder die Wahrscheinlichkeit noch das Ausmaß bekannt sind. Ein Bergführer wird sich am Morgen der Bergsteigung über die Wind- und Regenwahrscheinlichkeiten informieren. Für diesen Tag sind die Wahrscheinlichkeiten gewiss (was dem Risiko entspricht), bei einer Dreitagesprognose ist die Wahrscheinlichkeit unsicherer. Das entspricht eher der Ungewissheit.

Die erfolgreiche Reduzierung von Komplexität und das Eingehen von Risiken stellen die zentralen Unternehmeraufgaben dar. Folglich sind alle Tätigkeiten im Unternehmen chancen- wie risikobehaftet. Dies gilt für Planung, Steuerung und Informationsbereitstellung. Trotz aller Unterstützung durch mathematische und statistische Modelle bleibt die Zukunft ungewiss. Die Beeinflussung der Organisation durch die Umwelt darf jedoch wegen der Unsicherheit nicht vernachlässigt werden. Nicht nur im Interesse der Organisation, auch im Interesse der StakeholderInnen sollten zukünftige Ereignisse möglichst antizipiert werden. Welche Auswirkungen hat eine Gesetzesänderung auf unser Leistungsangebot? Sollen wir mehr MitarbeiterInnen einstellen und wenn ja, wie viele? Welche Auswirkungen haben die Flüchtlingsströme auf die Flüchtlingshilfe, welche auf den Arbeitsmarkt und welche auf Krankenkassen und die künftige Altersarmut? In der sozialen Arbeit spricht man bei der Zusammenarbeit mit den KlientInnen oft vom „technologischen Defizit", das unterstellt, dass die Ergebnisse der Zusammenarbeit zwischen KlientInnen und SozialarbeiterInnen nicht prognostizierbar und messbar sind. Diese Aussage ist richtig, bezogen auf den einzelnen Fall, aber „falsch" bezogen auf die Gesamtheit der Fälle. Hier sind „Musteraussagen" (vgl. Kortendieck 2017a, S. 21) sehr wohl möglich. „Wahrscheinlich"bedeutet nicht, dass man Gewissheit hat.

Eine Möglichkeit, zukünftige Entwicklungen und Ereignisse, die für die eigene Organisation relevant sind, zu erfassen, ist die Chancen-Risiken-Analyse, die die Eintrittswahrscheinlichkeit von Ereignissen in der Umwelt abschätzt. Chancen und Risiken können externe wie interne Ursachen haben. Tab. 4.6 listet einige Beispiele auf.

## 4.3 Strategische Controllinginstrumente der Umweltanalyse

**Tab. 4.6** Externe und interne Chancen und Risiken

| Externe Chancen/Risiken | Interne Chancen/Risiken |
|---|---|
| • Soziokulturelle Faktoren (demografische Entwicklung, Flüchtlingsbewegung)<br>• Politisch-rechtliche Faktoren (neue Gesetze, Aufkommen extremistischer Ansichten und Regierungen, Bürgerkrieg)<br>• (makro-)ökonomische Faktoren (Wirtschaftskrise, niedrige Zinsen, Öffnung der Märkte)<br>• Technologische Faktoren (Onlineangebote, Digitalisierung der Arbeitswelt) | • Leistungswirtschaftliche Faktoren (Maßnahmenabbrüche, fehlende Auslastung)<br>• Finanzwirtschaftliche Faktoren (Fehlspekulationen, Nichtauslastung hoher Fixkosten)<br>• Management und Organisation (Mitarbeiterfluktuation, falsches Portfolio, „falsche Mitarbeiter", Übergriffe von MitarbeiterInnen, Übergriffe von KlientInnen) |

Quelle: Bachert und Pracht (2014, S. 92)

Die Bewertungen von Chancen und Risiken fragt, wie wahrscheinlich die jeweiligen Ereignisse sind und wie hoch der jeweilige Schaden bzw. Nutzen gewertet wird. Das nachfolgende Beispiel in Tab. 4.7 zeigt eine Chancen-Risiken-Analyse für eine Beratungsstelle für Jugendliche des Vereins Superhelp e. V. Dass die Landesregierung ein umfassendes Förderprogramm für arbeitslose Jugendliche initiiert, wird als Chance mit einem hohen Nutzen und einer hohen Eintrittswahrscheinlichkeit gesehen. Im Gegensatz wäre die Eröffnung einer Familienberatungsstelle durch die Caritas Deutschland im selben Stadtteil ein Risiko, das mit hoher Wahrscheinlichkeit eintritt, aber einen geringen Schaden für Superhelp e. V. bedeutet. Für die Geschäftsführung dient diese Analyse als Grundlage, um in einer Strategieklausur mit dem Vorstand zu überlegen, welche Maßnahmen man setzen kann, diese Chancen optimal zu nutzen bzw. die Risiken abzuschwächen oder aufzufangen. Die Eintrittswahrscheinlichkeit und der Schaden einer 30%igen Kürzung durch die Stadt wird als sehr hoch betrachtet. Der Vorstand möchte Einfluss auf die Stadtregierung nehmen und ihr die Bedeutung und Wirkung der Jugendberatung vermitteln. Gleichzeitig wird eine interne Arbeitsgruppe ins Leben gerufen, die sich verschiedene Angebote für arbeitslose Jugendliche überlegen soll. Da man die Wahrscheinlichkeit für ein spezielles Förderprogramm durch Aussagen der zuständigen PolitikerInnen hoch einschätzt, möchte man schon früh gerüstet sein, um rasch dem Land etwas anbieten zu können.

**Tab. 4.7** Chancen-Risiken-Analyse Superhelp

Chancen-Risiken-Analyse der Beratungsstelle für Jugendliche Superhelp e. V.

| Nutzen/Schaden | | Eintrittswahrscheinlichkeit | |
|---|---|---|---|
| | | Groß | Gering |
| Chance | Groß | Die Landesregierung legt ein umfassendes Förderprogramm für arbeitslose Jugendliche auf | Die EU vergibt für die umfassende Drogenberatung im Rahmen transnationaler Projekte Fördergelder |
| | Gering | Die Stadt regt einen Markt der Möglichkeiten am Rathaus an | Eine Bundestagsabgeordnete (Nationalabgeordnete) macht sich ein Bild von der Effektivität der Beratungseinrichtung und verspricht, sich für eine Gesetzesänderung in ihrer Fraktion einzusetzen |
| Risiko | Groß | Die Stadt kürzt die Mittel für die Jugendberatung um 30 % | Befristet eingestellte MitarbeiterInnen haben nach neuester Rechtsprechung i. d. R. einen Anspruch auf einen festen Arbeitsplatz |
| | Gering | Der Caritasverband eröffnet eine neue Familienberatungsstelle im selben Stadtteil | Die Volkshochschule will BeraterInnen für Jugendliche ausbilden, die dann selbstständig tätig werden |

Quelle: Eigene Darstellung

## Die Kunden- bzw. Stakeholderanalyse

Neben den Chancen und Risiken stellt die Umweltanalyse die Kundenanalyse ins Zentrum ihrer Betrachtung (vgl. Helmig und Boenigk 2013). Sie gibt Aufschluss über die Wünsche und Vorlieben, über Reaktionsweisen und Ausweichmöglichkeiten zu Alternativleistungen. Im Zentrum der meisten Kundenanalysen im Sozialbereich stehen die AdressatInnen. Da im Gegensatz zu Profitunternehmen der Zweck nicht in der Kundenbindung, sondern im genauen Gegenteil liegt (liegen sollte), stellt Kundenzufriedenheit keinen wichtigen Leistungstreiber der Kundenbindung und des ökonomischen Erfolgs dar. Da der Kundenbegriff im Sozialbereich nicht zuletzt durch das „Leistungsdreieck KlientIn – Kostenträger – soziale/r DienstleisterIn" in vielen Fällen als unpassend erscheint, wird die Aufmerksamkeit auf die StakeholderInnen der Einrichtungen gelenkt.

Profiteinrichtungen betrachten ebenfalls verschiedene StakeholderInnen, haben es aber leicht, weil sie die AnteilseignerInnen in den Mittelpunkt stellen und sich an ihren Renditeerwartungen orientieren. Non-Profit-Einrichtungen dagegen operieren in der Regel nicht mit dem Kundenbegriff. Sie wollen aufgrund ihrer Mission einen gesellschaftlichen Bedarf befriedigen und haben es mit vielfältigen, meist schlecht quantifizierbaren und widersprüchlichen Interessen ihrer StakeholderInnen zu tun. In Analogie zur „Shareholder-Value-Maximierung" (AnteilseignerInnen) könnte eine „Stakeholder-Value-Maximierung" das Ziel sein. Das bedeutet, dass bei der Verfolgung der unterschiedlichen Ansprüche kein (wichtiger) Anspruch gänzlich unbefriedigt sein darf (man verstößt nicht gegen wichtige Interessen), bei widersprüchlichen Interessen ein Konsens gefunden wird und die unterschiedlichen Interessen nicht gegeneinander aufgerechnet werden können.

Ausgangsfragen der Stakeholderanalyse sind (vgl. Bono 2010, S. 64 ff.):

- Wer sind unsere StakeholderInnen?
- Welche Interessen haben unsere StakeholderInnen?
- Welche Bedeutung haben die StakeholderInnen für unsere Entscheidungen?
- Wie hoch sind Kooperations- und Kompromissbereitschaft der StakeholderInnen?

Hilfreich ist zunächst eine Ziel-Stakeholder-Matrix, in der getrennt nach verschiedenen StakeholderInnen die Sicht auf das Problem und seine Ursachen aufgelistet und den eigenen Lösungen gegenübergestellt wird. Für jede Lösung muss zumindest eine Kennzahl definiert werden, anhand derer man die Zielerreichung ablesen kann. Tab. 4.8 zeigt diese anhand des Beispiels Jugendzentrum.

Weiterhin sind die Stakeholdergruppen danach zu unterscheiden, welche Nutzenerwartungen sie haben und was sie dafür zu geben bereit sind. Beispielhaft soll das an einer Kita mit vier StakeholderInnen verdeutlicht werden (Tab. 4.9). Die Kommune ist gleichzeitig der Kostenträger. Darüber hinaus wurden die Öffentlichkeit, Vereinsmitglieder, MitarbeiterInnen sowie AnrainerInnen als StakeholderInnen identifiziert, die bei einer detaillierten Betrachtung ebenfalls miteinbezogen werden sollten.

Viele Einrichtungen präferieren bestimmte StakeholderInnen. Das darf nicht zu dem Fehlschluss verführen, dass primär (nur) deren Sachziele zu verfolgen seien. Die Vernachlässigung wichtiger Stakeholderinteressen kann zu Sanktionen führen. Vor allem die Machtpotenziale und die differenzierten Wünsche des Kostenträgers haben im Sozialbereich besondere Relevanz. Andererseits sollten die Stakeholderinteressen nicht überbewertet werden, denn im Austauschprozess ist nach ihrem Beitrag für die Einrichtung zu fragen. Es gilt also, gut abzuwägen, welche StakeholderInnen von zentraler Bedeutung sind und wer sanktionieren kann (vgl. Schneider et al. 2007, S. 111).

**Tab. 4.8** Ziel-StakeholderInnen-Matrix

| StakeholderInnen | Problem(e) | Ursachen | Lösungen (=Ziele) | Kennzahlen |
|---|---|---|---|---|
| KlientInnen: Jugendliche im Alter von 10–18 Jahren | Jugendliche haben keinen Ort, an dem sie sich ohne Konsumzwang treffen können | Keine überdachten und konsumfreien Freizeitbereiche | Niederschwellige Anlaufstelle, Bereitstellung von Räumen | Statistik: Besuche Jugendzentrum |
| Angehörige: Eltern | Eltern haben Angst um die Sicherheit ihrer Kinder und möchten nicht, dass die Kinder in schlechte Gesellschaft geraten. Eltern haben Sorge, dass Kinder sich allein überlassen werden | Erhöhte Kriminalität im Stadtteil, verstärkte mediale Berichterstattung über Missbrauchsfälle | Niederschwellige Betreuung und Angebot an Ansprechpersonen für Jugendliche und Eltern | Statistik: Beratungsgespräche nach verschiedenen Stakeholdergruppen |
| Kostenträger: Stadt | Stadt sorgt sich über negative Berichterstattung in den Medien und um das Sicherheitsbedürfnis der BewohnerInnen | Vermehrt Konflikte im öffentlichen Raum. Erhöhte Kriminalität bei Jugendlichen | Laufender Kontakt zu AnrainerInnen | Statistik: Besuche und Treffen mit AnrainerInnen |
| Träger: Verein Jugendzentren | Jugendliche haben zu wenige Freiräume, um sich zu entwickeln und mit anderen Jugendlichen ihre Freizeit zu verbringen | Dichte Verbauung und Wegfall von Gemeinschaftsräumen in Wohnhausanlagen | Ort, an dem Jugendliche ihre Freizeit verbringen können | Anzahl der Jugendzentren |

Quelle: Eigene Darstellung

## 4.3 Strategische Controllinginstrumente der Umweltanalyse

**Tab. 4.9** Nutzen und Beiträge verschiedener StakeholderInnen einer Kita

| | Nutzenerwartungen der StakeholderInnen | Beiträge der StakeholderInnen |
|---|---|---|
| Kinder | • Gemeinschaft<br>• Freunde finden<br>• Spielsachen<br>• Unternehmungen<br>• Geborgenheit | • Mitarbeit<br>• Beiträge zum sozialen Miteinander<br>• Ideen |
| Eltern | • Entwicklung des Kindes<br>• Vorbereitung auf Schule<br>• Unterbringung<br>• Gemeinschaft anderer Kinder<br>• Niedrige Beiträge | • Regelmäßiger Austausch mit den ErzieherInnen<br>• Ehrenamtliche Mitarbeit (z. B. Gestaltung)<br>• Finanzieller Beitrag<br>• Beiträge zum sozialen Miteinander |
| Kommune (Kostenträger) | • Erfüllung des Anspruchs auf Kitaplatz<br>• Geringer Zuschussbedarf<br>• Aushängeschild der Kommune<br>• Besseres Miteinander durch Integration | • Finanzielle Unterstützung<br>• Politische Unterstützung<br>• Werbung für die Kita |
| Verein | • Erfüllung des eigenen sozialen/humanitären/religiösen Auftrags (Mission)<br>• Rekrutierung von MitgliederInnen<br>• Aushängeschild<br>• Profilierung als sozialer Dienstleister<br>• Niedriger Zuschussbedarf | • Finanzielle Unterstützung<br>• Personelle Führung und Unterstützung<br>• Instandhaltung und Verbesserung der Infrastruktur |

Quelle: Eigene Darstellung

Tab. 4.10 zeigt verschiedene Handlungsoptionen je nach Bedeutung der StakeholderInnen:

- **Minimal betreuen.** Sind die Macht und das Interesse am Unternehmen gering, reicht eine Betreuung auf Mindestniveau. So ist etwa das Interesse der Öffentlichkeit an einer Kita anders einzustufen als an einer Drogenberatungsstelle.

**Tab. 4.10** Die Bedeutung der StakeholderInnen

|  |  | Ausmaß des Interesses am Unternehmen | |
|---|---|---|---|
|  |  | Gering | Hoch |
| Ausmaß der Macht | Hoch | **Zufriedenstellen** | „**Key Players**" |
|  | Gering | **Minimal betreuen** | **Informieren** |

Quelle: Lombriser und Abplanalp (2015, S. 100)

- **Zufriedenstellen.** Anders sollte mit StakeholderInnen umgegangen werden, die ein hohes Interesse an Leistung, Qualität und Ergebnissen haben, deren Einfluss jedoch gering ist (etwa Angehörige). In diesen Fällen gilt es, die Zufriedenheit im Blick zu haben.
- **Informieren.** Ist die Macht groß, das Interesse gering (z. B. Kostenträger), sollten die Bedürfnisse dieser StakeholderInnen befriedigt werden (reibungsloser Ablauf, keine Beschwerden).
- **Key Players** sind StakeholderInnen, die ein massives Interesse an den Einrichtungszielen und eine hohe Durchsetzungsmacht haben (vor allem Kostenträger, MitgliederInnen, KlientInnen).

## Die Markt- und Branchenanalyse

Im Sozialbereich gibt es hinsichtlich des Wettbewerbsdrucks sehr unterschiedliche Handlungsfelder. Dort, wo es Leistungsverträge und Ausschreibungen seitens der Kostenträger gibt, herrscht heftiger Wettbewerb. Hier ist die Auseinandersetzung mit der Dynamik der Branche für soziale Einrichtungen von besonders großer Relevanz. Die Analyse der Wettbewerbskräfte hilft dabei, die Marktsituation realistisch abzuschätzen (vgl. Baum et al. 2013, S. 84). Die Markt- und Branchenanalyse untersucht die Wettbewerbskräfte, die sich durch die Konkurrenz mit anderen AnbieterInnen im eigenen Wettbewerbsfeld und mit potenziellen oder substitutiven AnbieterInnen ergeben. Wettbewerbsdruck üben zudem die KundInnen (KlientInnen, Kostenträger) und die LieferantInnen (MitarbeiterInnen, GeldgeberInnen, AbsatzmittlerInnen) aus. Die Einbeziehung der potenziellen und der substitutiven Konkurrenz sorgt dafür, dass selbst MonopolistInnen keine wettbewerbsunabhängigen Entscheidungen treffen können (vgl. Kortendieck 2017a, S. 75 ff.). Abb. 4.6 zeigt die Wettbewerbskräfte.

## 4.3 Strategische Controllinginstrumente der Umweltanalyse

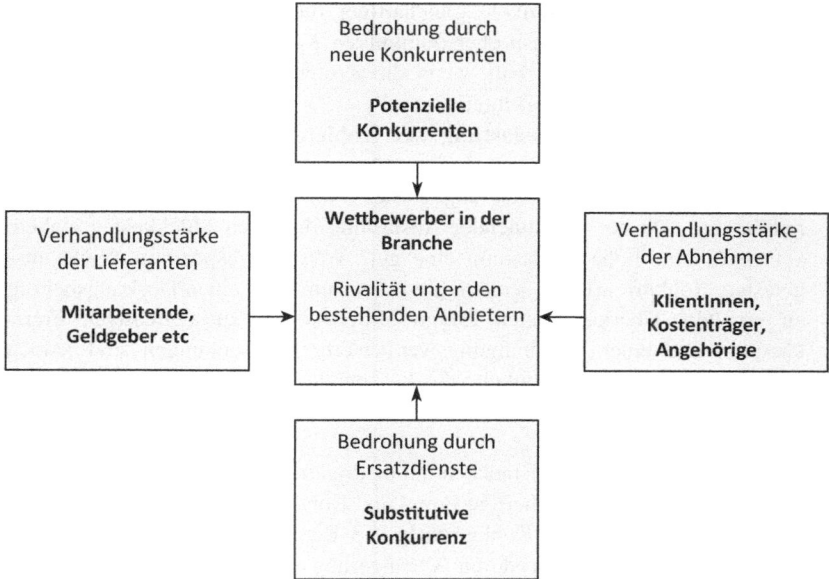

**Abb. 4.6** Analyse der Wettbewerbskräfte. (Quelle: Porter 2002, S. 34 ff.)

Der *Einfluss aktueller WettbewerberInnen* hängt von der Intensität der Konkurrenz, dem Vorhandensein vergleichbarer Leistungen, dem Druck zur Kapazitätsauslastung und dem Wachstum der Branche ab.

- **Konkurrenzintensität:** Die Konkurrenzintensität in den verschiedenen Handlungsfeldern des Sozialmarkts hängt maßgeblich von der Art der Finanzierung und der Förderpolitik der Kostenträger ab. Die vermehrte Ausschreibung von Leistungsverträgen und Öffnung von Märkten verschärft seit den 1990ern Konkurrenz zwischen verschiedenen Einrichtungen. In Deutschland sind die Wohlfahrtsverbände eher zu einer friedlichen Koexistenz bereit. Im Bereich des Sozialgesetzbuches (SGB) II und III ist dagegen die Konkurrenzintensität sehr hoch. Viele Anbieter aus dem gesamten Bundesgebiet konkurrieren aufgrund der zentralen Ausschreibungen miteinander. Preisabsprachen sind nicht möglich. Ähnlich gibt es in Österreich im arbeitsmarktpolitischen Kontext einen sehr hohen Wettbewerb um Gelder des „Arbeitsmarktservice (AMS)". In vielen Handlungsfeldern können die großen Wohlfahrtsträger gut nebeneinander bestehen, obwohl hier ebenso eine Tendenz zu mehr Wettbewerb (über Qualität und Preis) festzustellen ist.

- **Vergleichbare Leistungen:** Je gleichartiger die Leistungen zwischen den KonkurrentInnen sind, umso eher dominieren Kostenunterschiede und damit Preiskämpfe. Dies ist der Fall, wenn die Kostenträger Leistungsprogramme sowie Qualitätskriterien vorschreiben.
- **Druck zur Kapazitätsauslastung der AnbieterInnen:** Je höher die Fixkosten in einer Branche sind, umso mehr sind die Einrichtungen auf eine Auslastung ihrer Kapazitäten angewiesen (vor allem bei stationären Einrichtungen). Da bei zunehmender Auslastung die fixen Stückkosten sinken, verschafft eine hohe Auslastung eine gute Wettbewerbsposition. Nicht ausgelastete KonkurrentInnen senken ihre Preise, um noch einen Deckungsbeitrag zu erhalten. Überkapazitäten führen üblicherweise zu aggressiven Preiskämpfen und einem Verdrängungswettbewerb. Preissenkungen sind jedoch in vielen Fällen nicht möglich, da die sozialen Einrichtungen diese meist nicht selbst steuern können. In einer solchen Situation ist allein die Qualität veränderbar.
- **Wachstum der Branche:** Branchen mit niedrigem oder negativem Wachstum – reife Märkte – sind durch heftige Preis- und Konditionenwettbewerbe gekennzeichnet. Erweitert ein/e KonkurrentIn die Kapazitäten in diesem Bereich, kann der Marktanteil nur durch Verringerung des Marktanteils von KonkurrentInnen ausgedehnt werden. Entsprechend heftig werden Reaktionen der KonkurrentInnen ausfallen. Wächst dagegen die Branche, kann eine Expansion friedlich verlaufen. In Österreich wurden im Zuge des Zustroms an Flüchtlingen im Jahr 2015 und 2016 viele Kapazitäten aufgebaut, die im Zuge der Wende der österreichischen Flüchtlingspolitik seit 2017 nicht mehr benötigt oder zwar benötigt, aber nicht mehr finanziert werden. Dieser Teil des Sozialmarkts schrumpft kontinuierlich. Die sozialen Einrichtungen werden – um eigene Projekte und MitarbeiterInnen halten zu können – versuchen, die Kosten zu senken, um sich Vorteile gegenüber anderen Einrichtungen zu verschaffen. Die Spielräume sind aufgrund der Dominanz der Personalkosten, die durch die Tarifverträge/Kollektivverträge geregelt sind, jedoch gering.

Gibt es einen *Einfluss substitutiver Leistungen?* Marktkräfte herrschen immer, wenn Märkte (durch staatliche Maßnahmen) nicht geschützt werden. Die KundInnen „stimmen mit den Füßen ab"[2] und nehmen andere, ähnliche Leistungen

---

[2]KlientInnen haben in Deutschland Wunsch- und Wahlrecht gemäß § 5 SGB VIII, § 9 SGB IX und § 9 SGB XII.

## 4.3 Strategische Controllinginstrumente der Umweltanalyse

wahr. Manchmal gibt es auch Optionen, eine Leistung selbst oder innerhalb der Familie zu übernehmen. Bestehen z. B. auf einem regionalen Pflegemarkt Preisabsprachen und damit erhöhte Entgelte für Pflegeleistungen, weichen Angehörige diesen durch Eigenübernahme der Pflegeleistungen aus. In den letzten Jahren haben sich nicht zuletzt aus Kostengründen viele Familien in Deutschland und Österreich dazu entschlossen, die qualitativ besseren Angebote etablierter Sozialeinrichtungen im ambulanten Bereich durch „24-Stunden-Kräfte" aus verschiedenen Ländern Osteuropas zu ersetzen. Für die meisten Familien ist die ständige Präsenz der Pflegekräfte das entscheidende Argument. Dass diese Leistung nicht mehr von einer etablierten Einrichtung erbracht wird, stört sie nicht. Umstellungskosten fallen in der Regel keine an.

KundInnen (KlientInnen) wechseln zu anderen AnbieterInnen (Substitutionsbereitschaft), wenn

- die Konkurrenz bei gleicher Funktion ein besseres Preis-Leistungs-Verhältnis bietet,
- zum bestehenden Anbieter keine Käuferloyalität/Markentreue besteht,
- die Umstellungskosten für die bisherigen KundInnen gering sind bzw.
- die Substitutionsneigung der KundInnen prinzipiell gegeben ist.

Der *Einfluss potenzieller MitbewerberInnen* ist auch in der Sozialwirtschaft relevant. Neue WettbewerberInnen vergrößern die Kapazitäten im Markt, versuchen durch günstigere Preise oder bessere Lösungen Marktanteile zu gewinnen, sodass der Marktanteil der bisherigen AnbieterInnen geschmälert wird. Potenzielle WettbewerberInnen treten in den Markt, wenn

- geringe Eintrittsbarrieren und hohe Gewinnaussichten bestehen,
- die Intensität der zu erwartenden Reaktionen der bisherigen AnbieterInnen gering ist,
- es sich um leicht imitierbare Leistungen handelt,
- die Höhe des zu investierenden Kapitals beim Markteintritt eher gering ist und
- die Bedeutung von Größenvorteilen keine Rolle spielt („Economies of Scale": Große Einrichtungen können häufig günstigere Stück- oder Fallkosten anbieten).

Die Marktgegenseite, also „AbnehmerInnen" (KlientInnen oder Kostenträger), hat großen Einfluss auf den Wettbewerb und die herrschenden Wettbewerbskräfte. Ihre Vorlieben, Einstellungen und Kooperationsbereitschaft entscheiden darüber, ob eine Einrichtung Erfolg hat oder nicht. In der Regel treten die KlientInnen als nicht zahlende AdressatInnen den LeistungsanbieterInnen scheinbar machtlos gegenüber. Stattdessen besitzen die Kostenträger durch die Nachfragemacht zum Teil eine Monopolstellung. Die sozialen Einrichtungen sind angewiesen auf die Finanzmittel und die Zahlungsbereitschaft der öffentlichen Hand, die ihrerseits von den Steuereinnahmen abhängt. Sinkende Steuereinnahmen führen zu einer eingeschränkten Nachfrage der FördergeberInnen, nicht ausgelasteten Kapazitäten und schärferem Wettbewerb. Dort, wo KlientInnen statt Sachleistungen einen Anspruch auf Geldleistungen haben (z. B. Menschen mit Behinderung), können sie ihre Marktmacht direkt einsetzen.

Die Kundenstärke steigt mit

- der Möglichkeit des Ausweichens auf andere AnbieterInnen (Wunsch- und Wahlrecht),
- der Marktstellung des Kostenträgers (Nachfragemonopol der Kostenträger),
- geringen Kosten eines Anbieterwechsels,
- Möglichkeit zur Selbstfertigung der Leistung durch die KundInnen.

Die „LieferantInnen" (im Sozialbereich MitarbeiterInnen, Ehrenamtliche, SubanbieterInnen, externe DienstleisterInnen) beeinflussen den Wettbewerb im Markt durch ihr Interesse an Zusammenarbeit, ihre Macht und ihre Kapazitäten (z. B. bei ehrenamtlichen MitarbeiterInnen). Je knapper die bereitgestellten Ressourcen sind, desto teurer werden sie und umso schärfer wird der Wettbewerb um diese begrenzten Ressourcen werden:

- **Angebotsmacht der LieferantInnen:** Je außerordentlicher eine Ressource ist, um so größere Macht hat sie (besonderes Vertrauensverhältnis zwischen MitarbeiterIn und KlientIn).
- **Bedeutung der gelieferten Leistung:** Ist die gelieferte Leistung einzigartig, kann die LieferantIn die Einzigartigkeit ausnutzen und die Leistung in Zukunft selbst anbieten. So können ZuliefererInnen oder SubauftragnehmerInnen direkt mit dem Kostenträger zusammenarbeiten.

Zusammenfassend muss man sich darüber im Klaren sein, dass jede eigene Aktion die Handlungsmöglichkeiten der MitkonkurrentInnen verändert. Solange das Marktvolumen, also die Nachfrage nach einer bestimmten Leistung, steigt, bleiben eigene Aktionen eher unbeantwortet. Dehnt man den eigenen Marktanteil durch neue Lösungen oder verbesserte Leistungen aus, muss bei sinkender Marktnachfrage mit aggressivem Verhalten der WettbewerberInnen gerechnet werden.

## 4.4 Strategische Instrumente der Unternehmens- und Geschäftsfeldebene

Im Bereich der Analyse der Unternehmens- und Geschäftsfeldebene bieten sich im Sozialbereich verschiedene Instrumente an, wie die Zusammenführung der Stärken-Schwächen-Analyse mit der Chancen-Risiken-Analyse (SWOT-Analyse) oder ähnlich aufgebaute Portfolioanalysen.

### Die SWOT-Analyse auf Geschäftsstellenebene

Die SWOT-Analyse kombiniert die innen orientierte Stärken-Schwächen-Analyse mit der außenorientierten Chancen-Risiken-Analyse. Die Stärken treffen wie die Schwächen auf Chancen und Risiken. SWOT ist ein englisches Akronym aus den Anfangsbuchstaben der vier Bereiche, die bei dieser Analyse untersucht werden und bedeutet:

- **S**trengths (=Stärken).
- **W**eaknesses (=Schwäche).
- **O**pportunities (=Chancen).
- **T**hreats (=Risiken).

Die Stärken und Schwächen einer Organisation zu untersuchen, ist eine wichtige Basis für verschiedene strategische Entscheidungen des Managements. Die relativ einfache Zusammenstellung der Informationen und die konkrete Anwendbarkeit für viele Bereiche in der Praxis (für Menschen, die keinen Managementhintergrund haben) machen das Tool sehr beliebt. Wichtig ist, dass die Analyse nicht mit dem Zusammenstellen der Stärken, Schwächen, Chancen und Risiken (Gefahren) endet, sondern eine erste strategische Richtungsentscheidung – durch die sogenannten SWOT-Normstrategien aus der Kombination zweier Aspekte – bestimmt:

- **SO – Stärken/Chancen-Strategie** (=Ausbauen).
- **WO – Schwächen/Chancen-Strategie** (=Absichern).
- **ST – Stärken/Schwächen-Strategie** (=Aufholen).
- **WT – Schwächen/Risiken-Strategie** (=Ausweichen).

Tab. 4.11 zeigt die SWOT-Analyse einer Hausgemeinschaft für körperlich behinderte Menschen (vgl. Sander und Bauer 2011, S. 118). Zehn Menschen mit einer körperlichen Behinderung leben in einer Hausgemeinschaft (Einzelwohnungen und Wohngemeinschaften) einer Stiftung. Alle BewohnerInnen gehen einer externen Beschäftigung nach und werden nachmittags betreut. Die restliche Zeit wird durch telefonischen Bereitschaftsdienst abgedeckt. Der Stiftungsrat leitet einen Strategieprozess ein mit dem Ziel, die Angebote für die Hausgemeinschaft zu überprüfen und neu anzupassen. Die SWOT-Analyse zeigt verschiedene strategische Optionen.

**Tab. 4.11** SWOT-Analyse einer Hausgemeinschaft für Menschen mit Behinderung

| | Ergebnisse der Umweltanalyse | |
|---|---|---|
| **Ergebnisse der Organisationsanalyse** | **Chancen**<br>• Wachsende Nachfrage nach Wohnformen für Menschen mit Behinderung mit hohem Selbstständigkeitsgrad<br>• Wenig Konkurrenzangebote | **Risiken**<br>• Unklare Finanzierung für teilzeitbetreute Wohnformen<br>• Unsichere Subventionslage (neuer Finanzierungsausgleich) |
| **Stärken**<br>• Innovativer Stiftungsrat<br>• Eigenkapital der Stiftung<br>• Gute lokale Verankerung der Stiftung<br>• Professionelles Team<br>• Guter Standort<br>• Gute Infrastruktur | **Stärken/ Chancen-Strategien**<br>• Wohnangebot ausbauen und differenzieren | **Stärken/ Gefahren-Strategien**<br>• Fundraising (Spenden) verstärken<br>• Öffentlichkeitsarbeit intensivieren<br>• Zusammenarbeit mit Partnerorganisationen für Lobbying (neuer Finanzausgleich) |
| **Schwächen**<br>• Kleines KlientInnensegment<br>• Keine Tagesstruktur<br>• Fehlende Anschlussmöglichkeiten für Menschen mit Behinderung mit gewachsenem Selbstständigkeitsgrad | **Schwächen/ Chancen-Strategien**<br>• Anschlussmöglichkeiten ausbauen, d. h. minimal betreute Satellitenwohnungen in der Stadt eröffnen | **Schwächen/ Gefahren-Strategien**<br>• Auswahlkriterien für Aufnahme von BewohnerInnen überprüfen |

Quelle: Sander und Bauer (2011, S. 118)

Die Probleme der SWOT-Analyse bestehen darin, dass zu sehr auf Ressourcen und Risiken, aber zu wenig auf das Eigentliche einer Non-Profit-Organisation gesetzt wird. Das liegt in der langfristigen Zielerreichung der Mission und der Umsetzung des Leitbildes, die so nicht in die SWOT-Analyse einfließen. Eine solche Gesamtschau ist deshalb erst auf Unternehmensebene möglich.

## Die Portfolioanalyse auf Unternehmensebene: die Produkt-Markt-Analyse

Manche Organisationen im sozialen Sektor bieten in unterschiedlichen Handlungs- bzw. Geschäftsfeldern eine Reihe von Dienstleistungen an, während andere sich auf ein Geschäftsfeld bzw. eine Dienstleistung konzentrieren. Für das Management der Organisation gilt es, die verschiedenen eigenen Angebote zu vergleichen und jene zu fördern, die Erfolg versprechend sind, bzw. jene zu eliminieren oder auslaufen zu lassen, die nicht rentabel oder sinnvoll sind. Die Frage, was in Zukunft weiter angeboten wird, hängt oftmals an dem Umstand, was vom Kostenträger finanziert wird und weniger an Fragen der Effektivität, der Wirkung oder gar dem betriebswirtschaftlichen Erfolg. Die Analyse trägt dazu bei, eine *aktive* Strategie zu entwickeln und weniger *reaktiv* auf den Kostenträger zu agieren. Die *Produkt-Markt-Analyse* untersucht die strategischen Erfolgsfaktoren der einzelnen Projekte oder Dienstleistungen in ihrem Markt. Eine Dienstleistung ist umso erfolgversprechender, je größer die Marktnachfrage und das Marktwachstum sind. Das nachfolgende *Beispiel* soll den Sinn der Portfolioanalyse verdeutlichen.

Die Sozialpädagogin Frau Müller bietet in ihrem Sozialunternehmen therapeutisches Reiten für Kinder mit Mehrfachbehinderungen an. Sie ist sehr erfolgreich, da die Marktnachfrage zurzeit dieses Produkt wertschätzt. Ändert sich die Nachfrage oder ändern sich die gesetzlichen und finanziellen Rahmenbedingungen, kann dies zu existenzbedrohenden Umsatzrückgängen führen. Deshalb überlegt Frau Müller, ihr Portfolio zu erweitern, um das Risiko so zu streuen und nicht mehr von einem Geschäftsfeld abhängig zu sein. Sie hat einige Ideen, um ihr Angebot zu erweitern, die sich auf den bestehenden Markt (Coachinggruppe für Eltern von Kindern mit Mehrfachbehinderungen) oder auf einen neuen Markt beziehen (therapeutisches Reiten für Erwachsene zur Burn-out-Prävention). Eine Portfolioanalyse hilft, die verschiedenen Alternativen zu bewerten und miteinander zu vergleichen.

Die Zusammensetzung der einzelnen Geschäftsfelder zu einem Unternehmensportfolio gibt ein bewertendes Gesamtbild einer Einrichtung und ihrer strategischen Aktivitäten wieder. Ursprünglich verstand man unter einem Portfolio einen Bestand an Wertpapieren mit unterschiedlichem Ertrag und Risiko. Papiere mit hohem Ertrag waren meist mit hohem Risiko behaftet, Papiere mit niedrigem Ertrag entsprechend sicherer. Dieser Gedanke – Risiko und Erfolgschance – wird auf alle Geschäftsfelder und Leistungen der Unternehmung übertragen. Die Portfoliotechnik, die von der Boston Consulting Group (BCG) entwickelt wurde, dient der gezielten Produktpolitik. Sie vergleicht zwei Variablen, was die Analyse deutlich vereinfacht. In einem Wechselspiel von internen Faktoren, die die Einrichtung selbst beeinflussen kann und sich im relativen „Marktanteil" bündeln, und externen, von der Einrichtung nicht beeinflussbaren Faktoren, die das „Marktwachstum" widerspiegeln, veranschaulicht ein zweidimensionales Schema, welche Produkte wie im Markt positioniert sind und wie sie sich entwickeln sollen (Müller-Stewens und Lechner 2016, S. 290).

Stellt man die externe und die interne Perspektive in einer Matrix gegenüber, erhält man im einfachen Fall vier Kombinationsmöglichkeiten (siehe Abb. 4.7):

- die „Stars", die gefördert werden sollen,
- die „Melkkühe", die gehalten werden sollen,
- die „Fragezeichen", die man noch besonders beobachten muss sowie
- die „Poor Dogs", also die armen Hunde, die man besser nicht fördern sollte.

In der sozialen Arbeit mit ihren verschiedenen Handlungsfeldern ist es nicht einfach, an konkrete Zahlen zum Wachstum des Handlungsfeldes zu kommen. In der Regel werden diesen Zahlen nicht in offiziellen Statistiken geführt und lassen

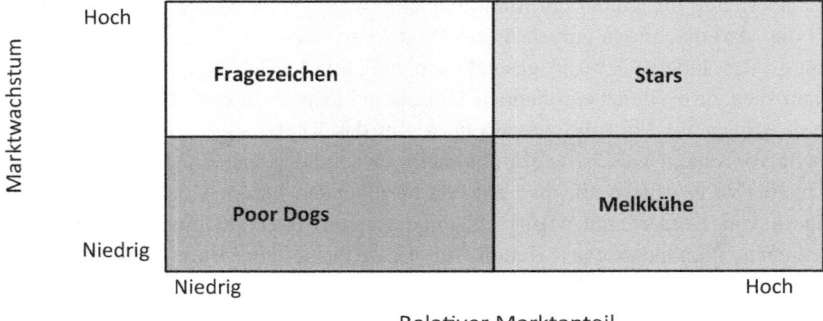

**Abb. 4.7** Das BCG-Portfolio. (Quelle: Kortendieck 2017a, S. 107)

## 4.4 Strategische Instrumente der Unternehmens- und Geschäftsfeldebene

sich nur durch eine Sammlung aus verschiedenen Datenquellen unterschiedlicher Kostenträger, Kommunen oder Ministerien berechnen. Vereinfacht könnte man nur über andere Kennzahlen eine Aussage treffen. So wäre z. B. die Anzahl der gestellten Asylanträge ein Indikator für das Wachstum des „Marktes Betreuung von Asylbewerbern" oder die Altersstatistik und die Pflege(geld)statistik ein Indikator für den „Markt der Pflegeeinrichtungen". Der Vorteil der BCG-Matrix ist ihre Einfachheit. In der Praxis der sozialen Einrichtungen ist es weniger relevant, die exakten Zahlen zum Marktwachstum oder zum relativen Marktanteil im Vergleich zur größten sozialen Einrichtung in diesem Feld auf zwei Nachkommastellen zu kennen, als überhaupt eine Einschätzung zum Wachstum bzw. zur Position im Verhältnis zur MitbewerberIn zu treffen.

Wie sieht nun das neue Portfolio von Frau Müller aus? Sie hatte sich im letzten Jahr dazu entschlossen, ihr Angebot um zwei weitere Dienstleistungen zu erweitern. Für Erwachsene bietet sie tiergestützte Therapie zur Burn-out-Prävention an. Daneben hat sie für Eltern von Kindern mit Mehrfachbehinderungen eine Coachinggruppe im Angebot. Die Zahlen bei den neuen Produkten liegen hinter ihren Erwartungen. Sie überlegt, ob sie diese Angebote eliminieren soll. Sie ordnet ihre drei Angebote in einer BCG-Matrix (siehe Abb. 4.8).

Das Angebot der tiergestützten Therapie für Kinder entwickelt sich nach wie vor hervorragend. Das Marktwachstum und die dazugehörige Nachfrage sind sehr hoch. Frau Müller hat sich auch einen ausgezeichneten Ruf in ihrer Region

| Marktwachstum | | Fragezeichen | Stars |
|---|---|---|---|
| | Hoch | Tiergestützte Therapie für Erwachsene mit Burn-out | Tiergestützte Therapie für Kinder mit Mehrfachbehinderung. |
| | Niedrig | **Poor Dogs** Coachinggruppe Eltern von Kindern mit Mehrfachbehinderung | **Melkkühe** |
| | | Niedrig | Hoch |
| | | Relativer Marktanteil | |

**Abb. 4.8** Das Portfolio von Frau Müller. (Quelle: Eigene Darstellung)

erarbeitet, was für viele Empfehlungen sorgt. Das Angebot soll weiterhin im Zentrum stehen. Bei den Erwachsenen hat sich das Angebot nicht ganz so entwickelt wie erhofft. Zwar gibt es viele Berichte zum Anstieg von Burn-out-Fällen und auch eine Befragung von Führungskräften durch eine renommierte Wirtschaftszeitung zeigt das hohe Potenzial. Da sowohl ein anderes Psychosoziales Zentrum wie auch drei PsychotherapeutInnen das Angebot aufgenommen haben, ist ihr Marktanteil nach wie vor bescheiden. Sie glaubt, dass ihr guter Ruf in der Arbeit mit Kindern die Empfehlungen für Erwachsene ankurbeln wird und möchte das Angebot somit im Portfolio belassen. Die Coachinggruppe ist weit unter den Erwartungen. Aufgrund von Gesprächen mit SozialarbeiterInnen, ÄrztInnen und Eltern ist sie nicht mehr sicher, ob es dafür einen großen Markt gibt. Außerdem gibt es ein vergleichbares, kostenloses Angebot in einem Nachbarschaftszentrum, das von Eltern gerne angenommen wird. Frau Müller entschließt sich, die Coachinggruppe zum Jahresende einzustellen.

Wie aus dem obigen Beispiel deutlich wird, ergeben sich durch die Positionierung der Geschäftsfeldererste Strategieempfehlungen. Alle Geschäftsfelder bzw. Leistungen unterliegen einem Lebenszyklus, der in der notwendigen Eliminierung oder dem Verbleib als bedeutungsloses Nischenprodukt endet. Für soziale Einrichtungen ist es interessant, den Lebenszyklus in der Phase des Fragezeichenstadiums zu beschleunigen, in der Star- und Cash-Phase möglichst auszudehnen. Aus der Einteilung der Produkte resultiert eine Reihe von Normstrategien.

Die *Stars* haben hohe Wachstumsraten bei hohem Marktanteil:

- Erzielte Einnahmeüberschüsse (Cashflow) werden in diese Leistungen investiert.
- Hoher Gewinn wird durch Investitionen abgeschöpft (reduziert), um im Marktwachstum mithalten zu können und die eigene Wettbewerbsposition zu verbessern. Das bewirkt einen niedrigeren Cashflow.
- Fördern und Absichern durch Investitionen und Vertriebsanstrengungen.

Beispiel: Frau Müller könnte 2019 durch eine weitere Ausbildung die eigene Position absichern. Die Kosten der Ausbildung belaufen sich auf 12.000 €. Das schöpft einen Teil des Überschusses des laufenden Jahres aus diesem Angebot ab.

Die *Melkkühe ("Cash-Cows")* zeigen niedrige Wachstumsraten bei hohem Marktanteil:

- Reifes Produkt mit erheblichen Einnahmeüberschüssen, dadurch entsteht ein hoher Cashflow. Vergangene Investitionen müssen sich jetzt amortisieren.

## 4.4 Strategische Instrumente der Unternehmens- und Geschäftsfeldebene

- Keine Erweiterungsinvestitionen mehr, sondern nur noch Rationalisierungsinvestitionen tätigen. Neue Investitionen würden keine ausreichenden Einnahmeüberschüsse mehr erzielen und dadurch das Gesamtergebnis verschlechtern.
- Abschöpfen, um Finanzmittel für den Aufbau neuer Nachwuchsprodukte zu erhalten. Ohne Überschüsse aus Cash-Cows gäbe es keine Finanzmittel für Innovationen!

Beispiel: Nachdem Frau Müller die Ausbildung in den USA absolviert und viel in Marketing und PR investiert hat, merkt sie 2021, dass ein weiteres Wachstum nicht mehr möglich ist. Sie möchte weiterhin ihre Leistung anbieten und Überschüsse in die Entwicklung einer Therapie investieren, die sich vermehrt digitaler Komponenten bedient.

Die *Fragezeichen* mit hohen Wachstumsraten bei niedrigem Marktanteil:

- Es besteht Unsicherheit über die weitere Entwicklung. Das ist typisch für Innovationen und neue Leistungen in einem stark wachsenden Markt. Wird sich die Leistung behaupten oder geht sie im Wettbewerb unter?
- Ziel ist der Ausbau dieses Geschäftsfeldes zum Star-Produkt. Wird das Ziel nicht erreicht, muss dieser Bereich reduziert werden. Desinvestieren ist dann die richtige Strategie.
- Zunächst: investieren und ausbauen (sogenannte Marktdurchdringung).

Beispiel: Nachdem die ersten beiden Jahre (2018 und 2019) sich das Angebot der tiergestützten Therapie für Erwachsene zur Burn-out-Prävention nicht zu ihrer Zufriedenheit entwickelt hatte, möchte Frau Müller mit einer Veranstaltungsreihe für Betriebe und einem Firmenangebot einen größeren Marktanteil erreichen. Sie ist 2020 bereit, dafür ein Marketingbudget von 30.000 € einzusetzen. Sollte es 2020 und 2021 keinen Umsatzanstieg geben, wird sie dieses Produkt nicht weiter anbieten.

Die *Armen Hunde* mit einem niedrigen/negativen Marktwachstum und einem relativ niedrigen Marktanteil:

- Produkte am Ende des Lebenszyklus mit einer Marktsättigung oder einem Niedergang.
- Als Nischenleistung können diese Produkte überleben oder werden eliminiert.
- Personal aus diesem Bereich abziehen.
- Weitere (zusätzliche) Finanzmittel in diesem Bereich wären Ressourcenverschwendung.

Beispiel: Da ein weiteres Nachbarschaftszentrum eine Coachinggruppe für Eltern mit Kindern mit Mehrfachbehinderung anbietet, ist die Auslastung der laufenden Gruppen im Jahr 2018 sehr schwach. Frau Müller entscheidet sich gegen eine weitere Investition und nimmt das Angebot sofort aus ihrem Programm.

Die einzelnen Normstrategien haben auch Gefahrenpotenzial! Hat man viele Nachwuchsprodukte und wenige „Cash-Cows", kann es zu einem „Tod mangels Liquidität" kommen, weil man ständig in die Fragezeichen investiert. Überwiegen die Melkkühe (und damit einhergehend ein zu geringes Innovationspotenzial!) droht der „Tod mangels Ertrag". Zusammenfassend weist das BCG-Portfolio eine Reihe von Vor- wie Nachteilen auf, die man mit der Brille einer Non-Profit-Organisation beleuchten muss, die soziale Dienstleistungen anbietet.

*Vorteile des BCG-Portfolios*

- einfaches, anschauliches Analyseinstrument;
- fördert strategisches und vernetztes Denken;
- unterstützt die Programmpolitik durch leicht nachvollziehbare Argumente.

*Nachteile des BCG-Portfolios*

- Einfachheit der Analyse kann zu einer naiven Übertragung führen;
- Positionierung ist keineswegs so eindeutig, wie es das Instrument nahelegt;
- in der Praxis tendieren die Einrichtungen zur Mitte (also weder Star, Fragezeichen noch Melkkuh) – welche Politik soll man dann verfolgen?
- Marktwachstum und relativer Marktanteil sind nicht die einzigen Erfolgsfaktoren, vor allem für soziale Einrichtungen;
- Marktwachstum ist kein eindeutiger Indikator, da ein kurzzeitiger Nachfragerückgang noch keine Reifephase einläuten muss. Der Marktrückgang kann auf eine Unterfinanzierung durch die öffentliche Hand hindeuten, während der tatsächliche Bedarf weiterhin hoch ist;
- der relative Marktanteil ist nicht leicht zu bestimmen, wenn man die Zahlen der Konkurrenz nicht kennt. Darüber hinaus ist der Marktanteil oftmals von der Politik des Kostenträgers abhängig und weniger ein eigener Erfolg.

Das BCG-Portfolio hat im Verlauf seiner Entwicklungen zahlreiche Modifikationen erfahren. Kritisiert wurde, dass die beiden Dimensionen Marktwachstum und relativer Marktanteil die tatsächliche Marktsituation von Unternehmen sehr verkürzt wiedergeben. McKinsey & Company erweiterte die externe Perspektive (Marktattraktivität) und die interne Perspektive (relative

Wettbewerbsvorteile) um zahlreiche Faktoren (vgl. Kortendieck 2017a, S. 115 ff.; Schauer et al. 2015, S. 222 ff.):

**Erweiterung der Dimensionen Marktattraktivität (externe Dimension)**

- Marktwachstum, Marktgröße, Marktrisiken;
- Branchenverdienst, Branchennutzen;
- Rechtslage, Konjunkturabhängigkeit, Zuschussabhängigkeit.

**Relative Wettbewerbsvorteile (interne Dimension)**

- Marktanteil, Unternehmensgröße, Ressourcenausstattung;
- Marketingpotenzial, Zugang zu PartnerInnen (Zeitungen, SponsorInnen, SpenderInnen);
- Standortvorteile.

Der Grundgedanke ist erhalten geblieben. Ein Teil der Leistungen bedarf der Unterstützung durch Investitionen, ein anderer sollte Ressourcen abgeben. Außerdem bleibt ein Mix an Innovation und Liquidität. Gerade für die Sozialwirtschaft mit dem Schwerpunkt auf Non-Profit-Organisationen sind viele dieser Begriffe umzudeuten. Tab. 4.12 zeigt die Möglichkeiten auf.

Die einzelnen Angebote des Portfolios einer Einrichtung werden im ersten Schritt gemäß diesen verschiedenen Kriterien eingeschätzt. Für jedes Kriterium kann ein Wert zwischen 1 und 9 vergeben werden. Die Werte werden innerhalb

**Tab. 4.12** Kriterien für die externe und interne Perspektive aus Sicht der Sozialwirtschaft

| Attraktivität des Handlungsfeldes (externe Perspektive) | Relative Wettbewerbsvorteile (interne Perspektive) |
| --- | --- |
| • Bedarf bei AdressatInnen, steigendes Problembewusstsein oder mehr Aufmerksamkeit durch Gesellschaft und Medien für dieses Handlungsfeld<br>• Bereitschaft bei Kostenträgern, Mittel für dieses Handlungsfeld zur Verfügung zu stellen<br>• Grad der Kostenabdeckung durch Kostenträger, Art und Risiken der Finanzierung, Finanzierung aus einer Hand<br>• Unterstützung durch die Politik bzw. durch entsprechende Rechtsprechung | • Anteil am aktuellen Förderbudget der Kostenträger, Subventions- oder FördergeberInnen in diesem Handlungsfeld<br>• Größe der Einrichtung sowie finanzielle und personelle Ressourcen<br>• Know-how und Erfahrungen im Handlungsfeld<br>• Image der Einrichtung und Zugang zu Netzwerken<br>• Zugang zu Kostenträgern, Förderstellen, SubventionsgeberInnen und Stiftungen<br>• Zugang zu Finanzierungsquellen (SponsorInnen, SpenderInnen, Crowdfunding) |

Quelle: Eigene Darstellung

einer Dimension (Attraktivität bzw. Wettbewerbsvorteil) summiert. Anschließend wird der Durchschnitt für jedes Angebot gebildet. Somit ergibt sich für jedes Angebot im Bereich der Branchenattraktivität und im Bereich des Wettbewerbsvorteils ein Wert, der zum Vergleich mit anderen dient. Die Tab. 4.13 und 4.14 zeigen die beiden Skalen für ein neues Angebot im Bereich des Mentorings für unbegleitete minderjährige Flüchtlinge.

Die einzelnen Angebote werden nun in das *McKinsey-Portfolio* eingeordnet (siehe Tab. 4.15). Die Werte der beiden Dimensionen stellen die Koordinaten im Portfolio dar. Die Erweiterung zum Neun-Felder-Portfolio differenziert die Strategieempfehlungen. Für die künftigen Strategien ergeben sich drei unterschiedliche Investitionsstrategien: eine Investitions- und Wachstumsstrategie, eine selektive Strategie sowie eine Abschöpfungs- bzw. Eliminierungsstrategie.

Im sozialen Bereich werden darüber hinaus alternativ Portfolios diskutiert, die die Marktlogik des herkömmlichen Portfolios ablösen (vgl. Schellberg 2012, S. 127). Anders als die empirisch fundierten Portfolios der Boston Consulting Group oder von McKinsey gehen die konzeptionellen Überlegungen dahin, dass das Marktwachstum und der relative Marktanteil für den Non-Profit-Bereich irrelevante Entscheidungskriterien darstellen. Stattdessen wären entsprechend

**Tab. 4.13** Branchenattraktivität Mentoring für unbegleitete minderjährige Flüchtlinge

| Attraktivität | Unattraktiv | | | Neutral | | | Attraktiv | | |
|---|---|---|---|---|---|---|---|---|---|
| Kriterien | 1 | 2 | 3 | 4 | 5 | 6 | 7 | 8 | 9 |
| Bedarf Jugendliche | | | | | | | X | | |
| Aufmerksamkeit Gesellschaft | | | | | | X | | | |
| Problembewusstsein Gesellschaft | | | | | | | | | X |
| Bereitschaft Kostenträger | | | | | | X | | | |
| Grad der Kostendeckung | | | X | | | | | | |
| Unterstützung durch Kommunalpolitik | | | | | | | | X | |
| Unterstützung durch Landespolitik | | | | | X | | | | |
| Aktuelle Rechtsprechung | X | | | | | | | | |
| Gesamtbeurteilung | | 2 | 3 | | 5 | 12 | 7 | 8 | 9 |
| Durchschnitt | (2+3+5+12+7+8+9)/8 = 46/8 = 5,75 | | | | | | | | |

Quelle: Eigene Darstellung

**Tab. 4.14** Wettbewerbsvorteile Mentoring für unbegleitete minderjährige Flüchtlinge

| Wettbewerbsvorteile | Unattraktiv | | | | Neutral | | Attraktiv | | |
|---|---|---|---|---|---|---|---|---|---|
| Kriterien | 1 | 2 | 3 | 4 | 5 | 6 | 7 | 8 | 9 |
| Anteil am Förderbudget | | | | | X | | | | |
| Größe der Einrichtung | | | | | | | X | | |
| Finanzielle Ressourcen | | | | | | X | | | |
| Personelle Ressourcen | | | | | | | | X | |
| Know-how/Erfahrung im Handlungsfeld | | | | | | | | | X |
| Image | | | | | | | | | X |
| Zugang Netzwerke | | | | | | | | | X |
| Zugang Kostenträger | | | | | | | X | | |
| Zugang alternative Finanzierungen | | | | | X | | | | |
| Gesamtbeurteilung | | | | | 10 | 6 | 14 | 8 | 27 |
| Durchschnitt | (10+6+14+8+27)/9 = 65/9 = 7,22 | | | | | | | | |

Quelle: Eigene Darstellung

Mission, ethischer Auftrag und Refinanzierbarkeit der Vorhaben zu diskutieren (siehe Tab. 4.16). Das bedeutet, dass man für die Stiftung des öffentlichen Nutzens auf Hilfe von außen oder auf Quersubventionierung durch (marktorientierte) Einnahmen angewiesen ist.

Umgekehrt kann es sein, dass man Leistungen anbietet, die Gewinne abwerfen, aber ethisch neutral, vielleicht sogar für die Organisation zweifelhaft sind. Nimmt man diese als notwendige Übel hin, sollten diese Leistungen weiterentwickelt werden, damit ihr ethischer Beitrag positiv ausfällt. Oder man trennt sich hiervon.

Insgesamt dient die Portfoliomethode einer „strategischen Positionierung" von Programmen und Dienstleistungen. Die Analyse zeigt, ob die Dienstleistungen noch am Markt benötigt werden und wie sich diese wahrscheinlich in den nächsten Jahren entwickeln. Auch wenn eine Reihe von methodischen Einschränkungen und Annahmen notwendig sind, reichen diese Plausibilitätsüberlegungen aus, um ein „Das haben wir immer schon so gemacht!" infrage zu stellen und durch ein „Wie können wir in Zukunft unserer Klientel den höchstmöglichen Nutzen stiften?" zu ersetzen.

**Tab. 4.15** Portfolio nach McKinsey (Neun-Felder-Portfolio)

| Marktattraktivität | Hoch | **Selektive Strategie:** Ausbau und auf wenige Stärken konzentrieren | **Investitions- und Wachstumsstrategie:** Marktführerschaft anstreben, Schwächen stärken | **Investitions- und Wachstumsstrategie:** Stärken stärken, maximale Investition |
|---|---|---|---|---|
| | Mittel | **Abschöpfungs- bzw. Eliminierungsstrategie:** Suche nach risikoarmen Expansionsmöglichkeiten | **Selektive Strategie:** Risikoarm investieren | **Investitions- und Wachstumsstrategie:** Selektiv reinvestieren |
| | Niedrig | **Abschöpfungs- bzw. Eliminierungsstrategie:** Investitionsgüter verkaufen, Fixkosten senken | **Abschöpfungs- bzw. Eliminierungsstrategie:** Rentable Segmente verteidigen | **Selektive Strategie:** Gewinnmitnahme, möglichst langer Verbleib in attraktiven Segmenten, Ausbau auf wenige Stärken konzentrieren |
| | | Niedrig | Mittel | Hoch |
| | | Relative Wettbewerbsvorteile beeinflussbar | | |

Quelle: Bea und Haas (2016, S. 162 ff.)

## 4.5 Strategieimplementierung

Das strategische Management stellt sich als aufwendig und risikoreich heraus. Es weist zunächst keine operativen Erfolge auf. Das strategische Controlling muss deshalb berücksichtigen, dass Strategien erst langfristig Erfolg haben können und deswegen Kennzahlen entwickeln, die den langfristigen Erfolg auch messen können. Grundsätzlich kostet jede (strategische) Entscheidung:

- Nichts zu tun und zu verharren, kostet die entgangenen Möglichkeiten und den Verlust an gesellschaftlicher Wohlfahrt.
- Planung, Analyse und Entscheidungen verursachen zunächst nur Kosten und somit einen negativen Cashflow. Einzahlungsüberschüsse folgen erst in späteren Perioden.

## 4.5 Strategieimplementierung

**Tab. 4.16** Portfolio einer Non-Profit-Organisation

| Finanzierbarkeit | | Ressourcen attraktiv | Bevorzugt |
|---|---|---|---|
| | Hoch | →beibehalten | →engagieren |
| | | → Erträge abschöpfen | |
| | | **Problematisch** | **Defizit, Prüfstein** |
| | | → aussondern | → engagieren |
| | Niedrig | | → quer Hoch ieren |
| | | Ethischer Auftrag | |

Quelle: Anheier (2014, S. 361)

**Tab. 4.17** Scoringmodell für ein neues Geschäftsmodell

| Faktoren | Gewicht | Erfüllungsgrade (10 = voll, 0 = gar nicht) für neues Geschäftsmodell (multipliziert mit dem Gewicht) | | |
|---|---|---|---|---|
| | | Strategie A Neugründung | Strategie B Kooperation | Strategie C Ausweitung |
| Marktabdeckung | 2 | 16 | 18 | 10 |
| Imagegewinn | 1 | 7 | 2 | 7 |
| Nutzung von Synergien | 1 | 7 | 2 | 10 |
| Kosten | 3 | 3 | 24 | 15 |
| Entwicklungszeit | 2 | 6 | 16 | 12 |
| Nutzengewinn für KlientInnen | 1 | 2 | 2 | 5 |
| Gesamtnutzen | | 10 | 41 | 64 | 59 |

Quelle: Eigene Darstellung

Stehen mehrere Strategien zur Verfügung, sind diese zu bewerten und die Folgen abzuschätzen. Die Entscheidung im nachfolgenden Beispiel in Tab. 4.17 basiert auf unterschiedlichen internen und externen Analysen und soll mithilfe einer *Scoring- oder Nutzwerttabelle* den Entscheidungsträgern Unterstützung bei ihrer Festlegung auf eine Strategie geben.

Eine Beratungseinrichtung für schwangere Frauen will mit einem neuen Konzept ein neues Zielpublikum erreichen. Diskutiert wird, ob dafür eine neue Einrichtung („Strategie A"), eine Kooperation mit einem anderen Träger („Strategie B") oder die Ausdehnung der eigenen Geschäftsstelle auf das neue Zielsegment

("Strategie C") die passende Strategie sei. „Strategie B" schneidet bei der Scoringmethode und der Betrachtung von sechs Kriterien am Besten ab. Die Kooperation bietet geringe Möglichkeiten der Synergienutzung und wird für die bisher betreuten KlientInnen kaum Vorteile bringen, ist jedoch günstig und schafft eine breite Marktabdeckung.

Damit strategische Planung funktioniert, sind einige Grundsätze zu beachten und typische Fehler zu vermeiden (in Anlehnung an Bätscher und Ermattinger 2004).

Grundsätze:

- **Retropolieren statt extrapolieren:** „das war schon immer so oder das hat früher schon nicht geklappt" ist eine typische Phrase, die durch einfache Trendfortschreibung (Extrapolation) entsteht. Stattdessen sollte man fragen, was man heute tun muss, um das Gewünschte zu erreichen.
- **Pragmatisch statt bürokratisch:** kurz angelegter Strategieprozess mit nicht zu vielen Workshops und Leitung durch die Führungsspitze.
- **Projekt managen statt planlos agieren:** auch ein Strategieprozess kann als Projekt gesehen werden, bei dem Meilensteine und Arbeitspakete definiert, Projektkommunikation gestaltet und Projektcontrolling durchführt werden.

Typische Fehler:

- strategische Vorbereitung und Entscheidungen werden nicht von der Geschäftsführung, sondern vom mittleren Management wahrgenommen;
- zu viele Formulare, Aktennotizen und Protokolle;
- zu viele und zu tiefe Analysen (Datenfriedhof);
- Paralyse durch Analyse – konkrete Schritte werden nicht gesetzt;
- Zahlen suggerieren Sicherheit über zukünftige Entwicklungen.

## 4.6 Kennzahlen im strategischen Controlling

Strategisches Controlling hat zwei grundsätzliche Probleme zu lösen: es müssen strategische Ziele messbar gemacht und strategische Ziele umgesetzt werden. Wie kann man den strategischen Erfolg messen, in operative Pläne umsetzen und kontrollieren? Die größte Hürde einer erfolgreichen Strategie ist ihre Umsetzung. Sie scheitert daran, dass die operative Umsetzung aufgrund fehlender Konkretisierung nicht zielgerichtet erfolgt. Eine Reihe von strategischen Erfolgsgrößen lässt sich im sozialen Bereich nicht ohne Weiteres messen. Wie misst man z. B. den

## 4.6 Kennzahlen im strategischen Controlling

Einfluss einer Drogenberatung auf die Reduzierung der Drogenabhängigkeit in einer Stadt? Wenn Controlling operationalisierte, mess- und vergleichbare Ziele beansprucht, ist die Arbeit der ControllerInnen bei Formalzielanalysen deutlich einfacher als bei einer Sachzieluntersuchung. Trotzdem ist in sachzieldominierten Einrichtungen ein Controlling durchführbar. Zunächst gilt es, für qualitative Ziele quantitative Indikatoren zu finden, die einen Zielerreichungsgrad widerspiegeln. Die soziale Verbesserung von arbeitslosen Frauen spiegelt sich in der Vermittlungsquote wider. Als Indikatoren für die MitarbeiterInnenzufriedenheit eignet sich die Krankheitsquote jedoch nur bedingt. Hier muss man vermutlich verschiedene Indikatoren im Blick haben (z. B. Zugehörigkeit zur Organisation, Beschwerden beim Betriebsrat, Anzahl der Konflikte etc.).

Strategien zielen auf Veränderungen von Rahmenbedingungen, von Potenzialen und von Budgets ab. Einer der Einwände gegen Veränderungen ist, dass man nicht alles messen kann. Man immunisiert sich gegen jeden Veränderungsdruck. Erst wenn fundamentale Änderungen der Unternehmensumwelt eintreten (neue Gesetze, Verlust der Wettbewerbsposition an Dritte, Weggang wichtiger MitarbeiterInnen) kommt es zu gravierenden Veränderungen. Wenn in sozialen Einrichtungen trotz ihrer qualitativen Ausrichtung und trotz ihres Dienstleistungscharakters nicht finanzwirtschaftliche Zahlen dominieren sollen, da diese leicht aus der Buchhaltung zu erhalten sind, sollten sie sich an Wirkungszahlen herantrauen. Für fast alle Prozesse und Ziele lassen sich Indikatoren bilden, die recht zuverlässig den betrachteten Prozess abbilden. Als Beispiel sei die Fiebermessung in Grad Celsius genannt, die auf einer Bandbreite von etwa fünf Grad ein deutlicher Indikator für das Unwohlsein der Patienten ist. Natürlich handelt es sich nur um einen Indikator für ein Unwohlsein und nicht um die Diagnose einer bestimmen Krankheit. Es ist ein erstes Alarmsignal, dass etwas nicht in Ordnung ist. Auf gleichem Wege gilt es, die betrieblichen Prozesse abzubilden und Alarmsignale zu finden.

Folglich benötigt man „Frühindikatoren", die Prognosen erlauben und rechtzeitige Eingriffe ermöglichen. Ein Instrument zur Abschätzung künftiger Risiken haben wir mit der Gap-Analyse kennengelernt. Wie erhält man solche Frühindikatoren? Kaplan und Norton (2001, S. 69 ff.) sehen zwischen Vergangenheit, Gegenwart und Zukunft „Ursache-Wirkungsketten". Demnach sind Spätindikatoren, wie Umsatz oder Gewinn, vergangene Frühindikatoren. Damit nicht genug. Der Umsatz selbst setzt sich aus Größen, wie abgesetzte Menge und den jeweiligen Preisen zusammen. Der zukünftige Gewinn wird bestimmt durch Umsatz und Kosten. Die Kosten ihrerseits setzen sich aus umsatzabhängigen, variablen Bestandteilen und aus den fixen Kosten zusammen, die wiederum das Ergebnis vergangener Investitionen, Verträge oder Tarif- und Rechtsvorschriften sind. Damit wird deutlich, dass es beim strategischen Controlling darauf ankommt, die „Stellschrauben" festzulegen, die den zukünftigen Erfolg determinieren. Ursache-Wirkungs-Kettenzeigen sich in sozialen Einrichtungen auf verschiedenen betrieblichen Ebenen und beeinflussen sich gegenseitig. Kennzahlen nur einer Ebene zu betrachten, würde die Ursache-Wirkungs-Zusammenhänge ausblenden. Folglich benötigt strategisches Controlling von allen relevanten Ebenen die zentralen Kennzahlen, die sich ihrerseits wiederum über Systemzusammenhänge beeinflussen und die als Frühindikatoren messbar deutlich werden lassen, wie weit die Einrichtung von ihrer eigenen Zielvorstellung entfernt ist.

Ein solch umfassendes Kennzahlensystem stellt die *Balanced Scorecard* dar (Stoll 2013). Die Ausbalancierung spiegelt sich wider in (Schauer et al. 2015, S. 267 ff.):

- kurz- und langfristigen Zielen,
- monetären und nichtmonetären Zielgrößen,
- Spät- und Frühindikatoren sowie
- externen (GeldgeberInnen, KundInnen) und internen (MitarbeiterInnen, Leitung) Perspektiven.

Die Balanced Scorecard versucht mittels ausgewogener Kennzahlen der Perspektiven *Finanzen, KundInnen (KlientInnen, TeilnehmerInnen), interne Prozesse und Potenziale,* die in einem Ursache-Wirkungs-Zusammenhang miteinander stehen, strategische Aktionen abzubilden und die Übersetzung in operative Aktionen zu leisten (vgl. Schauer et al. 2015, S. 267). In die einzelnen Perspektiven gehen neben den strategischen Zielen deren Messwerte, Zielwerte und die konkreten strategischen Aktionen ein. Ausgehend von allgemein formulierten Zielen, wie: „Wir arbeiten partnerschaftlich mit unseren Kunden" *(Leitbild),* konkretisiert man das strategische Ziel: „Wir wollen unsere Betreuung verbessern" *(Ziel).* Erst durch die Bestimmung (und Messung!) von Kennzahlen wie z. B. den Kundenzufriedenheitsindex, der die Note 2 *(Zielwert)* nicht unterschreiten soll, kann die strategische Aktion geplant werden (z. B. Ausweitung der Öffnungszeiten, permanente AnsprechpartnerInnen vorhanden, Ausbildung der BetreuerInnen in Bezug auf Kundenfreundlichkeit). Zusätzlich kann berücksichtigt werden, dass die Kundenzufriedenheit einen Spätindikator liefert. Tab. 4.18 zeigt eine Balanced Scorecard einer sozialen Einrichtung mit Beispielen für die vier Perspektiven Wirkung, TeilnehmerInnen, Finanzen und interne Prozesse.

**Tab. 4.18** Die vier Grundperspektiven der Balanced Scorecard

| Strategische Ziele | Kennzahlen | Ist-Wert | Soll-Wert | Strategische Aktionen |
|---|---|---|---|---|
| **Leistungswirkungsperspektive** | | | | |
| Vermittlung in Arbeit | Vermittlungsquote pro Maßnahme | 60 % | 75 % | Präsentation bei der Industrie- und Handelskammer (Wirtschaftskammer) UnternehmerInnen in den Vorstand der Bildungseinrichtung aufnehmen |
| Verbesserte Ausbildungssituation | Schulabschlüsse mit 2. Bildungsweg | 10 TeilnehmerInnen pro Jahr | 50 TeilnehmerInnen pro Jahr | Kooperation mit allen Bildungsträgern vor Ort, runder Tisch mit JugendsozialarbeiterInnen |
| **TeilnehmerInnenperspektive** | | | | |
| Erweiterung der Seniorenbildung | Anzahl der teilnehmenden Senioren über 60 | 500 TeilnehmerInnen | 2000 TeilnehmerInnen | Gründung eines Seniorenbüros |
| Verbesserte Ansprache des Milieus der Konsummaterialisten/Prekäre (Sinus-Milieus) | Anzahl der Analphabetenkurse Anzahl TeilnehmerInnen Hauptschulabschlusskurs | 1 20 | 3 60 | Kooperation mit den Case-ManagerInnen der Arbeitsagentur Kostenlose Kurse (als Gegenleistung für die Überlassung eines Parkplatzes der Stadt) |

(Fortsetzung)

**Tab. 4.18** (Fortsetzung)

| Strategische Ziele | Kennzahlen | Ist-Wert | Soll-Wert | Strategische Aktionen |
|---|---|---|---|---|
| **Wirtschaftlichkeitsperspektive** | | | | |
| Ausgeglichener Jahresabschluss | Bilanzgewinn | Defizit von 100.000 € | Kein Defizit 2017 50.000 € Überschuss 2018 | Ausdünnen des Programms Streichung unrentabler Kurse im EDV-Bereich |
| Reduzierung der Druck- und Kopierkosten | Kostengröße | 50.000 € 2016 | 40.000 € 2017 30.000 € 2018 | Ausschreibung des Programmheftes, Pay-per-Page-Vertrag für die Kopierkosten |
| **Perspektive der inneren Prozesse** | | | | |
| Schnittstellen zu KooperationspartnerInnen optimieren | Anzahl PartnerInnen in einer Institution/Amt/Schule usw. | Unsystematisch | Max. 2 | Schnittstellenanalyse durchführen |
| Produktivität der Back-Office-Prozesse verbessern | Anzahl der Zeit mit direktem KlientInnenkontakt zur Gesamtzeit | 30 % | 70 % | Analysen von Verbesserungspotenzialen, Vermeidung von Doppelarbeiten |

Quelle: Kortendieck (2017b, S. 99)

Die vier Grundperspektiven bieten bereits eine Vielzahl möglicher Kennzahlen, die in sozialen Einrichtungen verwendet werden können. Dabei kommt es nicht auf Vollständigkeit, sondern vielmehr auf die verfolgten strategischen Probleme an. Ebenso sind die vier häufig verwendeten Perspektiven nicht zwingend und können für soziale Einrichtungen entsprechend angepasst werden. Eingang finden nur beeinflussbare und für die Erfolgsfaktoren wichtige Kennzahlen.

## Anhang

### Arbeitsaufgaben zur praktischen Auseinandersetzung und persönlichen Vertiefung

A 4.1: Wie kommt es in Ihrer Organisation zu strategischen Entscheidungen? Wie werden diese vorbereitet? Wie werden z. B. Informationen gesammelt, die eigenen Ressourcen bewertet und die Chancen und Risiken abgewogen?

A 4.2: Welche der vorgestellten Tools zur Unternehmensanalyse werden in Ihrer Organisation noch nicht eingesetzt? Was spricht dafür, diese Tools in Zukunft in das Management zu integrieren?

A 4.3: Welche der vorgestellten Tools zur Umweltanalyse werden in Ihrer Organisation noch nicht eingesetzt? Was spricht dafür, diese Tools in Zukunft in das Management zu integrieren?

A 4.4: Erstellen Sie eine Stärken-Schwächen-Analyse gemäß dem Beispiel in Tab. 4.2 für Ihre Organisation oder Ihren Bereich. Wie beurteilen Sie das Ergebnis? Welche Maßnahmen würden Sie daraus ableiten?

A 4.5: Erstellen Sie eine Liste Ihrer Kompetenzen und markieren Sie jene, die Sie als Kernkompetenz Ihrer Organisation (Bereichs, Abteilung, Projekts) ansehen. Warum sind diese Kompetenzen Kernkompetenzen? Analysieren Sie diese gemäß dem Eskalationsstufenmodell in Tab. 4.4.

A 4.6: Überlegen Sie, in welchen Bereichen Ihrer Organisation Benchmarking sinnvoll ist. Bietet sich internes oder externes Benchmarking an? Mit welchen anderen Organisationen wäre externes Benchmarking sinnvoll und möglich?

A 4.7: Betrachten Sie die Chancen und Risiken für ein konkretes (neues) Angebot bzw. Projekt Ihrer Organisation.

A 4.8: Erstellen Sie eine Stakeholdermatrix für Ihre Organisation (Bereich, Abteilung, Projekt). Überlegen Sie, in welcher Art und Weise die StakeholderInnen in Entscheidungen eingebunden werden können bzw. wie die Kommunikation und Interaktion mit diesen StakeholderInnen verläuft. Was gibt es in Zukunft zu verbessern?

A 4.9: Welche Vorteile kann es haben, wenn Sie für ein neues Angebot bzw. ein neues Projekt eine SWOT-Analyse erstellen bzw. wenn Sie diese für ein bestehendes Angebot bzw. Projekt durchführen?

A 4.10: Vergleichen Sie die beiden Tools zur Portfolioanalyse (McKinsey, BCG-Matrix). Welche Vor- und Nachteile sehen Sie bezogen auf Ihre Organisation? Führen Sie eine Analyse durch und definieren Sie damit strategische Maßnahmen für Ihre Einrichtung.

## Übungsaufgaben

Ü 4.1: Das Katholische Stift aus Tab. 4.3 will mit ihrem Benchmarkingpartner die Effizienz der Verwaltung vergleichen. Entwerfen Sie einen Fragebogen, anhand dessen Sie diesen Vergleich mit Maßzahlen vornehmen sollen.

Ü 4.2: Erstellen Sie eine McKinsey-Matrix (Marktattraktivität-/Wettbewerbsvorteilsportfolio) für das katholische Stift aus Tab. 4.3. Unterstellen Sie dabei für die Marktattraktivität folgende Daten (Tab. 4.19).

**Tab. 4.19** Marktattraktivitätsschema eines katholischen Stifts

|  | Gewicht | Altenpflegeheim | Pflegeschule | Betreutes Wohnen | Krankenhaus |
|---|---|---|---|---|---|
|  |  | Bewertung = Noten (von 1 [hoch] bis 10 [niedrig]) × Gewicht | | | |
| Marktgröße | 5 | 20 | 5 | 30 | 45 |
| Marktwachstum | 4 | 36 | 12 | 20 | 12 |
| Marktstruktur | 4 | 40 | 8 | 12 | 18 |
| Summe | 13 | 96 | 25 | 62 | 75 |
| Umsätze in T€ |  | 15.000 | 1200 | 9000 | 30.000 |

Die Skalen sollen in der Matrix von 1 [hoch] bis 9 [niedrig] gehen
Eigene Darstellung

# Literatur

Anheier, H. K. (2014). *Nonprofit Organizations* (2. Aufl.). London: Routledge.
Bachert, R., & Pracht, A. (2014). *Strategisches Controlling: Controlling und Rechnungswesen in Sozialen Unternehmen* (2. Aufl.). Weinheim: Beltz Juventa.
Bätscher, R., & Ermatinger, J. (2004). *Strategieentwicklung in Sozialinstitutionen*. Zürich: Versus.
Baum, H.-G., Coenenberg, A. G., & Günther, T. (2013). *Strategisches Controlling* (5. Aufl.). Stuttgart: Schäffer-Poeschel.
Bea, F. X., & Haas, J. (2016). *Strategisches Management* (8. Aufl.). München: UTB und UVK Lucius.
Bono, M. L. (2010). *Performance management in NPOs*. Baden-Baden: Nomos.
Bruhn, M., & Stauss, B. (2007). *Wertschöpfungsprozesse bei Dienstleistungen*. Wiesbaden: Springer-Gabler.
Buchholz, L. (2013). *Strategisches Controlling*. Wiesbaden: Springer-Gabler.
Grant, R. M., & Nippa, M. (2006). *Strategisches Management* (5. Aufl.). München: Pearson Studium.
Helmig, B., & Boenigk, S. (2013). *Nonprofit-Management*. München: Vahlen.
Herzka, M., & Mowles, C. (2015). Risiko, Unsicherheit und Komplexität: Grenzen des Risikomanagements. In H. Hongler & S. Keller (Hrsg.), *Risiko und Soziale Arbeit* (S. 115–130). Wiesbaden: Springer-Gabler.
Kaplan, R. S., & Norton, D. P. (2001). *Die strategiefokussierte Organisation – Führen mit der Balanced Scorecard*. Stuttgart: Schäffer-Poeschel.
Kortendieck, G. (2017a). *Strategisches Management* (2. Aufl.). Regensburg: Walhalla Fachverlag.
Kortendieck, G. (2017b). *Strategisches Controlling in Sozialen Organisationen* (3. Aufl.). Brandenburg: Hochschulverbund Distance Learning. Fernstudienbrief der Service-Agentur des HDL.
Lombriser, R., & Abplanalp, P. (2015). *Strategisches Management* (6. Aufl.). Zürich: Versus.
Müller-Stewens, G., & Lechner, C. (2016). *Strategisches Management – Wie strategische Initiativen zum Wandel führen* (5. Aufl.). Stuttgart: Schäffer-Poeschel.
Porter, M. E. (2002). *Wettbewerbsstrategie* (10. Aufl.). Frankfurt a. M.: Campus.
Porter, M. E. (2010). *Wettbewerbsvorteile* (7. Aufl.). Frankfurt a. M: Campus.
Sander, G., & Bauer, E. (2011). *Strategieentwicklung kurz und klar. Das Handbuch für Non-Profit-Organisationen* (2. Aufl.). Bern: Haupt.
Schauer, R., Andeßner, R. C., & Greiling, D. (2015). *Rechnungswesen und Controlling für Nonprofit-Organisationen* (4. Aufl.). Bern: Haupt.
Schellberg, K. (2012). *Betriebswirtschaftslehre für Sozialunternehmen* (5. Aufl.). Augsburg: Ziel.
Schneider, J., Minnig, C., & Freiburghaus, M. (2007). *Strategische Führung von Nonprofit-Organisationen*. Bern: Haupt.
Sozialwirtschaft Österreich. (2016). Grundsatzpapier. http://www.sozialwirtschaft-oesterreich.at/folder/380/SWO-.Grundsatzpapier.2016.pdf. Zugegriffen: 11. Nov. 2018.
Stoll, B. (2013). *Balanced Scorecard für Soziale Organisationen* (3. Aufl.). Regensburg: Walhalla Fachverlag.

## Literaturtipps zum Vertiefen

Baum, H.-G., Coenenberg, A. G., & Günther, T. (2013). *Strategisches Controlling* (5. Aufl.). Stuttgart: Schäffer-Poeschel.

Kortendieck, G. (2017a). *Strategisches Management* (2. Aufl.). Regensburg: Walhalla Fachverlag.

Kortendieck, G. (2017b). *Strategisches Controlling in Sozialen Organisationen* (3. Aufl.). Brandenburg: Hochschulverbund Distance Learning. Fernstudienbrief der Service-Agentur des HDL.

# Instrumente des operativen Controllings 5

### Zusammenfassung

Operatives Controlling baut auf internen Informationsquellen auf. Im Zentrum stehen Kosten und Leistung der Organisation. Kostenmanagement ist eine Aufgabe, die das Management auch in der Sozialwirtschaft laufend begleitet und nicht erst, wenn Kürzungen oder Kostensteigerungen ein Umlenken erfordern. Kostenmanagement basiert auf der ausführlichen Analyse der Kosten mithilfe der Vollkostenrechnung. Durch den systematischen Aufbau in Kostenarten-, Kostenstellen- und Kostenträgerrechnung werden die Grundlagen der kostenbasierten Kalkulation und Analyse gelegt. Aufgrund ihrer Beschränkungen ist es ratsam, auch eine Teilkostenrechnung durchzuführen, vor allem in Form einer stufenweisen Deckungsbeitragsrechnung. Kostenmanagement bedeutet in der Sozialwirtschaft, sich vor allem mit den Personalkosten zu beschäftigen.

### Lernziele

- Sie überblicken die (Voll-)Kostenrechnung, ihren Aufbau und ihren Beitrag zur Kostensteuerung.
- Sie erkennen die Grenzen der Vollkostenrechnung.
- Sie können zwischen Vollkosten- und Teilkostenrechnungen unterscheiden.
- Sie kennen die einzelnen Bestandteile der Personalkosten und können die in Österreich und Deutschland unterschiedlichen Bestandteile erläutern.
- Auf der Basis der Unterscheidung in fixe und variable Kosten, in Einzel- und Gemeinkosten haben Sie einen ersten Überblick über die Instrumente des Kostenmanagements.

## 5.1 Grundlagen der Kostenrechnung

Warum spielen die Kosten in der Sozialwirtschaft eine so wichtige Rolle? Viele Ursachen wirken oft zusammen:

- Die wahrnehmbaren Unterschiede zwischen den Einrichtungen werden geringer. Die inhaltliche Differenzierung („wir können es besser oder anders machen") als klassischer Wettbewerbsvorteil verliert an Gewicht. Somit bleibt oftmals nur noch die Differenzierung über die Kosten.
- Die Kostenzuschüsse durch die öffentliche Hand sinken.
- Kostenträger nutzen ihre Monopolmacht und diktieren Preise und anzuerkennende Kostenbestandteile.
- In manchen Bereichen stagniert oder sinkt die Nachfrage der öffentlichen Kostenträger.
- Höhere Lohnkosten bei Tarifanwendern verschlechtern die Wettbewerbsposition. Hoher Fixkostenanteil durch Dominanz der Personalkosten verlangt laufendes Kostencontrolling.

Die Bedeutung der Kosten und ihrer Bestandteile verlangt eine detaillierte Analyse. Die Kosten sind maßgeblich für die Preiskalkulation. Zu fragen ist:

- *Was kostet uns (der Einrichtung) diese Leistung insgesamt?* – Berechnung der Vollkosten, also der fixen und variablen Kosten.
- *Was kostet die Arbeit mit den KlientInnen?* – Berechnung der Teilkosten, weil nur ein Teil der Kosten, die variablen Kosten, berechnet werden.
- *Was darf die Leistung den KundInnen und damit auch uns kosten?* – Berechnung der Zielkosten.

In vielen Bereichen der Sozialwirtschaft ist die Vollkostenrechnung maßgeblich.

### Vollkostenrechnung

Die klassische Kostenrechnung versucht, sämtliche Kosten zu erfassen, indem sie 1) die Kosten ihrer Art nach (z. B. Personalkosten für Pflegepersonal) erfasst *(Kostenartenrechnung)*, diese dann 2) den verantwortlichen Kostenbereichen (z. B. Altenpflegestation, Küche, Verwaltung) zuweist *(Kostenstellenrechnung)* und schließlich 3) zum Zweck der Kalkulation und einer Soll-Ist-Rechnung auf die einzelnen Leistungseinheiten (z. B. Pflegetage) bezieht, die diese Kosten zu

## 5.1 Grundlagen der Kostenrechnung

tragen haben *(Kostenträgerrechnung)*. Werden alle Kosten auf die Kostenträger umgelegt, wie dies für Fallpauschalen und Pflegesätze üblich ist, liegt eine *Vollkostenrechnung* vor (vgl. Kaspers et al. 2017, S. 115 ff.). Die Aufgaben und Schritte der Vollkostenrechnung zeigt Abb. 5.1.

Die *Kostenartenrechnung* steht am Anfang der Kosten- und Leistungsrechnung. Sie hat ähnlich der Finanzbuchhaltung die Aufgabe, alle anfallenden Kosten systematisch ihrem Wesen nach zu ordnen. Zunächst werden die Aufwände und Erträge aus der Finanzbuchhaltung um neutrale Positionen bereinigt. Darunter versteht man Aufwendungen, die nicht betriebsbedingt sind oder nicht von den Fördergebern akzeptiert werden (z. B. freiwillige Sozialleistungen an MitarbeiterInnen). Der Zweckaufwand wird entweder als Grundkosten übernommen (wenn der Wert des Aufwands den Kosten entspricht) oder durch kalkulatorische Kosten ersetzt. Man spricht in diesem Fall von Anderskosten, weil die Kosten im Gegensatz zum Aufwand in anderer Höhe angesetzt werden, was z. B. bei der Abschreibung möglich wäre. Werden Kosten berücksichtigt, die man in der Finanzbuchhaltung überhaupt nicht als Aufwand berücksichtigt (z. B. weil das aufgrund gesetzlicher Regelungen nicht zulässig ist), spricht man von Zusatzkosten. Zu diesen kalkulatorischen Kosten zählen z. B. der Unternehmerlohn, die fiktiven Kosten der ehrenamtlichen Arbeit bzw. die potenziellen Kosten von unentgeltlich überlassenen Mietobjekten. Die Kostenartenrechnung erfasst die für Leistungen notwendigen und verbrauchten Ressourcen („Primärkosten"). Bereits

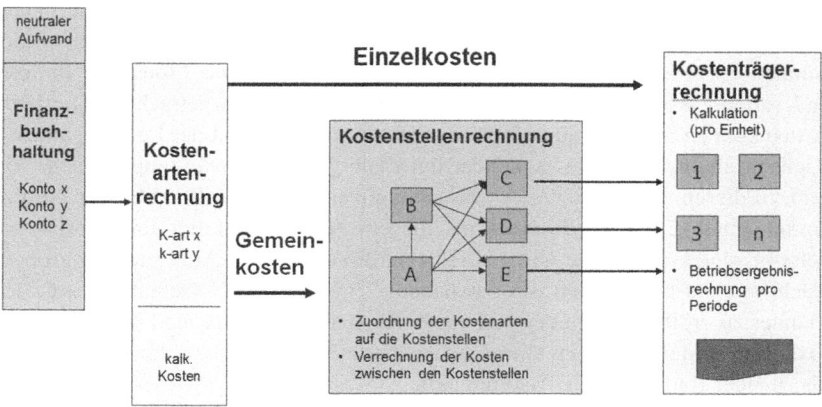

**Abb. 5.1** Ablauf der Vollkostenrechnung. (Quelle: Hungenberg und Kaufmann 2001, S. 23)

in der ersten Stufe der Kostenrechnung findet ein erstes Controlling statt, indem die einzelnen Kostenarten im Zeitablauf und in ihrem prozentualen Anteil am Gesamtaufkommen analysiert werden.

Die Vollkostenrechnung teilt dann die Kosten in Einzel- und Gemeinkosten auf. *Einzelkosten* werden, wenn sie eindeutig den Kostenträgern zuzuordnen sind, direkt dem Kalkulationsobjekt in der Kostenträgerrechnung (Unterrichtsstunden, Betreuungs- und Beratungsfälle) zugeordnet. Welches das Kalkulationsobjekt ist, hängt von der betrieblichen Entscheidung ab, die sich an dem am Markt angebotenen Leistungen orientiert. Je kleinteiliger das Kalkulationsobjekt ist, umso größer ist der Anteil der noch zu verrechnenden Gemeinkosten. Diese Kosten können oder sollen nicht direkt einem Produkt zugerechnet und müssen von der Gemeinschaft getragen werden *(Gemeinkosten)*. Zu den typischen Gemeinkosten zählen die Abschreibungen für Anlagegüter und Gebäude, die Kosten der Verwaltung und der Geschäftsleitung sowie allgemeine Dienste wie Wäscherei, Küche oder Reinigungsservice. Es können weitere Gemeinkosten anfallen, wenn bspw. pädagogische MitarbeiterInnen in einer Bildungseinrichtung für verschiedene Produkte (z. B. Kreativität, Gesundheit, Sprachen, EDV) gleichzeitig tätig sind. Eine genaue Zuordnung dieser Tätigkeiten und Leistungen zu den einzelnen Produkten bzw. Dienstleistungen sowie die verursachungsgerechte Zuordnung der anfallenden Personalkosten ist schwierig.

Eine weitere Einteilung der Kostenarten kann nach ihrer Abhängigkeit von der Auslastung bzw. dem Beschäftigungsgrad vorgenommen werden. Hierbei wird in variable und fixe Kosten unterschieden. Während *fixe Kosten* unabhängig davon entstehen, wie viele KlientInnen, PatientInnen oder BewohnerInnen betreut werden, stehen die *variablen Kosten* in direkter Abhängigkeit dazu. Sie nehmen zu, wenn mehr KlientInnen versorgt werden. Die Einteilung in fixe und variable Kosten ist in jeder Einrichtung individuell zu betrachten. Die Fixkosten können entweder absolut fix sein, da sie sich nicht mit der Leistung ändern (Gehaltszahlungen für ein Jahr) oder innerhalb gewisser Auslastungsbereiche fix sein. In diesem Fall spricht man von sprungfixen Kosten (z. B. Miete für Wohneinrichtungen). In einer Einrichtung, die ein Notschlafquartier für 30 Männer betreibt, stellen die Miete und das Personal Fixkosten dar. Aufgrund der großen Nachfrage entschließt sich die Einrichtung, eine weitere Notschlafstelle für 15 Männer zu eröffnen. Es fallen weitere Fixkosten für Personal und Miete an. Die Fixkosten sind somit bis zu einer Kapazität von 30 Plätzen fix, erhöhen sich dann bis zu einer Kapazität von 45 sprunghaft.

## 5.1 Grundlagen der Kostenrechnung

Im Allgemeinen kann man von folgender Logik ausgehen:

- **Fixkosten:** Miete, Stammpersonal, Versicherungen, Grundgebühren, Flatrate-Tarife, Wartungsverträge, Mitgliedsbeiträge, gesetzlich vorgeschriebene Weiterbildungen.
- **Variable Kosten:** Materialkosten, Energiekosten, Verbrauchsmaterial, Aushilfspersonal, Überstunden, Telefonkosten, Porto, Weiterbildung, Fachliteratur, Reisekosten, Verpflegung.

Gemeinkosten sind zunächst an die *Kostenstellenrechnung,* den Ort der Kostenentstehung, zu verweisen, wo sie mithilfe von „Schlüsseln" aufbereitet werden (müssen), um sie schließlich einzelnen Kostenträgern zuordnen zu können. Kostenstellen sind Verantwortungsbereiche und geben Auskunft, wo welche Kosten in welchem Umfang angefallen sind. Sie stellen betriebliche Teilbereiche dar, die nach einer innerbetrieblichen Logik gebildet werden. Im industriellen Bereich stellt die funktionale Gliederung den „Standardfall" dar, bei dem zum Beispiel das Materiallager, die Fertigung und Montage, die Verwaltung und der Vertrieb typische Kostenstellen bilden. Eine *räumliche Gliederung* würde dem Prinzip verschiedener Standorte entsprechen. So könnte z. B. eine Wiener Einrichtung für jede Außenstelle in einem der 23 Wiener Bezirke eine Kostenstelle bilden. Typisch im Sozialbereich ist eine *projektbezogene Kostenstellengliederung*. Ebenso wäre eine *organisatorische Gliederung* nach Fachbereichen, Arbeitsfeldern und einzelnen Angeboten möglich. In manchen sozialen Einrichtungen hat sich eine Mischform aus Kostenstellen nach Bereichen, Standorten und Projekten gebildet. Dies ist oftmals auf eine spezielle Förderlogik oder Projektfinanzierung zurückzuführen. Solange eine eindeutige Zuordnung bzw. Abgrenzung der Kosten möglich ist, ist dies sinnvoll. Abb. 5.2 zeigt das Beispiel eines Vereins im Bereich Jugendberatung, der sieben Kostenstellen definiert hat.

Zunächst gilt es, alle Gemeinkosten zu verteilen, die direkt für die Leistungserstellung angefallen sind (bspw. die Personalkosten der BeraterInnen in der Jugendberatungsstelle). Darüber hinaus sind als sogenannte sekundäre Kosten

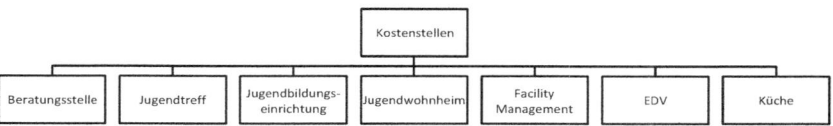

**Abb. 5.2** Kostenstellen der Jugendberatung. (Quelle: Eigene Darstellung)

die innerbetrieblichen Leistungen umzurechnen. Die Sekundärkosten werden in sogenannten Vorkostenstellen (und eventuellen Hilfskostenstellen) erfasst (Facility Management, EDV, Küche, Fuhrpark, Qualitätsmanagement, Buchhaltung), um dann anteilig auf die Endkostenstellen verteilt zu werden. Die *Vorkostenstellen* sind oftmals Stabstellen, Serviceeinrichtungen oder die Geschäftsführung, die ausschließlich für andere Kostenstellen interne Leistungen erbringen. Die Kosten dieser Vorkostenstellen müssen also von den *Endkostenstellen* getragen werden. Gehen die Verwaltungskosten direkt ins Entgelt mit ein, ist es sinnvoll, diese als Endkostenstelle zu behandeln. Letztlich sind alle Gemeinkosten, direkte wie indirekte, auf die Endkostenstellen zu verteilen. Erst danach werden diese (Gemein-)Kosten auf die Kostenträger (Kalkulationsobjekte) umgelegt. Im Beispiel aus Abb. 5.2 sind Facility Management, EDV und Küche Vorkostenstellen, während alle anderen Endkostenstellen darstellen.

Mithilfe der Kostenstellen versucht das Controlling die Wirtschaftlichkeit in den einzelnen Verantwortungsbereichen zu steuern. Dabei steht der Soll-Ist-Vergleich zwischen dem Kostenstellenbudget und dem tatsächlichen Verbrauch im Mittelpunkt. Das technische Hilfsmittel der Verteilung von Gemeinkosten auf die Kostenträger ist der „Betriebsabrechnungsbogen (BAB)". Neben der Ermittlung der Art und Höhe der Gemeinkosten ist die Verteilung auf die einzelnen Kostenstellen zu überlegen.

Zur Umlage der Gemeinkosten gibt es unterschiedliche Möglichkeiten:

- Kosten können der Kostenstelle/dem Kostenträger *direkt zugeordnet* werden: z. B. Miete für eine Drogenberatungsstelle.
- Kosten können über mehrere Kostenstellen *objektiv verteilt* werden: z. B. MitarbeiterIn arbeitet zu 50 % in der Drogenberatungsstelle und zu 50 % im Wohnheim.
- Kosten betreffen mehrere Kostenstellen und werden zunächst auf einer Vorkostenstelle (in Abb. 5.1: Kostenstelle A und B) gesammelt. Die Kosten werden dann mithilfe von „Verrechnungspreisen" weiterbelastet oder mittels einer *sachgerechten, nachvollziehbaren Verteilung einzelner Kostenarten* geschlüsselt nach verschiedenen ursächlichen Kriterien verteilt:
  - Anzahl der MitarbeiterInnen (z. B. Personalentwicklung, Geschäftsführung),
  - Anzahl der betreuten KlientInnen (z. B. Qualitätsmanagement),
  - Zeiteinheiten (Zeiteinsatz je Dienstleistung),
  - Quadratmeter genutzter Fläche/gereinigter Fläche (z. B. Standortkosten, Energie, Reinigung),
  - gefahrene Kilometer (z. B. Fuhrpark),

## 5.1 Grundlagen der Kostenrechnung

- Buchungszeilen/Rechnungen je Vollkräfte (z. B. Buchhaltung, Personalverrechnung),
- Anzahl der ausgegebenen Mahlzeiten (z. B. Küche) sowie
- Kilogramm (z. B. Wäsche).

Die nachfolgenden Beispiele in Tab. 5.1 bis Tab. 5.3 zeigen die verschiedenen Möglichkeiten zur Umlage der Gemeinkosten bei einem Träger, der vier Außenstellen und eine Zentrale betreibt. Die gesamten Kosten von Verwaltung, Qualitätsmanagement, EDV und Leitung werden zuerst in der „Vorkostenstelle Zentrale" erfasst und sollen dann auf die vier Außenstellen umgelegt werden. Die Geschäftsführung hat sich verschiedene Schlüssel für die Umlage der Gemeinkosten der Zentrale überlegt. Tab. 5.1 zeigt die Umlage der Gemeinkosten im Verhältnis der Einzelkosten der Endkostenstellen.

Insgesamt fallen in den vier Endkostenstellen Einzelkosten in Höhe von 671.500 € an. Im ersten Schritt wird nun für jeden Standort der prozentuelle Anteil an diesen Kosten berechnet. Die Berechnung für die Kostenstelle Wieden soll den Schritt verdeutlichen:

182.500 €/671.500 € × 100 = 27,18 %

**Tab. 5.1** Kostenstellenrechnung mit Umlage über die Einzelkosten

| Kostenart | Kostenstellen einer Einrichtung | | | | |
|---|---|---|---|---|---|
| | Vorkostenstelle Zentrale (€) | Endkostenstellen | | | |
| | | Wieden (€) | Mariahilf (€) | Hernals (€) | Brigittenau (€) |
| Personalkosten | 150.000 | 150.000 | 170.000 | 120.000 | 80.000 |
| Songstige Kosten | 20.000 | 25.000 | 30.000 | 50.000 | 15.000 |
| Abschreibungen | 7500 | 5000 | 8000 | 6000 | 2000 |
| Fuhrpark | 1000 | 2500 | 4000 | 3000 | 1000 |
| = Einzelkosten der Endkostenstellen | | 182.500 | 212.000 | 179.000 | 98.000 |
| Umlage der Gemeinkosten der Zentrale | 178.500 | 48.516 | 56.353 | 47.588 | 26.043 |
| = Gesamtkoaten | | 231.016 | 268.353 | 226.588 | 124.043 |

Quelle: Eigene Darstellung

Das ergibt folgenden Schlüssel:

- Wieden = 27,18 %
- Mariahilf = 31,57 %
- Hernals = 26,66 %
- Brigittenau = 14,59 %

Wieden muss somit 27,18 % der Gemeinkosten in der Zentrale tragen. Tab. 5.2 zeigt die Umlage der Gemeinkosten gemäß der betreuten KlientInnen in den Kostenstellen.

Insgesamt betreut der Verein 175 KlientInnen. In Wieden werden 50 von 175 KlientInnen betreut. Das stellt einen Anteil von 28,57 % dar. Auf Mariahilf entfallen 42,86 %, auf Hernals und Brigittenau jeweils 14,29 %. Für Wieden wird ein Wert von 50.997 € berechnet (= 178.500 € x 28,57 %). Dieser Verteilungsschlüssel zeigt ein anderes Ergebnis. Mariahilf muss demgemäß höhere Gemeinkosten tragen, während Hernals deutlich weniger zu leisten hat. In Tab. 5.3 werden die Gemeinkosten gemäß der Anzahl der MitarbeiterInnen der Kostenstellen verteilt.

**Tab. 5.2** Kostenstellenrechnung mit Umlage über die KlientInnen

| Kostenart | Kostenstellen einer Einrichtung | | | | |
|---|---|---|---|---|---|
| | Vorkostenstelle Zentrale (€) | Endkostenstellen | | | |
| | | Wieden | Mariahilf | Hernals | Brigittenau |
| Personalkosten | 150.000 | 150.000 € | 170.000 € | 120.000 € | 80.000 € |
| Songstige Kosten | 20.000 | 25.000 € | 30.000 € | 50.000 € | 15.000 € |
| Abschreibungen | 7500 | 5000 € | 8000 € | 6000 € | 2000 € |
| Fuhrpark | 1000 | 2500 € | 4000 € | 3000 € | 1000 € |
| = Einzelkosten der Endkostenstellen | | 182.500 € | 212.000 € | 179.000 € | 98.000 € |
| Umlage der Gemeinkosten der Zentrale | 178.500 | 50.997 € | 76.505 € | 25.4999 € | 25.4999 € |
| = Gesamtkoaten | | 233.497 € | 288.505 € | 204.499 € | 124.499 € |
| 175 KlientInnen, davon … | | 50 | 75 | 25 | 25 |

Quelle: Eigene Darstellung

## 5.1 Grundlagen der Kostenrechnung

**Tab. 5.3** Kostenstellenrechnung mit Umlage über die MitarbeiterInnen

| Kostenart | Kostenstellen einer Einrichtung | | | | |
|---|---|---|---|---|---|
| | Vorkostenstelle Zentrale (€) | Endkostenstellen | | | |
| | | Wieden | Mariahilf | Hernals | Brigittenau |
| Personalkosten | 150.000 | 150.000 € | 170.000 € | 120.000 € | 80.000 € |
| Songstige Kosten | 20.000 | 25.000 € | 30.000 € | 50.000 € | 15.000 € |
| Abschreibungen | 7500 | 5000 € | 8000 € | 6000 € | 2000 € |
| Fuhrpark | 1000 | 2500 € | 4000 € | 3000 € | 1000 € |
| = Einzelkosten der Endkostenstellen | | 182.500 € | 212.000 € | 179.000 € | 98.000 € |
| Umlage der Gemeinkosten der Zentrale | 178.500 | 52.498 € | 63.010 € | 31.496 € | 31.496 € |
| = Gesamtkoaten | | 234.998 € | 275.010 € | 210.496 € | 129.496 € |
| 17 MitarbeiterInnen, davon … | | 5 | 6 | 3 | 3 |

Quelle: Eigene Darstellung

Im Verein arbeiten 17 MitarbeiterInnen in den Endkostenstellen. Gemäß diesem Verhältnis zueinander werden die Gemeinkosten der Zentrale verteilt. In Wieden sind 5 von 17 MitarbeiterInnen tätig. Das ergibt einen Anteil von 29,41 %. Auf Mariahilf entfallen 35,3 %, auf Hernals und Brigittenau jeweils 17,65 %. Auch hier ergibt sich eine andere Verteilung. Währung Mariahilf weitaus weniger zu tragen hat, müssen Hernals und Brigittenau mehr Gemeinkosten übernehmen.

Das Beispiel zeigt, dass die Frage des eingesetzten Verteilungsschlüssels einen sehr hohen Einfluss auf das Ergebnis der einzelnen Endkostenstellen hat. Es ist nicht weiter verwunderlich, dass die Art der Verteilung auch Konflikte zwischen den Verantwortlichen der Kostenstellen und dem Controlling hervorrufen kann, wenn der Schlüssel nicht eindeutig nachvollziehbar ist. In der Praxis versucht man deshalb, die einzelnen Kostenarten individuell zu verteilen, um so exakter auf verschiedenen Parameter eingehen zu können. Allerdings zeigen die unterschiedlichen Schlüssel, dass die Verteilung der Gemeinkosten immer auch eine politische und damit eine willkürliche Entscheidung sein kann. Nach den bisherigen Verteilungsmustern wurde nach Kostenanteil, KlientInnen und MitarbeiterInnen verteilt. Denkbar und praktikabel ist auch die Verteilung so vorzunehmen, dass alle vier Endkostenstellen den gleichen Betrag tragen oder aber, dass die Gemeinkosten der Zentrale so umverteilt werden, dass sie den Kostenstellen, die die zahlungsbereitesten Kostenträger (hier GeldgeberInnen) darstellen, zugeordnet werden. Dies könnte bedeuten, dass Brigittenau 80.000 €, Mariahilf 50.000 €, Hernals 40.000 € und Wieden den Rest von 7500 € trägt. Die fett geschriebenen Beträge in Tab. 5.4 zeigen die jeweils für die Endkostenstelle „ungünstigste" Verteilung, die kursiven Beträge die „günstigste" Verteilung.

Den dritten Schritt der Kostenrechnung stellt die *Kostenträgerrechnung* dar. Sie fragt danach, wofür letztlich die Kosten angefallen sind:

- Ermittlung der Selbstkosten (Herstellkosten plus anteilige Verwaltungskosten): Was kostet eine Leistungsstunde, ein Belegungstag, eine kleine/große Wäsche, …?
- Festlegung von Preisgrenzen (bei öffentlichen Ausschreibungen) und Einkalkulierung von Gewinn- und Risikoaufschlägen.
- Ergebnisrechnung (Periodenerfolgsrechnung): Wie sieht das Ergebnis für einen Zeitraum aus?

**Tab. 5.4** Auswirkungen unterschiedlicher Schlüsselungen in der Kostenstellenrechnung

| Kostenstellen | Vorkostenstelle | Endkostenstellen | | | |
|---|---|---|---|---|---|
| Kostenarten | Zentrale (€) | Wieden (€) | Mariahilf (€) | Hernals (€) | Brigittenau (€) |
| Umlage nach Kostenanteil | 178.500 | 48.516 | 56.353 | **47.588** | 26.043 |
| Umlage nach KlientInnen (175) | 178.500 | 50.997 | **76.505** | *25.499* | *25.499* |
| Umlage nach MitarbeiterInnen (17) | 178.500 | **52.498** | 63.010 | 31.496 | 31.496 |
| Umlage nach Endkostenstellen (4) | 178.500 | 47.125 | *47.125* | 47.125 | 47.125 |
| Umlage nach dem Tragfähigkeitsprinzip | 178.500 | *7500* | 50.000 | 40.000 | **80.000** |

Quelle: Eigene Darstellung

## 5.1 Grundlagen der Kostenrechnung

- Ermittlung von Überschüssen, um durch Quersubventionierung defizitäre Bereiche zu finanzieren.
- Ermittlung der kostenoptimalen Zusammensetzung des Leistungsprogramms.

Bei diesem Schritt der Vollkostenrechnung offenbart sich ein semantisches Problem: der Kostenträger ist hier das Kalkulationsobjekt (der Pflegetag, der Fall pro KlientIn, die Unterrichtsstunde, die Beratungsstunde). Im Sprachgebrauch der Sozialwirtschaft hat sich der Begriff „Kostenträger" für den Geldgeber, meist der Staat, etabliert, der die Leistungsentgelte bezahlt. Die beiden Begriffe sind zwar inhaltlich nicht weit auseinander, meinen aber in diesen Ausführungen zwei unterschiedliche Tatbestände. Infolgedessen wird nun immer explizit darauf hingewiesen, um wen es sich handelt.

Die einfachste „Kalkulationsform" ist in der Kostenträgerrechnung, die Gesamtkosten durch die Leistungseinheiten zu dividieren („Divisionskalkulation"). Eine Kostenstellenrechnung, in der zuvor die Gemeinkosten verteilt wurden, ist (außer zur Kostenkontrolle) dann nicht notwendig. Sinnvoll ist eine solch einfache Form der Kostenträgerstückrechnung nur dann, wenn die Leistungen innerhalb der Einrichtung einheitlich sind. Dies dürfte der Komplexität sozialer Dienstleistungen nicht entsprechen. Differenzierter wäre die Methode, wenn nach den einzelnen Leistungsarten (Pflege, Küche, Investitionen) vorgegangen würde. Die soziale Einrichtung in Wien führt in Tab. 5.5 eine Divisionskalkulation für die einzelnen Kostenstellen nach Umlage der Kosten der Zentrale durch. Es werden die monatlichen bzw. täglichen Kosten pro KlientIn ermittelt.

Wenn dagegen alle Gemeinkosten mithilfe des Betriebsabrechnungsbogens auf die Endkostenstellen verteilt wurden, findet in der Praxis die „Zuschlagskalkulation" Anwendung. Die Gemeinkosten werden als Zuschläge zu den jeweils anfallenden Einzelkosten ins Verhältnis gesetzt und prozentual auf die jeweiligen Einzelkosten aufgeschlagen. Basis sind üblicherweise die pro Leistungseinheiten, wie Beratungs-, Pflege- oder Unterrichtsstunden oder -tage entstandenen Einzelkosten.

Werden die Kosten der abgesetzten Leistungen mit deren Umsätzen in einer Periode verglichen, ergibt sich die *Kostenträgerzeitrechnung,* die das jährliche Betriebsergebnis bzw. den Erfolg je Leistung oder Leistungsgruppe ermittelt. Daraus ergeben sich eine Reihe wichtiger Informationen. Insbesondere können diese Werte mit den Planwerten, mit dem Vorjahr oder mit anderen Abteilungen/Einrichtungen verglichen werden, um festzustellen, ob ein Ergebnis über- oder unterdurchschnittlich ist. Ziel ist es, sämtliche Kosten so umzuverteilen, dass der Kostenträger (Pflegetag, Beratungsstunde, Unterrichtsstunde) alle anfallenden

**Tab. 5.5** Divisionskalkulation

| Kostenart | Kostenstellen einer Einrichtung | | | | |
|---|---|---|---|---|---|
| | Vorkostenstelle Zentrale | Endkostenstellen | | | |
| | | Wieden | Mariahilf | Hernals | Brigittenau |
| Personalkosten | 150.000 € | 150.000 € | 170.000 € | 120.000 € | 80.000 € |
| Songstige Kosten | 20.000 € | 25.000 € | 30.000 € | 50.000 € | 15.000 € |
| Abschreibungen | 7500 € | 5000 € | 8000 € | 6000 € | 2000 € |
| Fuhrpark | 1000 € | 2500 € | 4000 € | 3000 € | 1000 € |
| = Einzelkosten der Endkostenstellen | | 182.500 € | 212.000 € | 179.000 € | 98.000 € |
| Umlage der Gemeinkosten der Zentrale | 178.500 € | 52.498 € | 63.010 € | 31.496 € | 31.496 € |
| = Gesamtkoaten | | 234.998 € | 275.010 € | 210.496 € | 129.496 € |
| 175 KlientInnen davon | | 50 | 75 | 25 | 25 |
| Kosten pro KlientIn/Monat | 12 Monate | 391,66 € | 305,57 € | 701,65 € | 431,65 € |
| Kosten pro KlientIn/Tag | 260 Tage/Jahr | 18,07 € | 14,10 € | 32,38 € | 19,92 € |

Quelle: Eigene Darstellung

Kosten trägt. Das nachfolgende Beispiel in Tab. 5.6 zeigt am Beispiel einer sozialen Einrichtung eine Kostenträgerzeitrechnung, bei der für jede Kostenstelle ein Jahresergebnis ermittelt wird. In der Kostenstelle Brigittenau ergibt sich ein Verlust, der von den anderen drei Kostenstellen kompensiert wird. Insgesamt weist diese Einrichtung einen Überschuss von 26.400 € aus, der für Rücklagen, Investitionen oder Projekte zur Verfügung steht.

Im Sozialbereich sind in den verschiedenen Stufen der Vollkostenrechnung einige Besonderheiten zu berücksichtigen:

a) Kostenartenrechnung:
- Es besteht eine Dominanz der Personalkosten.
- Der überwiegende Teil der Kosten sind Bereitschaftskosten (Fixkosten), da Personal und Miete für den Standort oft bis zu 90 % der Kosten darstellen.

**Tab. 5.6** Kostenträgerzeitrechnung

| Kostenart | Kostenstellen einer Einrichtung | | | | |
|---|---|---|---|---|---|
| | Vorkostenstelle Zentrale (€) | Endkostenstellen | | | |
| | | Wieden (€) | Mariahilf (€) | Hernals (€) | Brigittenau (€) |
| Personalkosten | 150.000 | 150.000 | 170.000 | 120.000 | 80.000 |
| Songstige Kosten | 20.000 | 25.000 | 30.000 | 50.000 | 15.000 |
| Abschreibungen | 7500 | 5000 | 8000 | 6000 | 2000 |
| Fuhrpark | 1000 | 2500 | 4000 | 3000 | 1000 |
| = Einzelkosten der Endkostenstellen | | 182.500 | 212.000 | 179.000 | 98.000 |
| Umlage der Gemeinkosten der Zentrale | 178.500 | 52.498 | 63.010 | 31.496 | 31.496 |
| = Gesamtkoaten | | 234.998 | 275.010 | 210.496 | 129.496 |
| Um satz (Leistungen) | | 240.000 | 275.010 | 221.496 | 125.496 |
| Ergebnis Kostenstellen | | 5.002 | 14.990 | 10.904 | −4.496 |
| **Ergebnis gesamt** | **26.400 €** | | | | |

Quelle: Eigene Darstellung

b) Kostenstellenrechnung:
- Die Bildung der Kostenstellen nach Funktionen ist oft nicht möglich oder sinnvoll. Stattdessen werden Kostenstellen oft regional, projekt- oder fördergeberbezogen gebildet.
- Die verursachungsgerechte Verrechnung der Gemeinkosten ist schwierig. Nicht zuletzt legt der Fördergeber oft fest, welche Kosten in welchem Ausmaß einem Projekt oder einer Dienstleistung zugerechnet werden können.

c) Kostenträgerrechnung
- Die Heterogenität der Leistungen führt zu Problemen beim Vergleich und der Messbarkeit der verschiedenen Kostenträger.
- Bei der Kalkulation werden Standard- und Durchschnittskosten eingesetzt, da eine genaue Abgrenzung der Kosten schwierig ist.

Die Vollkostenrechnung dient z. B. der Kalkulation von Pflegesätzen und von Leistungsstunden. Die dort ermittelten Selbstkosten stellen die Basis für die Preisverhandlungen mit den Förder- oder SubventionsgeberInnen dar. So ist in Deutschland die Vollkostenrechnung z. B. durch die Pflegebuchführungsverordnung vorgeschrieben und dient der jeweiligen Pflegesatzverhandlung zwischen dem einzelnen Altenheim und den Kostenträgern.

Die Vollkostenrechnung birgt nicht nur wegen der Besonderheiten einige Probleme:

- Die Verteilungsschlüssel stehen nicht unbedingt in direktem Zusammenhang zur Kostenverursachung.
- Die zu verteilenden Gemeinkosten sind von den Kostenverantwortlichen nicht immer steuerbar.
- Die Vollkostenpreise lassen sich am Markt nicht durchsetzen.
- Die Verteilung der Gemeinkosten mithilfe von Zuschlagssätzen impliziert eine Variabilität der fixen Kosten. Wenn die Auslastung sich verändert, müssten sich bei gleichbleibenden Fixkosten auch die Zuschlagssätze verändern. Stattdessen nimmt man (implizit) an, dass sich die Fixkosten entsprechend verändern, während der Zuschlagssatz gleich bleibt.
- Die Zurechnung der Gemeinkosten zu den Einzelkosten führt aufgrund des hohen Gemeinkostenanteils zu extrem hohen Zuschlagssätzen. Die Kalkulation über Zuschlagssätze ist dadurch fehlerhaft und teilweise kontraproduktiv.

Durch die Verrechnung aller Kosten und die dadurch fehlende Differenzierung in fixe und variable Kosten kann die Vollkostenrechnung zu Fehlentscheidungen führen. Betrachtet man noch einmal das Beispiel aus Tab. 5.6, zeigt sich in dieser Vollkostenrechnung ein Handlungsbedarf bei der Kostenstelle Brigittenau. Auf den ersten Blick könnte man meinen, es wäre vernünftig, den Standort zu schließen, da sich das Ergebnis dann verbessern müsste. Leider ist genau das Gegenteil der Fall, wie Tab. 5.7 zeigt. Da sich die Kosten der Zentrale nicht verändern, müssen diese nun von drei Endkostenstellen getragen werden. Somit steigen die zugerechneten Gemeinkosten. Das hat zur Folge, dass nun auch Wieden in die Verlustzone rutscht. Auch das Gesamtergebnis der Einrichtung verschlechtert sich. Erreichte man davor einen Überschuss in Höhe von 26.400 €, so ist nun ein Minus in Höhe von 600 € entstanden.

## 5.1 Grundlagen der Kostenrechnung

**Tab. 5.7** Vollkostenrechnung mit drei Standorten

| Kostenart | Kostenstellen einer Einrichtung | | | | |
|---|---|---|---|---|---|
| | Vorkostenstelle Zentrale (€) | Endkostenstellen | | | |
| | | Wieden | Mariahilf | Hernals | Brigittenau |
| Personalkosten | 150.000 | 150.000 € | 170.000 € | 120.000 € | |
| Songstige Kosten | 20.000 | 25.000 € | 30.000 € | 50.000 € | |
| Abschreibungen | 7500 | 5000 € | 8000 € | 6000 € | |
| Fuhrpark | 1000 | 2500 € | 4000 € | 3000 € | |
| = Einzelkosten der Endkostenstellen | | 182.500 € | 212.000 € | 179.000 € | |
| Umlage der Gemeinkosten der Zentrale | 178.500 | 63.750 € | 76.500 € | 38.250 € | |
| = Gesamtkoaten | | 246.250 € | 288.500 € | 217.250 € | |
| 14 MitarbeiterInnen | | 5 | 6 | 3 | |
| Um satz (Leistungen) | | 240.000 € | 290.000 € | 221.400 € | |
| Ergebnis Kostenstellen | | −6250 € | 1500 € | 4150 € | |
| **Ergebnis gesamt** | **−600 €** | | | | |

Quelle: Eigene Darstellung

Wie lässt sich dieses Ergebnis erklären?

- Brigittenau wies zwar ein Minus in Höhe von 4496 € aus. Das Minus ist aber erst durch die Zurechnung der Gemeinkosten in Höhe von 31.496 € entstanden.
- Das bedeutet, dass diese Kostenstelle 27.000 € an Gemeinkosten getragen hat (=31.496 € − 4496 €).
- Die 27.000 € entsprechen exakt der Veränderung des Gesamtergebnisses, wenn man zuerst einen Überschuss von 26.400 € und danach ein Minus von 600 € ausweist.

Wäre es sinnvoll, nun auch die Kostenstelle Wieden zu schließen? Die Antwort ist: nein. Denn damit würden die beiden verbleibenden Standorte ein negatives Ergebnis ausweisen. Die Ursache liegt darin, dass die Gemeinkosten weitgehend auch fixe Kosten sind. Da diese bei geringerem Arbeitsumfang nicht weniger werden, müssen die verbleibenden Kostenträger die fixen Kosten tragen. Das Beispiel zeigt die Grenzen der Vollkostenrechnung. Sie kann zu falschen Entscheidungen führen. Um diese Fehler zu vermeiden, empfiehlt es sich, zusätzlich eine Teilkostenrechnung anzustellen.

## Teilkostenrechnung/Deckungsbeitragsrechnung

Das betrachtete System der Kostenarten-, Kostenstellen- und Kostenträgerrechnung basiert auf Vollkosten. Es versucht demnach, alle anfallenden Kosten auf die angefallenen Leistungen umzulegen, um eine Kalkulation der Leistungen unter Berücksichtigung sämtlicher Kosten vorzunehmen. In *Entgeltkalkulationen* oder bei *Verwendungsnachweisen* kann es durchaus sein, dass eine Vollkostenrechnung verlangt wird (vgl. Halfar et al. 2014, S. 95). Werden dagegen Preise für „Selbstzahler" (etwa bei Kursen in der Erwachsenenbildung) errechnet, hat sich die Teilkosten- und Deckungsbeitragsrechnung als Kalkulations- und Entscheidungsinstrument durchgesetzt. Systeme der Vollkostenrechnung werden allerdings nach wie vor für die Nachkalkulation und für die Bestimmung von Fallpauschalen benötigt. Im Folgenden soll das Hauptaugenmerk auf das *Direct Costing* und die stufenweise *Fixkostendeckung* gelegt werden. Bei diesem einfachsten Verfahren werden von den jeweiligen Umsätzen der Leistungen die jeweiligen variablen Kosten abgezogen. Die sich daraus ergebenden Überschüsse müssen in der Summe ausreichen, den verbleibenden Fixkostenblock zu decken. Dieser Überschuss, der die Fixkosten deckt, wird als „Deckungsbeitrag" bezeichnet (siehe Abb. 5.3).

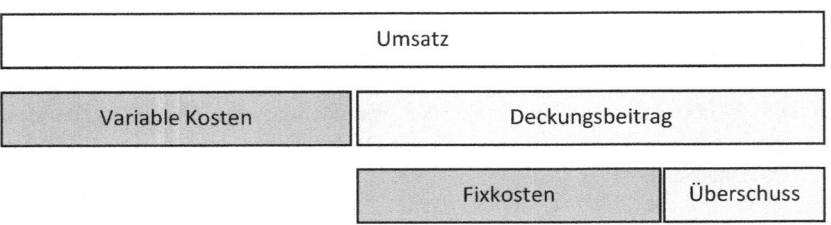

**Abb. 5.3** Schematische Darstellung Deckungsbeitrag. (Quelle: Eigene Darstellung)

## 5.1 Grundlagen der Kostenrechnung

Problematisch ist hierbei, dass der Fixkostenblock, der oftmals einen großen Teil der Gesamtkosten beträgt, nicht weiter aufgespaltet wird. Dies versucht die *stufenweise Fixkostendeckung*, die damit dem Anliegen der Kostenstellenrechnung innerhalb der Vollkostenrechnung – der Zuordnung von Gemeinkosten nach Verursachern – einen deutlichen Schritt näherkommt:

- Zunächst werden die fixen Kosten von den gesamten Kosten abgespalten.
- Dann die anfallenden variablen Kosten je nach Kostenarten auf die Kostenstellen verteilt, um dann den jeweiligen Deckungsbeitrag zu ermitteln.
- In der stufenweisen Fixkostendeckung werden somit in einem ersten Schritt wie beim Direct Costing zunächst die produktvariablen Kosten abgezogen.
- Anschließend bildet man Produktgruppen, von denen wiederum deren variablen Kosten abgezogen werden, die für die einzelnen Produkte fixe Kosten darstellten (z. B. Pflegedienstleitung für mehrere Pflegestationen).
- Es folgen die bereichsfixen Kosten und schließlich die unternehmensfixen Kosten als verbleibender Fixkostenblock, der dem verbleibenden Deckungsbeitrag gegenübergestellt wird.

Entscheidend für das erfolgreiche Controlling ist bei der Deckungsbeitragsrechnung die Trennung in fixe und in variable Kosten, wobei sich bei Einrichtungen mit hohen Fixkostenblocks eine mehrstufige Deckungsbeitragsrechnung empfiehlt. Da in der Regel die Fixkosten gleichzeitig Gemeinkosten sind, erlaubt diese Rechnung eine verursachungsgerechte Zuordnung der Kosten. Bei der Berechnung der Deckungsbeiträge wird mit Ist-Werten oder flexiblen Plan-Werten gearbeitet.

Die Vorteile der Deckungsbeitragsrechnung gegenüber der Vollkostenrechnung liegen im Bereich der Kalkulation und der Sortimentsgestaltung. Bei einer Vollkostenkalkulation werden anteilsmäßig die fixen Kosten der Leistungsträger mitbelastet. Langfristig ergibt dies im Sinne der Nachkalkulation Sinn. Kurzfristig muss, wenn die Einrichtung einer Wettbewerbssituation ausgesetzt ist, ein Produkt angeboten werden, das nur einen Teil der fixen Kosten mitträgt. Die *Preisuntergrenze* entspricht somit den variablen Kosten eines Produktes. Alles, was darüber hinaus erzielt werden kann, deckt den Fixkostenblock zum Teil mit ab. Wird durch einen niedrigeren Preis sogar ein höherer Umsatz erzielt, kann es zu einer vollständigen Fixkostendeckung kommen. Überträgt man diese Gedanken auf das gesamte Sortiment, sollten *Preisdifferenzierungen* aus sozialen Gründen unabdingbar sein, um bestimmte Produkte (z. B. Drogenberatung) oder bestimmte Zielgruppen (z. B. Drogenabhängige) überhaupt erreichen zu können. Dafür sollten andere Produkte einen entsprechend höheren Deckungsbeitrag erzielen. Rechtfertigt ein Produkt aus sozialen Gründen allerdings keinen niedrigen Deckungsbeitrag, sollte über eine Reduzierung oder Eliminierung zugunsten eines Produktes mit einem hohen Deckungsbeitrag nachgedacht werden. Die Betrachtung des Beispiels der Einrichtung mit vier Standorten (Tab. 5.6/5.8) zeigt den Unterschied zwischen Vollkosten- und Teilkostenrechnung. Während die Vollkostenrechnung ein Minus in Brigittenau zeigt und die Schließung des Standorts nahelegt, bringt die Deckungsbeitragsrechnung folgendes Bild: jeder Standort hat einen positiven Deckungsbeitrag.

In Summe erwirtschaften alle Bereiche genügend Deckungsbeiträge, um die Kosten der Zentrale in Höhe von 178.500 € zu decken. Die Einrichtung weist einen Überschuss von 26.400 € aus. In der Praxis liefern beide Betrachtungsweisen wichtige Informationen. Das Controlling wird danach trachten, das Ergebnis für den Standort Brigittenau auch in der Vollkostenrechnung zu verbessern und zumindest die Kosten auf das Niveau der Einnahmen zu senken. Das würde das Gesamtergebnis der Einrichtung verbessern. Oftmals können es strategische Gründe sein, warum soziale Einrichtungen einen Standort/eine Leistung weiter erhalten bzw. mit den Überschüssen aus anderen Bereichen querfinanziert

**Tab. 5.8** Deckungsbeitragsrechnung einer Einrichtung in Wien

| Kostenart | Kostenstellen einer Einrichtung | | | |
|---|---|---|---|---|
| | Endkostenstellen | | | |
| | Wieden (€) | Mariahilf (€) | Hernals (€) | Brigittenau (€) |
| Umsatz | 240.000 | 290.000 | 221.400 | 125.000 |
| − Songstige Kosten | −25.000 | 30.000 | −50.000 | −15.000 |
| **= Deckungsbeitrag 1** | **215.000** | **260.000** | **171.400** | **110.000** |
| − Personalkosten | −150.000 | −170.000 | −120.000 | −80.000 |
| − Abschreibungen | −5000 | −8000 | −6000 | −2000 |
| − Fuhrpark | −2500 | −4000 | −3000 | −1000 |
| **= Deckungsbeitrag 2** | **57.500** | **78.000** | **42.400** | **27.000** |
| **Summe der Deckungsbeitrag** | 204.900 € | | | |
| − Umlage Fixkosten (= Kosten der Zentrale) | 178.500 € | | | |
| **= Ergebnis** | 26.400 € | | | |

Quelle: Eigene Darstellung

werden. Hier sieht man das Zusammenspiel aus Management und Controlling, zwischen Ergebnisorientierung und Strategie.

Die *Teilkostenrechnung* trennt Einzel- und Gemeinkosten in variable und fixe Kosten auf. Die stufenweise Zurechnung von fixen Gemeinkosten in Form von Deckungsbeiträgen umgeht die willkürliche Schlüsselung der Gemeinkosten (vgl. Kaspers et al. 2017, S. 144 ff.). Allerdings hat die Deckungsbeitragsrechnung Grenzen:

- *Sie berücksichtigt nicht, inwieweit Erlöse Verbundbeziehungen aufweisen.* Nach der Deckungsbeitragsrechnung sollten Produkte mit negativem Deckungsbeitrag aus dem Sortiment genommen werden. Dadurch können Kosten gespart und die Ertragssituation verbessert werden. Im sozialen Bereich ist zu berücksichtigen, dass Leistungen mit negativem Deckungsbeitrag zu halten sind, wenn sie wichtig für das Image und das Selbstverständnis sind oder die Kostenträger eine gewisse Vielfalt des Programms erwarten.
- *Die stufenweisen Deckungsbeiträge zeigen nicht auf, wo Kosteneinsparungsmöglichkeiten liegen.* Die teilweise Berücksichtigung von Kosten verführt dazu, zu niedrige Marktpreise zu verlangen oder in Verhandlungen zu nachgiebig zu sein, um die Auslastung zu sichern. Die zu günstig angebotenen Leistungen blockieren Kapazitäten für ertragreichere Leistungen. Aufgrund günstiger Preise kann es sein, dass noch umfangreicher nachgefragt wird. Somit ist der Betrieb zwar ausgelastet, das finanzielle Ergebnis aber negativ. Das kann dazu führen, dass eine Einrichtung trotz Vollauslastung insolvent wird.
- Erheblicher Nachteil der Deckungsbeitragsrechnung ist die *fehlende Steuerung des fixen Gemeinkostenblocks* (z. B. Verwaltung).

## 5.2 Personalkosten als zentrale Steuerungsgröße

In den meisten Organisationen der Sozialwirtschaft stellen die Personalkosten die zentrale Planungsgröße dar, machen erfahrungsgemäß rund 60–80 % der Gesamtkosten aus. Das Beispiel der Arbeiterwohlfahrt Hessen-Süd in Tab. 5.9 zeigt einen Anteil von 66,57 %. Erst weit danach rangieren andere Kostenarten (vgl. Arbeiterwohlfahrt Hessen-Süd 2016).

Bei personalintensiven Betrieben kann eine geringe prozentuale Schwankung (Tariferhöhung) große Auswirkungen auf das Budget haben. Nicht selten steigen die *Personalkosten* stärker als andere Kostenarten. Deswegen ist eine vorausschauende Planung der Personalkosten unumgänglich. Da das Personal den

**Tab. 5.9** Kostenstruktur der Arbeiterwohlfahrt Hessen-Süd 2015

| Kostenart | Kosten (€) | Anteil (%) |
|---|---|---|
| Personalaufwendungen | 63.995.255 | 66,57 |
| Lebensmittel | 3.245.944 | 3,38 |
| Gebäudeaufwand | 16.455.189 | 17,12 |
| Sonstige Betriebskosten, Verwaltungskosten | 10.938.404 | 11,38 |
| Kapitalkosten, betriebliche Steuern | 1.494.660 | 1,55 |
| Aufwendungen gesamt | 96.129.452 | 100 |

Quelle: Eigene Darstellung

zentralen Aspekt in Bezug auf Qualität in der Sozialwirtschaft darstellt, ist das Personalbudget nicht nur eine finanzielle Planungsgröße, sondern auch ein Leistungsversprechen, das sich in der mengen- wie qualitätsmäßigen Personalkapazität widerspiegelt. Somit gilt es, bei der Planung zwischen finanziell möglichen und qualitativ notwendigen Kosten abzuwiegen. Die Personalkosten stellen eine zentrale Kalkulationsgröße für Projekte und Pauschalen (z. B. Fachleistungsstunde, Pflegesatz) dar. Zudem sind sie kurzfristig Fixkosten und Gemeinkosten. Löhne und Honorare weisen im Gegensatz zu Gehältern, wie sie typischerweise im sozialen Bereich gezahlt werden, den Charakter von Einzelkosten auf und können ohne Umrechnungen direkt dem Kalkulationsobjekt zugeschrieben werden. Gehälter sind als Gemeinkosten über die Kostenstellenrechnung zu verrechnen und können nicht sofort in der Kostenträgerrechnung aufgenommen werden.

Da die Sozialwirtschaft eine der Branchen mit dem höchsten Anteil an Teilzeitbeschäftigten darstellt, wird für Berechnungen und Vergleiche das sogenannte *Vollzeitäquivalent* verwendet, das angibt, über wie viele Vollzeitstellen eine Organisation verfügt. Da es unterjährig zu Schwankungen der Personalkapazität kommen kann, wird in der Praxis entweder mit durchschnittlichen VZÄ (dabei werden die monatlichen VZÄ addiert und durch 12 dividiert) oder mit einem Personalbestand zu einem gewissen Stichtag gearbeitet. Entscheidend dabei ist die wöchentliche Normalarbeitszeit laut Tarif- bzw. Kollektivvertrag (in Österreich jährlich ausgehandelter Tarifvertrag). Das folgende Beispiel in Tab. 5.10 zeigt die Berechnung für eine sozialwirtschaftliche Organisation in Wien, die per Stichtag 31.12.2017 in einem neuen Projekt 5 MitarbeiterInnen Vollzeit von 38 Std./Woche beschäftigt.

**Tab. 5.10** Beschäftigungsausmaß der MitarbeiterInnen

|  | Stunden/Woche | VZÄ | Beschäftigt |
|---|---|---|---|
| MitarbeiterIn A | 15 h/Woche | 15/38 = 0,39 | Ganzjährig |
| MitarbeiterIn B | 38 h/Woche | 38/38 = 1,00 | Ganzjährig |
| MitarbeiterIn C | 22 h/Woche | 22/38 = 0,58 | Ganzjährig |
| MitarbeiterIn D | 32 h/Woche | 32/38 = 0,84 | Ab 1.9.17 |
| MitarbeiterIn E | 28 h/Woche | 28/38 = 0,74 | Ab 1.12.17 |

Quelle: Eigene Darstellung

**Tab. 5.11** Summe der Wochenstunden

| 01/17 | 02/17 | 03/17 | 04/17 | 05/17 | 06/17 | 07/17 | 08/17 | 09/17 | 10/17 | 11/17 | 12/17 |
|---|---|---|---|---|---|---|---|---|---|---|---|
| 75 h | 75 h | 75 h | 75 h | 75 h | 75 h | 75 h | 75 h | 107 h | 107 h | 107 h | 135 h |

Quelle: Eigene Darstellung

Während die MitarbeiterInnen A, B und C schon länger im Verein beschäftigt sind, wurden die MitarbeiterInnen D und E im Laufe des Jahres eingestellt. Zur Berechnung der durchschnittlichen VZÄ im Jahr 2017 sind die wöchentlichen Personalstunden für jeden Monat zu betrachten, um daraus den Durchschnitt zu bilden. Tab. 5.11 zeigt die Summe der Stunden pro Woche für das ganze Jahr.

Für den Monat Januar bedeutet das: 15 h + 38 h + 22 h = 75 h. Insgesamt wurden 2017 1056 h geleistet, bzw. pro Monat im Schnitt 88 h. Das entspricht einem durchschnittlichen VZÄ in der Höhe von 2,32 VZÄ (88 h/38 = 2,32). Die Betrachtung zum Stichtag 31.12.2017 ergibt aber ein anderes Bild, da betrugen die Gesamtstunden pro Woche 135 h. Das entspricht 3,55 VZÄ (=135 h/38). Das Beispiel eröffnet einen weiteren Aspekt in puncto Planung, wenn man neben der Personalkapazität auch die Personalkosten betrachtet. Die Personalkosten der MitarbeiterInnen D und E wirken sich im abgelaufenen Jahr nicht voll aus, da MitarbeiterIn D für vier Monate und MitarbeiterIn E nur für einen Monat beschäftigt war. Tab. 5.12 zeigt die Kosten pro Monat 2017.

Für das Jahr 2017 wurden Kosten von 111.300 € geplant. Ohne dass sich der Personalstand 2018 im Vergleich zum 31.12.17 ändert, kommt es – wie Tab. 5.13 zeigt – zu einem beträchtlichen Anstieg der Personalkosten, da alle MitarbeiterInnen das ganze Jahr beschäftigt werden. Auch das durchschnittliche VZÄ steigt 2018 aus diesem Grund.

Der Planwert sieht für das Jahr 2018 170.400 € vor, was eine Steigerung von 59.100 € oder 53,1 % darstellt. Darüber hinaus muss man aufgrund der Erhöhung des Tarifvertrags und von Sprüngen im Gehaltsschema weitere

**Tab. 5.12** Personalkostenverlauf

| 01/17 | 02/17 | 03/17 | 04/17 | 05/17 | 06/17 |
|---|---|---|---|---|---|
| 75 h | 75 h | 75 h | 75 h | 75 h | 75 h |
| 7900 € | 7900 € | 7900 € | 7900 € | 7900 € | 7900 € |
| 07/17 | 08/17 | 09/17 | 10/17 | 11/17 | 12/17 |
| 75 h | 75 h | 107 h | 107 h | 107 h | 135 h |
| 7900 € | 7900 € | 11.300 € | 11.300 € | 11.300 € | 14.200 € |

Quelle: Eigene Darstellung

**Tab. 5.13** Prognostizierter Personalkostenverlauf

| 01/18 | 02/18 | 03/18 | 04/18 | 05/18 | 06/18 |
|---|---|---|---|---|---|
| 135 h | 135 h | 135 h | 135 h | 135 h | 135 h |
| 14.200 € | 14.200 € | 14.200 € | 14.200 € | 14.200 € | 14.200 € |
| 07/18 | 08/18 | 09/18 | 10/18 | 11/18 | 12/18 |
| 135 h | 135 h | 135 h | 135 h | 135 h | 135 h |
| 14.200 € | 14.200 € | 14.200 € | 14.200 € | 14.200 € | 14.200 € |

Quelle: Eigene Darstellung

Kostensteigerungen berücksichtigen (siehe folgende Abschnitte). In Österreich fallen darüber hinaus auch noch Kosten für das 13. und 14. Gehalt an. Für die Vorausplanung der nächsten Jahre gilt es nicht nur, die finanziellen Personalkosten zu planen, sondern auch sicherzustellen, dass der tatsächliche Personalstand (bzw. Stand der VZÄ) dem geplanten Bedarf entspricht. So kann es aufgrund von Kündigungen, „Bildungskarenz"[1] oder „Mutterschutz/Karenz nach der Geburt"[2] zu Schwankungen im Personalstand kommen. Die Personalschwankungen stellen in der Praxis große Herausforderungen dar. Einerseits gilt

---

[1]Bildungskarenz: in Österreich Auszeit zur persönlichen Aus- oder Weiterbildung (bis zu 12 Monate), deren Kosten und die Arbeitskosten vom österreichischen Arbeitsmarktservice übernommen wird.
[2]Mutterschutz bedeutet in Österreich eine bezahlte Freistellung von acht Wochen vor und acht Wochen nach der Geburt. Es besteht Anspruch auf Kinderbetreuungsgeld – bis zu 851 Tage (alleine) oder 1063 Tage (beide Elternteile). Während dieser Zeit entstehen für die Organisationen keine Personalkosten.

## 5.2 Personalkosten als zentrale Steuerungsgröße

es zu überlegen, ob und in welchem Ausmaß Personal nachbesetzt werden kann und anderseits wie die beiden nachfolgenden Beispiele zeigen, ob das neu eingestellte Personal höhere oder niedrigere Kosten verursacht:

- In einer Organisation tritt ein/e VollzeitmitarbeiterIn nach 25 Jahren Zugehörigkeit zur Organisation den Ruhestand an. Das Gehalt lag bei 3200 € pro Monat. NachfolgerInnen werden aufgrund geringerer Vordienstzeiten niedriger im Gehaltsschema eingestuft. Das Bruttogehalt beträgt 2350 € pro Monat. Der Verein erspart sich pro Monat 850 € (ohne Nebenkosten).
- Ein/e TeilzeitmitarbeiterIn mit 20 h/Woche (1100 € pro Monat) geht für ein Jahr in Bildungskarenz. Zur Überbrückung haben sich zwei andere KollegInnen, die jeweils 25 h/Woche arbeiten, bereit erklärt, für ein Jahr ihre Stunden aufzustocken, sodass sie jeweils 35 h/Woche tätig sind. Da es sich um MitarbeiterInnen handelt, die schon länger in der Organisation angestellt sind, steigen aufgrund der höheren Einstufung im Gehaltsschema die Personalkosten, ohne dass sich der Personalstand in Vollzeitäquivalenten ändert. Somit kosten die 20 h zusätzlich nun 1450 € brutto pro Monat. Die Personalkosten steigen somit monatlich um 350 €.

Für ihre Arbeitsleistung erhalten die MitarbeiterInnen monetäre Gegenleistungen. Das Gehalt dient dazu, die MitarbeiterInnen für ihre Arbeitsleistung angemessen zu entlohnen. Zu den Entgelten zählen die Tarifgehälter, Leistungsprämien, übertarifliche Zulagen und Mehrarbeitspauschalen.

Personalzusatzkosten sind:

- Abgaben zur Sozialversicherung (Arbeitslosen-, Kranken-, Pflege-, Renten- und Unfallversicherung);
- Zusatzversorgung/betriebliche Altersversorgung;
- Lohnfortzahlung im Krankheitsfall;
- Urlaubs- und Weihnachtsgeld;
- Tarifvertragliche Lohnausfälle, z. B. für Heirat, Geburt oder Umzug;
- Essens- und Fahrtkostenzuschüsse, Maßnahmen zur Aus-, Fort- und Weiterbildung, Bereitstellung von Arbeitskleidung, Betriebssicherheitsmaßnahmen, Betriebssporteinrichtungen sowie
- Kosten der Personalverwaltung: Beschaffung, Planung, Beurteilung und Mitarbeiterführung.

Die Entgelte haben sich im Bereich der freien Wohlfahrtspflege in der Vergangenheit in *Deutschland* eng nach dem (öffentlichen) Bundesangestelltentarif (BAT) ausgerichtet. Seit Ablösung des BAT (2005) durch den Tarifvertrag des öffentlichen Dienstes (TVöD) ergaben sich infolge des erhöhten Kostendrucks einige erhebliche Änderungen in der Tariflandschaft. Der TVöD sieht keine automatischen Steigerungen (Alter der MitarbeiterInnen) vor. Stattdessen beinhaltet er (meist sechs) Leistungsstufen und monatliche Leistungszulagen, Leistungsprämien (auf Grundlage von Zielvereinbarung und Leistungsfeststellung) und Erfolgsprämien (für vorher definierte wirtschaftliche Erfolge). Dies erfordert in der sozialen Arbeit Zielvereinbarungen und Leistungsbewertungen. Das Gehalt ergibt sich aufgrund der Stellenanforderungen und der Qualifikation der MitarbeiterInnen. Tab. 5.14 gibt einen Überblick über die Qualifikationsgruppen im öffentlichen Dienst (Öffentlicher Dienst 2018a).

Um den differenzierten Anforderungen des sozialen Bereichs besser gerecht werden zu können, wurde ein eigenständiger Tarifvertrag, der TVöDSuE ausgehandelt. BezirkssozialarbeiterInnen erhalten das höchste Einstiegsgehalt (Entgeltgruppe 14). Der bisherige Flächentarifvertrag wurde vielerorts ersetzt durch regionale Tarifverträge, teilweise wurden keine Tarifverträge mehr abgeschlossen. Eine einheitliche Entgeltabrechnung ist im Wohlfahrtsbereich immer weniger anzutreffen. Tab. 5.15 zeigt die Bruttoentgelte des TVöD SuE 2019 (vgl. Öffentlicher Dienst 2018b).

Unabhängig von den einzelnen Tarifverträgen ist zwischen dem Nettoentgelt für die MitarbeiterInnen und dem Betrag, den die ArbeitgeberInnen an direkten und indirekten Gehaltskosten hat, zu unterscheiden. Ein/e SozialarbeiterIn, verheiratet, zwei Kinder, erhält zum 01.02.2019 in der dritten Gehaltsstufe TVöD SuE ein steuerpflichtiges Bruttoeinkommen einschließlich Sonderzahlungen

**Tab. 5.14** Qualifikationsgruppen mit möglichen Berufsgruppen

| Entgeltgruppe | TVöD und TV-L | Vergleich Beamte | Mögliche Berufsgruppe |
|---|---|---|---|
| E 1–E 4 | An- und Ungelernte | Einfacher Dienst | HelferIn in der Justiz |
| E 5–E 8 | Ausbildung | Mittlerer Dienst | AltenpflegerIn, KinderpflegerIn, HeilerziehungspflegerIn |
| E 9–E 12 | Bachelor | Gehobener Dienst | SozialarbeiterIn |
| E 13–E 15 | Master | Höherer Dienst | Wissenschaftliche MitarbeiterIn an Universitäten, Dozenten |

Quelle: Eigene Darstellung

Tab. 5.15 Monatliches Bruttoentgelt in Euro TVöD SuE 2019

| Gruppe | Tätigkeitsmerkmal | 1 Bei Einstellung (€) | 2 nach 1 Jahr in Stufe 1 (€) | 3 nach 3 Jahren in Stufe 2 (€) | 4 nach 4 Jahren in Stufe 3 (€) | 5 nach 4/8 (bei S 8) Jahren in Stufe 4 (€) | 6 nach 5/10 (bei S 8) Jahren in Stufe 5 (€) |
|---|---|---|---|---|---|---|---|
| S 14 | SozialarbeiterIn in Garantenstellung | 3292,62 | 3543,07 | 3827,24 | 4116,32 | 4435,96 | 4659,68 |
| S 11b | SozialarbeiterIn | 3143,77 | 3395,24 | 3557,62 | 3966,75 | 4286,38 | 4478,16 |
| S 11a | Stellv. Leitung Behinderteneinrichtung | 3082,25 | 3329,88 | 3491,23 | 3899,43 | 4219,03 | 4410,81 |
| S 8a | ErzieherIn | 2792,04 | 3005,83 | 3217,36 | 3417,76 | 3612,57 | 3815,74 |

Quelle: Eigene Darstellung

von 3556,06 €. Hiervon sind neben der Lohnsteuer (Klasse IV, ein Kinderfreibetrag) von ca. 578,25 € (zzgl. Solidaritätsbeitrag 26,29 €, Kirchensteuer 43,02 €) die Beiträge zur Sozialversicherung 1461,11 € und der Beitrag der ArbeitnehmerInnen zur Zusatzversorgung abzuziehen, sodass die ArbeitnehmerInnen einen Nettobetrag von 2096,51 € erhalten (vgl. Gehaltsrechner 2018). Die Arbeitgeber wiederum müssen zum Gehalt von 3.556,06 € die Beiträge zur Sozialversicherung, Anteile zu vermögenswirksamen Leistungen und zur Zusatzversorgung sowie zur Berufsgenossenschaft bezahlen. Allein die Sozialbeiträge summieren sich 2018 mit 7,3 % Krankenversicherung, 9,3 % Rentenversicherung, 1,5 % Arbeitslosenversicherung und 1,275 % Pflegeversicherung auf knapp 19,4 %, sodass sich dadurch die Personalkosten auf 4246,91 € erhöhen. Hinzu kommen 3 % auf die Unfallversicherung, die Beiträge zur Berufsgenossenschaft sowie Kosten der Lohnfortzahlung im Krankheitsfall. Steigen die Tarifentgelte, wie 2019 vorgesehen um ca. 3 % an, so geht die Schere zwischen dem Nettoentgelt der ArbeitnehmerInnen, die aufgrund der höheren Steuerprogression weniger als 3 % netto erhalten, und dem Bruttoarbeitgeberbetrag weiter an.

In *Österreich* ist über Kollektivverträge geregelt, wie viele Bezüge die MitarbeiterInnen pro Jahr bekommen. De facto sehen alle Kollektivverträge 14 Gehaltszahlungen vor (inkl. Urlaubsgeld und der Weihnachtsremuneration). Die MitarbeiterInnen rücken in der Regel alle zwei Jahre im Gehaltsschema um eine Stufe weiter. Darüber hinaus müssen Lohn- und Gehaltsnebenkosten betrachtet werden, die sich aus gesetzlichen Sozialausgaben und Steuern zusammensetzen. Diese richten sich danach, ob die sozialwirtschaftliche Organisation vom Finanzamt als gemeinnützig anerkannt ist oder nicht. Nicht jeder Verein ist in Österreich automatisch im Sinne des Steuerrechts gemeinnützig. Tab. 5.16 zeigt die unterschiedlichen Kosten für das Jahr 2018.

Da es bei diesen Abgaben spezifische Grenzwerte und zusätzliche Ausnahmen gibt, sind zur exakten Berechnung Experten heranzuziehen. Als Näherungswerte kann man bei gemeinnützigen Organisationen in Österreich rund 27 %, bei nicht gemeinnützigen Organisationen 30 % Lohn- und Gehaltsnebenkosten ansetzen. Zur raschen überschlagsmäßigen Berechnung der jährlichen Gesamtkosten wird in Österreich ein sogenannter Nebenkostenfaktor von 1,52 (für nicht gemeinnützige Organisationen) und von 1,48 (für gemeinnützige Organisationen) verwendet. Dieser Nebenkostenfaktor deckt neben den Lohn- und Gehaltsnebenkosten auch das 13. und 14. Gehalt/Lohn:

- Ein gemeinnütziger Verein stellt eine Bürokraft ein. Das Gehalt beträgt 2000 € pro Monat. Die Geschäftsführerin kalkuliert die Jahreskosten mit dem Nebenkostenfaktor und kommt auf 35.52 € (= 2000 × 12 × 1,48).

**Tab. 5.16** Übersicht über die Lohn- und Gehaltsnebenkosten in Österreich (2018)

| Lohn- und Gehaltsnebenkosten | Gemeinnützige Organisation | Nicht-gemeinnützige Organisation |
|---|---|---|
| 21,48 % Dienstgeberanteil Sozialversicherung | X | X |
| 3,9 % Dienstgeberbeitrag zum FLAF | X | X |
| 3 % Kommunalsteuer | Befreit | X |
| 0,36–0,44 % Zuschlag zum Dienstgeberbeitrag, wenn Mitglied der Wirtschaftskammer | Eher selten | X |
| 1,53 % MitarbeiterInnenvorsorge | X | X |

Quelle: Eigene Darstellung

- Ein nichtgemeinnütziges Social Business stellt eine Verkaufskraft ein. Das Gehalt beträgt 2000 € pro Monat. Die Geschäftsführerin kalkuliert die Jahreskosten mit dem Nebenkostenfaktor und kommt auf 36.48 € (= 2000 × 12 × 1,52).

Erschwerend in der Planung der Personalkosten ist, dass diese Kosten auf Basis von Tarif- oder Kollektivverträgen jährlich angepasst werden. Dies führt bei Vorschaurechnungen *(Forecast)* zu einer großen Planungsunsicherheit, da das Ausmaß der Anpassungen im Vorfeld geschätzt werden muss. Die jährlichen Anpassungen orientieren sich stark an der Inflationsrate des Vorjahres. In Deutschland lagen die nominellen Steigerungen zwischen 2012 und 2019 jährlich zwischen 2,4 und 3,5 %. Im Schnitt lag in Österreich die Anpassung des Kollektivvertrags bei 0,19 Prozentpunkte über der jährlichen Inflationsrate, berechnet man diesen ohne das Ausreißerjahr 2009, wo die Anpassung weit unter der Inflation lag, beträgt der Unterschied 0,36 Prozentpunkte. Bei der Vorschauplanung gilt es, basierend auf dem Personalstand, die Entwicklung der Personalkosten in den nächsten Jahren zu kalkulieren. Je weiter die Prognose in die Zukunft gerichtet wird, desto ungenauer fallen diese Prognosen aus. Fragen sind darum:

1. Wie wird sich der Personalstand entwickeln? Geht man vom heutigen Stand aus? Weiß man schon, ob es Einsparungen oder Ausweitungen beim Personal geben wird?
2. Wie wird sich die Inflation entwickeln? Welche Prognosen gibt es? Wie hoch wird dadurch die Anpassung des Tarifvertrags/Kollektivvertrags über der Vorjahresinflation sein?
3. Wie viel Prozent der MitarbeiterInnen springen jährlich in eine höhere Gehaltsstufe?

Aufgehend vom aktuellen Personalstand von 14 VZÄ und Personalkosten von 630.000 € im Jahr 2018 möchte eine Organisation aus Salzburg wissen, wie sich die Personalkosten bis 2021 entwickeln werden. Der Verein recherchiert die voraussichtlichen Inflationsraten und schätzt eine jährliche Anpassung des Kollektivvertrags, die 0,4 % über der Inflation liegt. Für 2019 ergibt sich somit 2,6 % (= Inflation 2018 2,2 % + 0,4 %). Wesentlich schwieriger gestalten sich die Prognosen für die Vorrückungen im Gehaltsschema, da der Gehaltszuwachs nicht im selben Umfang über alle Stufen verteilt ist und auch der Zeitpunkt der Vorrückung individuell nach dem Eintrittsdatum erfolgt. Tab. 5.17 zeigt die Überlegungen und Berechnungen.

Die *Veränderung der Personalkosten* hängt von vier Faktoren ab (siehe Tab. 5.18).

Die entscheidende Frage stellt sich bei allen Berechnungen zum Schluss: Wie berechtigt die Gehaltssteigerungen für die MitarbeiterInnen auch sind, übernehmen die Kostenträger auch die zusätzlichen Personalkosten und bezahlen sodann erhöhte Entgelte und Zuwendungen? Wenn nicht, schmälern diese Kostensteigerungen die Margen und erhöhen die Defizite: Der Druck zur Kostensenkung durch Abbau von Personal wird immer stärker.

**Tab. 5.17** Kostenprognose 2019 bis 2021

| Jahr | 2018 | 2019 | 2020 | 2021 |
|---|---|---|---|---|
| VZÄ | 14 | 14 | 14 | 14 |
| Inflationsrate (Prognose) | 2,2 % | 2,1 % | 1,9 % | |
| Vorauss. Anpassung des Kollektivvertrags | | 2,6 % | 2,5 % | 2,3 % |
| Zusatzkosten durch Vorrückungen | | 2 % | 2 % | 2% |
| Gesamtkostenanstieg | | 4,6 % | 4,5 % | 4,3 % |
| Prognose Gesamtkosten | 630.000 € | 658.980 € | 688.634 € | 718.245 € |

Quelle: Eigene Darstellung

## 5.2 Personalkosten als zentrale Steuerungsgröße

**Tab. 5.18** Übersicht über Kostenfaktoren Personalkosten

| Kostenfaktor | Fragen | Personalkosten steigend | Personalkosten sinkend |
|---|---|---|---|
| Personalbestand | Bleibt der Personalstand gleich? | Zugang neuer MitarbeiterInnen | Abgang bestehender MitarbeiterInnen (Rente, Kündigung, Befristungen, Karenz) |
| Wochenstunden der MitarbeiterInnen | Verändert sich die Wochenarbeitszeit bei den bestehenden MitarbeiterInnen? | Ausweitung/Aufstockung der Wochenstunden | Reduktion der Wochenstunden |
| Anpassung des Tarif- bzw. Kollektivvertrags | Wie und wann wird der Tarif- bzw. Kollektivvertrag angepasst/erhöht? | Für alle MitarbeiterInnen im Ausmaß der prozentuellen Erhöhung | Personalkosten sinken in der Regel nur bei Abkehr vom Tarifvertrag |
| Vorrückungen im Gehaltsschema | Wer rückt aufgrund der Zugehörigkeit zur Organisation in eine andere Gehaltsstufe vor? | Je nach Vertrag rücken bestimmte MitarbeiterInnen in diesem Jahr zu einem gewissen Stichtag vor | MitarbeiterIn erhält im TVöD aufgrund des Aufstiegs in neue Gehaltsgruppe, muss aber dort in Stufe 1 beginnen |

Quelle: Eigene Darstellung

**Fallbeispiel 5: Personalcontrolling beim Verein Dialog**
Der Verein wurde 1981 gegründet und ist ein gemeinnütziger, unabhängiger Verein im Wiener Suchthilfesystem mit unterschiedlichen Fördergebern. Als Bestandteil des Wiener Drogenhilfesystems arbeitet der Verein eng mit anderen Einrichtungen des Gesundheits- und Sozialwesens zusammen. Von besonderer Bedeutung sind die Kooperationen mit anderen ambulanten und stationären Beratungs- und Betreuungseinrichtungen der Suchthilfe sowie mit niedergelassenen ÄrztInnen. So gewährleistet der Verein Dialog eine bedarfsgerechte und umfassende Unterstützung der KlientInnen. Der Vorstand arbeitet ehrenamtlich, an der Spitze der operativen Leitung steht der hauptamtliche Geschäftsführer. Der Verein Dialog ist als einer von wenigen Vereinen auch nach den Qualitätsstandards von ISO 9001–2015 zertifiziert. Neben den Jahresberichten stehen auch das Qualitätshandbuch, das Behandlungskonzept und die Standards der Angehörigenberatung auf der Website zum Download zur Verfügung.

**Der Verein Dialog in Zahlen (2017)**
6986 betreute KlientInnen und Angehörige (davon 76 % Männer, 24 % Frauen)
6619 erreichte Personen im Bereich Suchtprävention und Früherkennung
112 MitarbeiterInnen
5 Standorte in Wien
80 % des Budgets sind Personalkosten

**Controlling als transparenter Prozess**
Der jährliche Budgetierungsprozess des Vereins Dialog startet im Mai/Juni für das folgende Jahr. In den Budgetgesprächen (Geschäftsführung, Controlling und die jeweiligen Einrichtungsleitungen) werden die inhaltlichen Schwerpunkte des nächsten Jahres besprochen. Im Sinne des *Zero Base Budgeting* sollen Ideen entwickelt werden, ohne sofort über die Frage der Finanzierung nachdenken zu müssen. Im Mittelpunkt steht die strategische Ausrichtung der jeweiligen Einrichtung. Dieser kreative Prozess soll die Entwicklung neuer Angebote und Lösungen fördern. Erst im zweiten Schritt geht es um die jeweiligen Budgetzahlen. Die Budgetgespräche sollen aber auch die Möglichkeit zur Rückschau bieten und aufzeigen, was im letzten Jahr gut gelaufen und was noch offen ist. Auf Basis dieser Gespräche wird ein sogenanntes „Antragsbudget" erstellt, das nach den Verhandlungen mit den verschiedenen Auftraggebern als „Arbeitsbudget" vom Vorstand beschlossen wird. Der Vereinsleitung ist Transparenz gegenüber den MitarbeiterInnen sehr wichtig. Das

## 5.2 Personalkosten als zentrale Steuerungsgröße

Top-Management delegiert viele Entscheidungen auf andere Führungsebenen („nicht alles muss über den Tisch des Geschäftsführers wandern"). Deshalb werden in der sogenannten Steuerungsgruppe (SG), in der alle Führungskräfte vertreten sind und die alle 14 Tage stattfindet, die meisten Entscheidungen diskutiert und gemeinsam getroffen. Führungskräfte im Verein müssen auch über betriebswirtschaftliches Know-how verfügen, um beurteilen zu können, warum wirtschaftliche Fragen wichtig sind und welche finanziellen Auswirkungen verschiedene Maßnahmen haben. Strategische Fragen werden im Verein Dialog immer wichtiger. Soeben wurde das Strategiepapier 2022 fertiggestellt. Ziel ist eine gesamtorganisationale Ausrichtung, aber auch, dass alle MitarbeiterInnen wissen, wohin die Reise gehen soll.

**Operatives Controlling**
Controlling versteht man im Verein Dialog als gemeinsame Aufgabe der Geschäftsführung, der Controllerin, des Datenteams sowie der jeweiligen Hausleitungen. Der Bereich Personalbudget hat mit rund 80 % Anteil an den Kosten eine hohe Aufmerksamkeit. Die Personalkosten können für verschiedene Kostenstellen, verschiedene Auftraggeber oder auch auf Basis einzelner Leistungen dargestellt werden. Je nach Finanzierungsvariante werden für die unterschiedlichen Berufsgruppen (SozialarbeiterInnen, ÄrztInnen, PsychologInnen) Stundensätze kalkuliert. Die unterjährige Steuerung hat höchste Priorität. Hier steht das monatliche Reporting im Mittelpunkt, bei dem das Budget und die laufenden Kosten für die jeweiligen Kostenstellen bzw. Standorte aufbereitet und den Erlösen gegenübergestellt werden. Ab dem zweiten Quartal werden auch Forecasts für das laufende Jahr erstellt.

**Personalcontrolling – mehr als betriebswirtschaftliche Kennzahlen**
In den Besprechungen der Steuerungsgruppe werden sowohl fachliche als auch wirtschaftliche Fragen besprochen. Insbesondere stehen alle Personaländerungen auf der Tagesordnung. Dabei gilt das Motto „Kosten schlagen Stunden". Das bedeutet, dass die Kosten z. B. durch Nachbesetzungen nicht über die budgetierten Werte steigen dürfen. Würde ein „teureres" Personal nachbesetzt, dann müsste man die Stunden reduzieren, um die Kosten auf dem Planungsniveau zu halten. Neben dem Personalbudget, als zentrales Controllingtool, gibt es auch Auswertungen über die Fluktuationsrate, die jährlichen Fortbildungen und Ergebnisse aus der jährlichen MitarbeiterInnenbefragung wie z. B. die MitarbeiterInnenzufriedenheit, die Zufriedenheit mit der Arbeitszeitgestaltung oder die Wahrnehmung des Vereins als Arbeitgeber und als sozialer Dienstleister. Die Ergebnisse der MitarbeiterInnenbefragung stellen

den Ausgangspunkt für konkrete Maßnahmen dar. So wurde z. B. im letzten Jahr die hohe Belastung des psychosozialen Personals durch administrative Arbeiten intensiv analysiert und eine neue Verteilung dieser Arbeiten beschlossen. Dadurch wurden viele administrative Tätigkeiten von psychosozialen MitarbeiterInnen hin zu administrativen KollegInnen umverteilt, der KlientInnenprozess gestrafft und eine höhere MitarbeiterInnenzufriedenheit erreicht.

**Szenarien für die Personalkosten der Zukunft**
Als große Herausforderung erlebt man derzeit den Arbeitsmarkt für medizinisches Personal, da sich das Lohnniveau der ÄrztInnen in den Krankenhäusern in den letzten Jahren deutlich nach oben verschoben hat. Da rund ein Viertel des Personals ÄrztInnen (AllgemeinmedizinerInnen, PsychiaterInnen) sind, muss sich der Verein, insbesondere im Hinblick auf die verfügbaren Fördermittel, diesen Entwicklungen anpassen, wenn man Personal positiv binden oder neues finden möchte. Aktuell werden verschiedene Szenarien für ein neues Gehaltsschema durchgerechnet und einem Benchmarking unterzogen. Alle Personalkosten werden laufend für die nächsten drei Jahre prognostiziert. Dieser Forecast zeigt die generelle Entwicklung. Da es für die Vereinstätigkeiten nur einjährige Förderverträge gibt, sind diese Zahlen jedoch eher ein Richtwert – als eine genaue Prognose.
*Quellen: Verein Dialog Jahresbericht 2017,* http://www.dialog-on.at/aktuelles/jahresbericht-2017, *Interview mit Helmut Schmidt, Geschäftsführer Verein Dialog.*

## 5.3 Grundlagen des Kostenmanagements

Wenn bei der Bundesbahn die Tariflöhne oder die Stromkosten steigen, reagiert die Bahn stets mit Preiserhöhungen. Wie reagieren darauf die KundInnen? Ein Teil von ihnen wird auf das Auto „ausweichen", einige Reisen werden unterbleiben und andere BahnkundInnen werden die Bahn insgesamt weniger nutzen. Unterm Strich könnten durch die Preiserhöhung so viele KundInnen ausweichen, dass die Bahn weniger Umsatz (Menge × Preis) erzielt als vorher. Wie sieht das im Sozialbereich aus? Können Tarifsteigerung, Stromkosten oder Subventionskürzungen an die Kostenträger weitergegeben werden? Wahrscheinlich nicht! Im Gegenteil: steigende Preise (z. B. bei Pflegesätzen) führen dort unter Umständen zum vollständigen Verlust des Auftrags (etwa bei Ausschreibungen), zu einer geringeren Nachfrage und zur Stärkung alternativer Angebote (z. B. Ausweichen der Betreuung alter Menschen in die Zuhause-Betreuung bzw. 24 h-Betreuung

## 5.3 Grundlagen des Kostenmanagements

durch osteuropäische Pflegekräfte). Preissteigerungen bedingt durch Kostensteigerungen sind somit genau abzuwägen. Sinnvoll ist es, die Kosten in Höhe, Verlauf und Struktur zu steuern.

*Kostenmanagement* umfasst alle Maßnahmen, die der frühzeitigen Beeinflussung von *Kostenstrukturen* und *Kostenverhalten* sowie der Senkung des *Kostenniveaus* dienen (vgl. Fischer et al. 2015, S. 237):

- Die Kosten *(Kostenniveau)* setzen sich aus der eingesetzten Menge multipliziert mit den jeweiligen Personalkostenwerten zusammen. Durch Mengen- und/oder Wertreduzierung lassen sich die Kosten senken. Reduziert man die Einsatzmengen, bedeutet das, dass die verbleibenden MitarbeiterInnen die bisherige Arbeitsmenge bewerkstelligen müssen. Es werden weniger Ressourcen bezogen auf die Arbeitsleistung verbraucht. Man kann dies Arbeitsverdichtung nennen. Personalreduzierung erkauft man vermutlich mit Qualitätsminderungen. Sie kann durch den sinnvollen Verzicht überflüssiger Tätigkeiten erreicht werden. Möchte man die Wertkomponente reduzieren, so muss man die monatlichen Gehälter oder den Stundenlohn absenken, Sonderzahlungen streichen oder Ersatzkräfte zu verschlechterten Bedingungen einstellen. Das ist in den meisten Fällen für die Sozialwirtschaft weder rechtlich noch ethisch möglich.
- Eine weitere Komponente des Kostenmanagements ist der *Kostenverlauf.* Hier geht es um das Kostenverhalten bei Beschäftigungsänderungen: Wie verhalten sich die Kosten, wenn die Auslastung sinkt bzw. steigt? Je höher der Fixkostenanteil ist, umso stärker sinken die Stückkosten bei zunehmender Auslastung, und umgekehrt steigen die Stückkosten bei sinkender Auslastung. Will man diesen Effekt mildern, müssen die Personalkosten variabler werden. Dies wird in der Praxis mit befristeten Arbeitsverträgen, LeihmitarbeiterInnen und einem zunehmenden Einsatz von Honorarkräften erreicht. Um Leerstände und Unterbeschäftigung zu vermeiden, können die Arbeitszeiten flexibilisiert werden. Auch hier muss man rechtliche und moralische Grenzen berücksichtigen.
- Zum Kostenstrukturmanagement zählen alle Maßnahmen, die aktiv die *Kostenstruktur,* also das Verhältnis von Fixkosten und variablen Kosten bzw. von Gemeinkosten und Einzelkosten, beeinflussen. Versucht man langfristige Fixkosten in mittel- oder kurzfristige Kosten umzuwandeln, muss dies nicht zu einer Kosteneinsparung führen. Werden langfristige Mietverträge nicht mehr verlängert und durch kurzfristige Verträge ersetzt, können kurzfristig sogar die Kosten steigen. Gewonnen wird ein höherer Grad an Flexibilität, weil man bei sinkender Auslastung schneller Kosten senken kann. Das Gemeinkostenmanagement versucht dagegen, eine bessere Zuordnung der Kosten zu den Verursachern zu erreichen. Dadurch sind ein besseres Kostenbewusstsein und eine größere Kostenverantwortung zu erwarten.

Die Dienstleistungserstellung verursacht in der direkten Leistungserstellung hohe Gemeinkosten durch Personalkosten und Ausstattungskosten, weil die Kosten meist nicht dem einzelnen Kostenträger (Pflege, Betreuung, Beratung) direkt als Einzelkosten, sondern nur geschlüsselt mithilfe der Zuschlagskalkulation zuzurechnen sind. Zusätzlich nehmen im Laufe der Zeit die Kosten in der indirekten Leistungserstellung (Leitung, Infrastruktur, Projektentwicklung und Beschaffungsmanagement) tendenziell zu, weil immer höhere Anforderungen an Marktbeobachtung, Projektentwicklung, Qualitätsmanagement, Datenschutz, Gesundheitsförderung oder finanzielle Steuerung gestellt werden, sodass Kostenmanagement im Sozialbereich vornehmlich als Gemeinkostenmanagement angesehen werden kann. Das *Gemeinkostenmanagement* will die Gemeinkosten steuern. Dies beinhaltet bei Kostensenkungen und gleicher Leistung eine Reihe von Strategien:

**Effizientere Organisation** bedeutet

- dezentralisieren,
- verlegen der Tätigkeit auf andere Einheiten (kumulieren),
- Verlegung nach außen (outsourcen).

**Effizientere Betriebsabläufe** bedeuten

- straffen,
- standardisieren/vereinheitlichen,
- Vermeidung von Leerkosten.

**Kostensenkung bei gleichzeitiger Leistungsreduzierung** bedeutet

- weniger spontane Reaktionen auf Kundenwünsche (längere Wartezeiten),
- geringere Leistungsfrequenz (Einschränkung der Öffnungszeiten),
- geringerer Umfang (kürzere Gespräche, nur noch telefonische Auskunft),
- Verringerung der Qualität (Reduzierung von Nebenleistungen wie Kaffeeausschank),
- völliger Wegfall (z. B. keine Hausbesuche, Reduzierung von Einzelveranstaltungen).

In dieser Reihenfolge stellen solche Maßnahmen eine abgestufte Reaktion auf das zunehmende Problem der Finanzkürzungen und der nicht mehr abgedeckten Leistungen dar.

Zur Planung, zur Budgetierung und zum Kostencontrolling gehört in sozialen Einrichtungen vor allem die Gemeinkostensteuerung. Dabei ist eine Reihe von Kostentreibern zu beachten, die Auswirkungen auf das Kostenniveau haben. Diese Kostentreiber („cost driver") stellen Faktoren oder Bezugsgrößen dar, die die Gemeinkosten bestimmen oder ansteigen lassen. Kostentreiber der Gemeinkosten können die Leistungsmenge sein, weil mit zunehmender Auslastung die Koordinationskosten zunehmen, die Leistungstiefe (Verschiedenartigkeit der Leistungen), die Gehälter, die Anzahl und die Gehaltsstruktur der MitarbeiterInnen in der Verwaltung, die Qualitäts- und Dokumentationsvorgaben der Verwaltung und schließlich die Aktionen der Leitung wie das Abhalten von MitarbeiterInnenbesprechungen und das Durchführen von Workshops. Können durch Leistungsreduzierung, Qualitätseinschränkung, Standardisierung Gemein- und Einzelkosten gespart werden und kann gleichzeitig der Kundennutzen gleich bleiben oder nur geringfügig sinken? Eine solche Strategie impliziert – ausgehend vom Nutzen der KundInnen –, zu überlegen, wie man das Leistungsangebot verändern kann:

- Worauf könnten die KundInnen als Erstes verzichten? Was stellt für sie keinen Wert dar?
- Womit sind sie zufrieden, was vermissen sie, was ist ihnen besonders wichtig?
- Was würden sie mehr erwarten, wenn die Leistung um x % teurer wäre?
- Worauf könnten sie als Erstes verzichten, wenn dadurch eine Preissteigerung vermieden wird?

Bedenken muss man darüber hinaus, dass in der Sozialwirtschaft viele Einrichtungen klare Vorgaben von den FördergeberInnen bekommen, welche Leistungen zu erbringen sind, und dass somit der Spielraum zur Veränderung in den allermeisten Fällen sehr gering ist.

# Anhang

## Arbeitsaufgaben zur praktischen Auseinandersetzung und persönlichen Vertiefung

A 5.1: Wie kann man in Ihrer Organisation sinnvoll Kostenstellen einrichten? Welche Gründe sprechen dafür?
A 5.2: Welche Kosten sind in Ihrer Organisation fix, welche variabel?

A5.3: Was spricht aus Ihrer Perspektive in Ihrer Organisation für eine Teilkostenrechnung? Welche Informationen versprechen Sie sich davon?

A 5.4: Berechnen Sie, wie sich in Ihrer Organisation in den letzten 5 Jahren die Personalkosten entwickelt haben. Welche Gründe gab es dafür? Wie werden sich die Personalkosten in den nächsten 3 Jahren entwickeln?

A 5.5: Überlegen Sie, wie Sie – ausgehend vom aktuellen Budget Ihrer Organisation (Bereich, Abteilung, Projekt) – nächstes Jahr 10 % der Kosten einsparen könnten?

## Übungsaufgaben

Ü 5.1: Der Kindergarten Farbenfroh bietet zwei Gruppen. Die Inhaberin, Frau Bauerfrau, ist selbst als Kindergartenpädagogin tätig. Sie hat eine weitere Pädagogin und zwei Helferinnen angestellt.

Aus der Finanzbuchhaltung entnimmt sie folgende Zahlen für das Jahr 2017:

| Miete | 14.400 € |
| --- | --- |
| Energie | 2100 € |
| Telefon/Internet | 480 € |
| Weiterbildung | 500 € |
| Beratungsaufwand | 1500 € |
| Personalaufwand | 100.000 € |
| Verpflegung Kinder | 18.000 € |
| Abschreibung | 7500 € |
| Sonstiger Aufwand | 7500 € |

Im Betriebsvermögen hält sie einen PKW, der 2017 angeschafft wurde (Anschaffungswert 15.000 €, jährliche Abschreibung 1875 €). Die restliche Abschreibung bezieht sich auf die Einrichtung und Umbauten.

a) *Führen Sie eine Betriebsüberleitung durch*
   Bei der Überleitung des Aufwandes in Kosten möchte Frau Bauerfrau auch kalkulatorische Kosten berücksichtigen.
   Personalaufwand:
   1. Frau Bauerfrau möchte für sich einen Unternehmerlohn von 36.000 € pro Jahr berücksichtigen.

2. Da die Mutter von Frau Bauerfrau ihr mittags ehrenamtlich hilft, sollen dafür kalkulatorische Personalkosten von monatlich 900 € angesetzt werden.
3. Der PKW soll gemäß den jährlichen Kilometern abgeschrieben werden (gesamte Nutzungsdauer 150.000 km, 2017 45.000 km).

b) *Wie hoch sind die Kosten für 2017?*

| Position | Ansatz Finanzbuchhaltung (€) | Überleitung (plus oder minus) | Ansatz Kostenrechnung |
|---|---|---|---|
| Miete | 14.400 | | |
| Energie | 2100 | | |
| Telefon/Internet | 480 | | |
| Weiterbildung | 500 | | |
| Beratungsaufwand | 1500 | | |
| Personalaufwand | 100.000 | | |
| Verpflegung Kinder | 18.000 | | |
| Abschreibung | 7500 | | |
| Sonstiger Aufwand | 7500 | | |
| Kalk.Unternehmerlohn | | | |
| Summe | 151.980 | | |

Ü5.2: Der Kindergarten Farbenfroh betreibt zwei Gruppen, die eine Kostenstellen bilden (siehe Ü 5.1).

| | Gruppe 1 – Kostenstelle 1 | Gruppe 2 – Kostenstelle 2 |
|---|---|---|
| Pädagogin | Angestellte 30 h/Woche | Inhaberin 30 h/Woche |
| Helferin | Angestellte 30 h/Woche | Angestellte 20 h/Woche |
| Kinder | 20 | 16 |

Zusätzlich kümmert sich die Inhaberin Frau Bauerfrau 15 h/Woche um die Verwaltung des Kindergartens.
Verteilen Sie die Kosten gemäß der Kostenüberleitung in A 5.1. auf die beiden Kostenstellen.
1. Miete, Energie, Telefon, Internet und der sonstige Aufwand werden aufgrund der Fläche der Kindergruppen verteilt. Der Kindergarten hat insgesamt 100 m² (Gruppe 1: 30 m², Gruppe 2: 35 m², Küche & Nebenräume: 35 m²).

2. Weiterbildung und Personalaufwand werden gemäß der Stunden der angestellten Pädagogin bzw. Helferinnen verteilt.
3. Der Beratungsaufwand wird beiden Gruppen zu gleichen Teilen zugeordnet.
4. Die Verpflegung der Kinder und die Abschreibung werden im Verhältnis der Kinder verteilt.
5. Der Tätigkeit als Pädagogin werden 2/3 des Unternehmerlohns angelastet (nur Gruppe 2), auf die administrative Tätigkeit entfallen 1/3, die zu gleichen Teilen auf beide Gruppen verteilt werden..

| Kostenart | Gesamtkosten (€) | Gruppe 1 | Gruppe 2 |
|---|---|---|---|
| Miete | 14.400 | | |
| Energie | 2100 | | |
| Telefon/Internet | 480 | | |
| Weiterbildung | 500 | | |
| Beratungsaufwand | 1500 | | |
| Personalaufwand | 110.800 | | |
| Verpflegung Kinder | 18.000 | | |
| Abschreibung | 10.125 | | |
| Sonstiger Aufwand | 7500 | | |
| Kalk. Unternehmerlohn | 36.000 | | |
| Summe | 201.405 | | |

## Literatur

Arbeiterwohlfahrt Hessen-Süd. (2016). *Geschäftsbericht.* http://www.awohs.org/fileadmin/user_upload/aktuelles/2016/AWO_Hessen-S%C3%BCd_Gesch%C3%A4ftsbericht_2016.pdf. Zugegriffen: 05. Febr. 2018.

Fischer, T., Möller, K., & Schultze, W. (2015). *Controlling Grundlagen, Instrumente und Entwicklungsperspektiven* (2. Aufl.). Stuttgart: Schäffer-Poeschel.

Gehaltsrechner. (2018). Tarifvertrag für den Öffentlichen Dienst, Sozial- und Erziehungsdienst 2018. http://oeffentlicher-dienst.info/c/t/rechner/tvoed/sue?id=tvoed-sue-2019&g=S_14&s=1&f=&z=&zv=&r=0&awz=&zulage=&kk=15.5%25&kk=&zkf=1&s tkl=4. Zugegriffen: 17. Nov. 2018.

Halfar, B., Moos, G., & Schellberg, K. (2014). *Controlling in der Sozialwirtschaft.* Baden-Baden: Nomos.

Hungenberg, H., & Kaufmann, L. (2001). *Kostenmanagement* (2. Aufl.). München: Oldenbourg.
Öffentlicher Dienst. (2018a). Tarifvertrag für den Öffentlichen Dienst. http://oeffentlicher-dienst.info/tvoed/. Zugegriffen: 17. Nov. 2018.
Öffentlicher Dienst. (2018b). TVöD – Sozial- und Erziehungsdienst. http://oeffentlicher-dienst.info/tvoed/sue/. Zugegriffen: 17. Nov. 2018.

## Literaturtipps zum Vertiefen

Bettig, U., Christa, H., Faust, W., et al. (2013). *Betriebswirtschaftliche Grundlagen in der Sozialwirtschaft*. Baden-Baden: UTB.
Heister, W. (2008). *Rechnungswesen in Nonprofit-Organsiationen*. Stuttgart: Schäffer-Poeschel.
Kaspers, U., Kennerknecht, S., & Schellberg, K. (2017). *Kostenmanagement in Sozialunternehmen* (2. Aufl.). Regensburg: Walhalla Fachverlag.
Kortendieck, G. (2017). *Strategisches Management* (2. Aufl.). Regensburg: Walhalla Fachverlag.
Schauer, R., Andeßner, R. C., & Greiling, D. (2015). *Rechnungswesen und Controlling für Nonprofit-Organisationen* (4. Aufl.). Bern: Haupt.

# Wirkungscontrolling 6

> **Zusammenfassung**
>
> Traditionell stehen im Controlling monetäre Zahlen im Vordergrund. Die Leistungsmessung spielt in vielen Branchen eine untergeordnete Rolle. Dies ist seit einiger Zeit im sozialen Bereich und in der Gesundheitswirtschaft anders. Mittlerweile müssen Ergebnisse evaluiert und nach ihren Wirkungen ausgewertet werden. Dies geht so weit, dass zunehmend gefordert wird, (öffentliche) Gelder nur noch für nachgewiesene Wirkungen bereitzustellen. Mithilfe von Ursache-Wirkungs-Zusammenhängen sollen darum Ansätze erläutert werden, Wirkungen sozialer Arbeit zu erfassen. Dabei muss man berücksichtigen, dass soziale Arbeit als Dienstleistung immaterielle Ergebnisse zur Folge hat und die KlientInnen an der Wirksamkeit mit ihrer eigenen Leistung unabdingbar beteiligt sind.

> **Lernziele**
>
> - Sie lernen die unterschiedlichen Begriffsabgrenzungen für Wirkung *(Outcome, Impact)* kennen.
> - Sie erkennen die Bedeutung der Leistungs- und Wirkungsmessung im sozialen Bereich als besondere Herausforderung für alle Beteiligten.
> - Sie begreifen, dass FördermittelgeberInnen ihre Geldleistungen als Investition sehen und eine soziale „Rendite" erwarten.

- Sie können anhand der Ursache-Wirkungs-Kette verschiedene Stadien der Wirkungsmessung unterscheiden und Kennzahlen ableiten.
- Mit dem Social Return on Investment kennen Sie einen viel diskutierten Versuch, eine Rendite der Ausgaben im sozialen Bereich zu ermitteln und zu präsentieren.

## 6.1 Schwierige Leistungsmessung im sozialen Bereich

Das Thema Leistungs- und Wirkungscontrolling hat in den letzten Jahren im sozialen Bereich erheblich an Bedeutung zugenommen. Warum? Die Kostenträger im Bereich der öffentlichen Hand stehen unter Druck, ihre Ausgaben zu legitimieren und wünschen einen deutlich besseren Überblick, welche Wirkungen erzielt wurden und welche Maßnahmen sich als effektiv erwiesen haben. Der Fonds Soziales Wien (2015) hat „Wirkung" als einen Aspekt in die Rahmenrichtlinie zur Qualitätssicherung für die Einrichtungen der Wiener Wohnungslosenhilfe aufgenommen. Im Rahmen von Qualitätsaudits überprüft der Fördergeber folgende Fragen zum Thema Wirkung:

- Werden von der Einrichtung Wirkungsziele für ihr Leistungsangebot definiert?
- Sind ausgehend von Wirkungszielen Indikatoren und Kennzahlen zur Messung festgelegt?
- Erfolgt eine regelmäßige und systematische Datenerhebung und -auswertung bezogen auf die festgelegten Indikatoren und Kennzahlen?
- Werden die Auswertungsergebnisse auf die Erreichung der Wirkungsziele analysiert?
- Werden daraufhin Arbeitsweise und Wirkungsziele der Einrichtung reflektiert und adaptiert?
- Werden die Ergebnisse der Analyse sowie die Erkenntnisse aus deren Reflexion nachvollziehbar dargestellt und den in der Betreuungsarbeit tätigen MitarbeiterInnen kommuniziert?
- Ist der gesamte Prozess zur Wirkungsorientierung schriftlich festgelegt?

Förderstiftungen, als soziale Investoren bezeichnet, verlangen von Organisationen einen Wirkungsnachweis und erwarten von ihren „Investitionen" eine Rendite, die sich als soziale Rendite aus den Wirkungen einer Maßnahme ergeben (vgl. Bundesverband der Deutschen Stiftungen 2016). Problematisch an der Wirkungsmessung ist aus Controllingsicht, dass es bei Non-Profit-Einrichtungen kein dominantes, operativ leicht zu beschreibendes und zu messendes Ziel gibt: den wirtschaftlichen Erfolg. Zwar kann auch in NPOs ein Jahresgewinn durchaus angestrebt werden, er stellt aber nicht den eigentlichen Erfolgsmaßstab dar. Vielmehr stellen

- der Gemeinnutzen,
- die Wirksamkeit der Maßnahmen für die KlientInnen oder
- der Nutzen der Maßnahmen hinsichtlich der Einrichtungsziele

Erfolgsfaktoren für NPO dar. Diese sind typischerweise *nichtmonetär* (und damit schwerer messbar), sondern auch eher vage, unkonkret und wenig operational.

Was heißt nun also konkret, erfolgreich „Gutes" zu erreichen? Der Erfolg einer Organisation ist nach Schober und Rauscher (2014, S. 8) eine *effiziente und effektive Leistungserbringung* zur Erfüllung der Mission. Bei Non-Profit-Einrichtungen erfolgt die Erfolgsbewertung nicht allein durch den Markt oder die KundInnen. Die Marktbewertung durch den erzielten Absatz und den dabei erzielten Renditen, die eine leistungsorientierte Bewertung des Erfolgs zwischen Inputeinsatz und Output ermöglicht, reicht für sozialwirtschaftliche Organisationen nicht aus. Die entscheidenden Erfolgskriterien müssen vor allem vor dem Hintergrund der Interessen vieler unterschiedlicher StakeholderInnen und ihrer jeweiligen Macht, diese durchzusetzen, betrachtet werden (sehr anschaulich bei Halfar et al. 2014, S. 66 f.). Es geht um die Frage, inwieweit die Einrichtung, auf Basis der Bewertung der Zielerreichung durch die StakeholderInnen, ihre Mission erfüllt hat. Für die Einrichtung, den Leistungserbringer, stellt sich die Anforderung, dass man nicht nur Gutes bezwecken will, sondern diese Ergebnisse auch tatsächlich erreicht hat und nachweisen kann. Hier muss sich die Bewertung auf eine wirkungsorientierte Erfolgsmessung konzentrieren (vgl. Schober und Rauscher 2014, S. 9).

## 6.2 Wirkungsorientierung: vom Output zum Impact

Bevor man sich mit der Frage der Wirkungsmessung auseinandersetzen kann, gilt es, Wirkung von Leistungen und Outputs zu unterscheiden. Für viele verwirrend und ein Zeichen dafür, dass die Wirkungsdebatte erst am Anfang steht, sind die unterschiedlichen Definitionen der Begriffe „Outcome" und „Impact". Bei Halfar et al. (2014, S. 63) und Bono (2010) wird der Begriff *Outcome* für die gesellschaftliche Wirkung, der (hier nicht weiter thematisierte) Begriff *Effect* für die objektiv ersichtliche Wirkung bei KlientInnen, und der Begriff *Impact* für eine subjektiv erlebte Wirkung (im Sinne der KundInnenzufriedenheit) verwendet. In der Praxis hat sich das Wirkungsmodell von Phineo (2017) etabliert. Es definiert Wirkung als Veränderungen in der Gesellschaft und beim Individuum, wobei die Wirkung zunächst bei der Zielgruppe entsteht *(Outcome)* und schließlich auch eine gesellschaftliche Veränderung *(Impact)* bewirkt. Dies stellt einen idealtypischen Verlauf dar, der in der Praxis nicht immer haltbar ist, weil es soziale Einrichtungen gibt, deren Ziel primär auf die Lebenssituation der KlientInnen gerichtet ist und für die gesellschaftliche Veränderungen einen gewünschten „Nebeneffekt" darstellen, da die Ressourcen nicht dafür ausreichen, auch gezielt „die Gesellschaft" als Ganzes zu adressieren. Es ist zu hinterfragen, ob z. B. durch die Arbeit mit KlientInnen in einem Haus für Wohnungslose, der Beratung von jungen Müttern oder der Arbeit im Jugendzentrum automatisch die Gesellschaft für diese Themen sensibilisiert wird? Trotzdem ist die „Wirkungstreppe" ein gutes Tool, um die verschiedenen Leistungs- und Wirkungsebenen zu betrachten. Die Stufen 1–3 dieser Treppe stellen den Output der Einrichtung dar. Ab Stufe 4 spricht man von Wirkung. In der Wohnungslosenhilfe könnten bspw. Übergangswohnplätze angeboten werden (Stufe 1), die von akut wohnungslosen Menschen in Anspruch genommen werden (Stufe 2), die auch die Betreuung durch SozialarbeiterInnen akzeptieren (Stufe 3). Durch Beratungs- und Bildungsangebote lernen die Menschen, wo es Hilfsangebote gibt und wie man diese bekommen kann (Stufe 4), verlieren die Scheu bei Ämtern vorzusprechen, lernen, sich selbst Hilfe zu organisieren (Stufe 5) und schaffen es, wieder selbstständig zu wohnen (Stufe6). Durch das Angebot und die Arbeit mit den KlientInnen kommt es zu weniger Obdachlosigkeit bzw. zu einer Sensibilisierung der Öffentlichkeit für das Thema Wohnungslosigkeit (Stufe 7). Zusammengefasst liegt dieser Wirkungstreppe die in Abb. 6.1 dargestellte Logik zugrunde: über den Input (finanzielle und personelle Inputs sowie die Infrastruktur) und die Prozesse entsteht ein Output (z. B. Belegungstage im Übergangswohnhaus oder Beratungsstunden), der einen Outcome und damit verbunden den Impact bewirkt.

Der Steuerungslogik folgend muss man Wirkungsziele definieren, wirkungsorientierte Maßnahmen ableiten und laufend auf ihre Zielerreichung überprüfen. *Wirkungsziele* sind angestrebte, zukünftige Zustände bei KlientInnen oder der Gesellschaft als Ganzes. Wirkungsziele können kurz-, mittel- oder langfristig definiert werden. Die Summe der Wirkungsziele zeigt die Schwerpunkte, die eine soziale Einrichtung bei ihren KlientInnen oder der Gesellschaft erreichen möchte. Die Wirkungsziele entsprechen den unterschiedlichen Stufen der Wirkungstreppe (siehe Abb. 6.1). Phineo (2017, S. 7) sieht drei Kernschritte der Wirkungsorientierung, die, wie Abb. 6.2 zeigt, einen Kreislauf ergeben, der dem Controllingregelkreis (siehe Kap. 1) entspricht:

## 6.2 Wirkungsorientierung: vom Output zum Impact

| | | | | 7 Gesellschaft verändert sich | Impact |
| | | | 6 Lebenslage der Zielgruppen ändert sich | | |
| | | 5 Zielgruppen ändern ihr Handeln | | | Outcome |
| | 4 Zielgruppen verändern ihre Fähigkeiten | | | | |
| 3 Zielgruppen akzeptieren Angebote | | | | | |
| 2 Zielgruppe wurde erreicht | | | | | Output |
| 1 Aktivitäten finden wie geplant statt | | | | | |

**Abb. 6.1** Die Wirkungstreppe. (Quelle: Phineo 2017, S. 5)

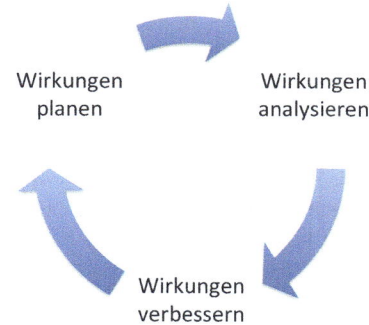

**Abb. 6.2** Wirkungsorientierung. (Quelle: Eigene Darstellung)

- **Wirkungen planen** bedeutet, die Herausforderungen und Bedarfe zu verstehen, Wirkungsziele zu definieren und eine Wirkungslogik in Form von Wirkungsketten zu formulieren.
- **Wirkungen analysieren** bedeutet, für jedes Wirkungsziel Indikatoren und Kennzahlen zu entwickeln, Daten zu erheben und auszuwerten.
- **Wirkungen verbessern** steht für das Setzen von Maßnahmen zur besseren Zielerreichung und für ein wirkungsorientiertes Berichtswesen (vgl. Phineo 2017, S. 7).

Es reicht also nicht, zu behaupten, dass ein guter Input (etwa hochqualifizierte MitarbeiterInnen) bereits einen gesellschaftlichen Impact bewirkt. Auch ist die gemessene KundInnenzufriedenheit (mit dem Leistungsprozess) kein hinreichender Indikator für erfolgreiches Handeln, wenn auch ein wichtiger Moment, der für die Beteiligung der KlientInnen am Leistungsprozess sorgt (vgl. Kortendieck 2018). Die Fokussierung auf Qualitätsdimensionen, also auf die Struktur- und Prozessqualität, greift deutlich zu kurz. Phineo (2013, S. 15 f.) stellte bei einer Untersuchung der Wirkungsmessung von Non-Profit-Einrichtungen fest, dass knapp 40 % der befragten Organisationen keinerlei Wirkungsdaten erheben. Der Bundesverband der freien Wohlfahrtspflege in Deutschland BAGFW (2015) bekennt sich deshalb auch dazu, dass die Wirkungsorientierung „in der Sozialen Arbeit letztendlich das zielgerichtete Anstreben einer jeweils zu definierenden Ergebnisqualität – der Wirkung (ist)".

Wenn man den Gedanken des Social Investments nach einer Sozialen Rendite aufgreift, geht es darum, mit den bereitgestellten finanziellen und personellen Ressourcen eine messbare soziale Wirkung im Sinne einer Rendite, eines „Social Return on Investment", zu erzielen. Im Bankwesen ist es vergleichsweise leicht, den Erfolg zu messen. Man nimmt die Nettoverzinsung des eingesetzten Kapitals. Aber vielleicht möchten manche KundInnen neben den Erfolgen (in Form des „Return on Investment", also den Zinsen) auch über die Prozesse, die dazu führen, informiert werden (der Zweck heiligt *nicht* die Mittel!)? Denn das Geld auf der Bank entfaltet eine Wirkung, je nachdem in welche Anlageform, welche Unternehmen, welche Branchen oder welche Länder es investiert wurde. Wirkung ist selbst in diesem Bereich nicht nur finanziell zu betrachten. Die Wirkung der eigenen Arbeit benennen zu können, ist der erste Schritt, sie auch darlegen zu können, der konsequente zweite.

Warum messen so viele Einrichtungen nicht ihre Wirkung?Dafür gibt es mehrere gute Gründe:

1. **Wirkungsmessung ist schwierig,** weil unklar ist, was eigentlich die verschiedenen AkteurInnen, also die LeistungserbringerInnen, die Leistungsverantwortlichen und die KlientInnen darunter konkret verstehen. Zudem haben die AkteurInnen unterschiedliche Erwartungswerte, an denen sie den Erfolg eines Programms, einer Maßnahme bewerten. Zunächst erzielt ein Programm (Bekämpfung von Arbeitslosigkeit durch Lohnkostenzuschüsse, Schulungen und durch Arbeitsvermittlung) eine Wirkung für die betroffenen arbeitslosen Personen auf subjektiver Ebene (Zufriedenheit) und auf objektiver Ebene (Vermittlung in Arbeit). Betroffen sind aber auch deren Familie (größere Zufriedenheit, mehr familiärer Frieden, mehr Einkommen), der Träger der Einrichtung (Erfüllung der Mission), der Kostenträger (Erfüllung politischer Auflagen, gute Presse, Aufstieg der verantwortlichen Personen) sowie die MitarbeiterInnen (Erfüllung professioneller Ansprüche, höhere Arbeitszufriedenheit, Arbeits-

## 6.2 Wirkungsorientierung: vom Output zum Impact

platzsicherheit). Von diesen stakeholderorientierten Wirkungen sind die Wirkungen abzuziehen („deadweight loss"), die auch ohne die Maßnahme eingetreten wären. Das ist keineswegs ein leicht zu nehmendes Problem: Bei Maßnahmen der aktiven Arbeitsmarktpolitik wird immer wieder diskutiert, ob nicht die Maßnahmenlänge Arbeitslose eher vom Arbeitsmarkt entfremdet und damit zu konterkarierenden Effekten führen kann (vgl. IAB 2008, S. 5).

2. **Wirkungsmessung ist sehr aufwendig.** Die Datenerhebung monetärer Zahlen gelingt noch sehr einfach, wenn eine doppelte Buchführung und eine Kosten- und Leistungsrechnung vorliegen. Schwieriger ist die Erfassung nichtmonetärer Kennzahlen, die auf Inklusion, Teilhabe, Zufriedenheit, Wohlbefinden und ähnlichem abzielen. Die erhobenen Messzahlen müssen valide, reliabel, objektiv und kostengünstig sein. Wenn die Daten erhoben wurden, sind sie mittels mathematischer Verfahren (z. B. Regressionsanalyse) auszuwerten. Nur wenige FördergeberInnen stellen aktuell dafür Fördermittel im Rahmen der Leistungsfinanzierung zur Verfügung. Bei den meisten Einrichtungen fehlen neben den dafür notwendigen Mitteln derzeit auch die methodischen Kompetenzen.

Aktuell kann man in der Praxis der Sozialwirtschaft unterschiedliche Arten der Leistungsmessung beobachten, die eigentlich keine Wirkungsmessung im eigentlichen Sinne beinhalten:

- **Eine gemeinnützige Einrichtung erfasst den Nutzen ihrer Arbeit.** Dies richtet sich an die verschiedenen AkteurInnen bzw. StakeholderInnen wie Träger, MitarbeiterInnen, ZuwendungsgeberInnen oder SpenderInnen. In der Praxis wird dann häufig über Aktivitäten, zufriedene KlientInnen und sichtbare Erfolge gesprochen. Wirkungen werden weder dargestellt noch gemessen.
- **Eine Einrichtung wird vom Fördergeber beauftragt, die Aktivitäten wie Beratung, Begleitung und Betreuung von KlientInnen auszuwerten.** Dies ist in der Projektfinanzierung der Fall. Die auszuwertenden Daten werden entweder vom Geldgeber bestimmt oder von den ProjektantragstellerInnen versprochen und sind nun Gegenstand des Vertrags. Die Auswertung richtet sich an den Projektfinanzier (oder den/die InvestorIn). Gemessen werden Inputs, Aktivitäten, durchgeführte Maßnahmen und individuelle Erfolge (z. B. Vermittlung in den Arbeitsmarkt).
- **Leistungsverträge mit einem Kostenträger.** Die Einrichtung erhält für ihre Arbeit Leistungserträge und führt zu Legitimationszwecken Statistiken. Gemessen werden Inputs, Aktivitäten und durchgeführte Maßnahmen. Sofern vom Kostenträger verlangt, werden individuelle Outcomewerte (Vermittlung

in den Arbeitsmarkt, Verbleib am ersten Arbeitsmarkt) erhoben. Der Kostenträger benötigt diese Werte für sich selbst, um die eigene Arbeit zu legitimieren und die Ausgaben zu steuern (Erfolgsstatistik). Wird eine Messung nicht verlangt, wird sie auch nicht durchgeführt, es sei denn, sie ist Gegenstand eines Qualitätsmanagementsystems (z. B. Erhebung der KlientInnenzufriedenheit). Die eigentliche Wirkungsmessung wird, wenn überhaupt, vom Kostenträger selbst durchgeführt.

## 6.3 Wirkungsmodellierung: die Ursachen-Wirkungs-Kette

Viele Einrichtungen in der sozialen Arbeit haben implizit ein Wirkungsmodell vor Augen. Als Wirkungsmodellierung wird dabei ein systematisches Vorgehen beschrieben, das ein logisches Modell als Verbindungen zwischen den Interventionen (Beratungen, Betreuung, Bildungsmaßnahmen) und Wirkungen eines Programms, eines Projekts oder einer Einrichtung beschreibt. Die Argumentation lautet dann: gute Fachkraftquote und hohe Kompetenz der MitarbeiterInnen führen zu guten Prozessen, diese zu erfolgreich durchgeführten Maßnahmen, die eine hohe Wirkung bei KlientInnen und ihrem Umfeld auslösen, was wiederum der gesamten Gesellschaft zugutekommt. Da sich die Wirkungen bei den StakeholderInnen gegenseitig beeinflussen, wird die Analyse schnell komplex. Probleme haben verschiedene Ursachen und Folgen. Es empfiehlt sich, die Probleme und deren Lösung in einer Ursache-Wirkungs-Kette darzustellen (vgl. Phineo 2017, S. 33 ff.; Büchel 2014). Der Vorteil ist, dass die Komplexität schnell erfasst und eine Lösungsskizze entwickelt werden kann. Schematisiert kann man diese Ursachen-Problem-Folgenkette wie in Abb. 6.3 darstellen.

Wenn die Ursachen für das individuelle/gesellschaftliche Problem identifiziert sind, erfolgt der nächste Schritt: die Entwicklung von Leistungsangeboten, die an Problemursachen ansetzen. Abb. 6.4 zeigt, dass mithilfe verschiedener Lösungsansätze Ursachen bekämpft werden, die entweder direkt oder auch indirekt auf das Problem hinwirken.

Aus den Lösungsansätzen werden die zentralen Wirkungen der Organisation abgeleitet. In der Praxis der sozialen Arbeit findet man selten einen idealtypischen Bedarf der Leistungsplanung, bei dem zuerst über Ursachen und Folgen nachgedacht, Probleme definiert, Wirkungen beschrieben und danach ein bestimmtes Leistungsangebot festgesetzt wird. Oft erbringen soziale Einrichtungen schon jahrelang Leistungen und beginnen erst im Nachhinein, sich mit

## 6.3 Wirkungsmodellierung: die Ursachen-Wirkungs-Kette

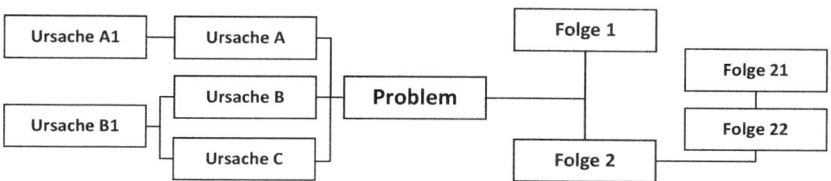

**Abb. 6.3** Ursache-Problem-Folgenkette. (Quelle: Büchel 2014)

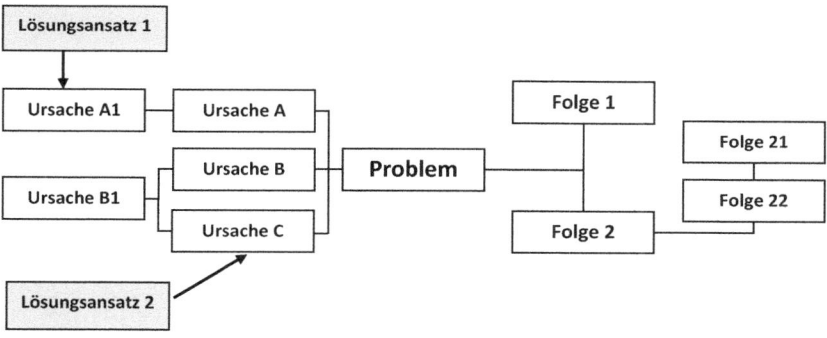

**Abb. 6.4** Lösungsansätze und ihre Wirkung. (Quelle: Büchel 2014)

Wirkungen zu beschäftigen. Auch Phineo (2017, S. 12 ff.) geht von einem idealtypischen Verlauf aus, bei dem zuerst

- das zentrale Problem bezogen auf eine Zielgruppe erkannt wird,
- die Ursachen und die Auswirkungen dieses Problems definiert werden („Problembaum"),
- die Lösungen für diese Ursachen und Auswirkungen gesucht werden („Lösungsbaum") und
- daraus Wirkungsziele abgeleitet und auf der Wirkungstreppe eingeordnet werden, die die Grundlagen für die Definition des Angebots für eine spezifische Zielgruppe bilden.

Den gesamten Zyklus der Analyse verdeutlicht das Fallbeispiel *Paff*, ein Projekt, das sich dem Problem der Jugendarbeitslosigkeit in einem Frankfurter Stadtteil annimmt (vgl. Phineo 2017, S. 19 ff.), in dem Jugendliche eine deutlich geringere Erfolgsquote haben, nach dem Schulabschluss einen Ausbildungsplatz zu bekommen. Viele von ihnen können aufgrund unzureichender Schulleistungen keinen qualifizierten Schulabschluss erlangen. Zunächst hat sich der Verein mit dem zentralen Problem auf individueller Ebene (Jugendliche) und auf Ebene der Gesellschaft beschäftigt. Bei der Analyse der „Ursachen (U)" und „Ursachen der Ursachen (UU)" zeigten sich folgende Aspekte (Ausschnitt, vgl. Phineo 2017, S. 19 ff.):

**Das Problem auf individueller Ebene:** Jugendliche erhalten keinen Ausbildungsplatz.

1. Jugendliche wissen nicht, wie man sich richtig bewirbt (U)
   a) Es werden keine Bewerbungstrainings angeboten (UU)
2. Jugendlichen fehlen die notwendigen Sozialkompetenzen (U)
   a) Mangelnde Erziehungskompetenz der Eltern (UU)
3. Jugendliche haben schlechten Schulabschluss (U)
   a) Mangelnde Unterstützung der Jugendlichen durch die Eltern (UU)
   b) Keine erschwingliche Nachhilfe in der Stadt (UU)
4. Wenige Ausbildungsplätze in der Gegend (U)
   a) Geringe Bereitschaft, auszubilden (UU)
   b) Abwanderung von Betrieben (UU)

Aus der Jugendarbeitslosigkeit resultieren gesellschaftliche Folgen im Viertel. Bei der Analyse der „Auswirkungen (A)" und „Auswirkungen der Auswirkungen (AA)" zeigten sich folgende Aspekte (Ausschnitt, vgl. Phineo 2017, S. 19 ff.):

**Das Problem auf gesellschaftlicher Ebene:** Hohe Jugendarbeitslosigkeit im Viertel.

1. Prekäre finanzielle Lage der Jugendlichen (A)
   a) Steigende Sozialabgaben der Stadt (AA)
2. Abwanderung der Jugendlichen (A)
   a) Soziale Probleme im Stadtteil (AA)
3. Perspektivlosigkeit der Jugendlichen (A)
   a) Erhöhte Gewaltbereitschaft (AA)
   b) Suchtgefahr (AA)

Im zweiten Schritt werden für die Ursachen und Auswirkungen dieser Probleme Lösungen erarbeitet, die als Grundlage für die Lösungsansätze (=Leistungen) dienen (vgl. Phineo 2017, S. 29 ff.). Ziel des Projektes ist es, die Lebensperspektive dieser Jugendlichen deutlich zu verbessern, indem sie einen guten Schulabschluss erreichen und einen Ausbildungsplatz finden. Dazu sollen ehrenamtliche PatInnen sie begleitend unterstützen. Zusätzlich erhalten die Jugendlichen Nachhilfestunden und Bewerbungstrainings. Zwei Hauptschulklassen sind KooperationspartnerInnen während des Projektes.

- Lösungsansatz 1: Nachhilfeunterricht.
- Lösungsansatz 2: Installation eines PatenInnenprogramms, mithilfe dessen die schulischen Kompetenzen und die Ausbildungsfähigkeit verbessert werden sollen.
- Lösungsansatz 3: Bewerbungstrainings.
- Lösungsansatz 4: Erstellen eines Ratgebers für BerufsanfängerInnen.

Die Maßnahmen werden mit zwei Hauptschulklassen durchgeführt. Eingesetzte Ressourcen sind die Projektmittel, aus denen hauptamtliche MitarbeiterInnen, Materialien und Aufwandsentschädigungen bezahlt werden. Darüber hinaus beteiligen sich ehrenamtliche PatInnen. Es werden bereitgestellte Räumlichkeiten genutzt. Wichtig ist aber auch die Arbeitsleistung der SchülerInnen und, falls beteiligt, ihrer Eltern. Tab. 6.1 fasst die Leistungen und Wirkungen des Projekts zusammen.

## 6.4 Leistungsindikatoren

In der Praxis werden Wirkungsziele zunächst oftmals sehr generell formuliert (z. B. Sozialkompetenzen steigern, materielle Sicherung, Zugreifen auf verschiedene Coping-Strategien, Beziehungen aktiv gestalten). Um sie messen zu können, müssen sie aber so umformuliert werden, dass eindeutige Indikatoren identifiziert werden können, die für diese Wirkungsziele stehen. Der nächste Schritt ist, die erwarteten Wirkungen mit Zahlen zu belegen. Dafür steht eine Reihe unterschiedlicher Forschungsmethoden zur Verfügung. Die Ermittlung von Kennzahlen kann ohne größeren Aufwand zunächst aus TeilnehmerInnenzahlen, geleisteten Stunden und eingesetzten Ressourcen erfolgen. Aufwendiger zu erhalten sind Zahlen im Beispiel über die erreichten Schulabschlüsse und die erfolgreichen Bewerbungen, weil sie zeitlich weit nach der Maßnahme entstehen. Ihre Erhebung ist von mehreren Faktoren abhängig: zum einen bedarf es einer langfristigen intensiven Zusammenarbeit mit ProjektpartnerInnen (im Beispiel die beiden Schulen), zum anderen bedarf es eines langfristigen Kontakts zu den KlientInnen, um solche Zahlen zu erheben. Die Forschungsmethodik ist

**Tab. 6.1** Wirkungen eines Jugendhilfeprojekts

| Inputs | Outputs | Outcomes | Impact |
|---|---|---|---|
| Das, was wir in das Projekt investieren | Das, was wir in unserem Projekt tun bzw. anbieten und wen wir damit erreichen | Das, was wir bei unserer Zielgruppe durch unser Projekt bewirken wollen | Das, wozu wir auf gesellschaftlicher Ebene mit unserem Projekt beitragen wollen |
| • MitarbeiterInnen<br>• Ehrenamtliche<br>• Zeit<br>• Geld<br>• Materialien<br>• Ausstattung<br>• Räumlichkeiten<br>• ProjektpartnerInnen<br>• SchülerInnen<br>• Eltern | **Erbrachte Leistungen**<br>• Angebote/Leistungen<br>• Workshops<br>• Training von PatInnen und von SchülerInnen<br>• Beratung von PatInnen und SchülerInnen<br>• Betreuung der SchülerInnen durch PatInnen<br>• Produkte (Ratgeber) | **Veränderungen des/r Wissens/Fertigkeiten/Fähigkeiten**<br>• Die Jugendlichen wissen, wie wichtig eine gute Bewerbungsmappe ist und was sie beinhaltet<br>• Jugendliche haben in ihren schulischen Kernfächern ihre Kenntnisse verbessert<br>• Jugendliche wissen, was sie beruflich werden wollen | **Verbesserung der gesellschaftlichen Lebenslage im Stadtteil**<br>• Die Jugendarbeitslosigkeit im Stadtteil hat sich verringert<br>• Die Suchtproblematik hat sich reduziert |
| | **Nutzung der Leistungen durch die Zielgruppe**<br>Anzahl der Jugendlichen, die am Patenschaftsprogramm und am Bewerbungstraining teilnehmen | **Erwünschte Verhaltensänderung**<br>• Die Jugendlichen können selbst gute Bewerbungsunterlagen erstellen<br>• Jugendliche können ein Vorstellungsgespräch erfolgreich bewältigen<br>• Jugendliche verbessern ihre schulischen Leistungen | |
| | **Zufriedenheit der Teilnehmenden mit dem Angebot**<br>Zufriedenheit der teilnehmenden SchülerInnen am Patenschaftsprogramm, Nachhilfe und Bewerbungstrainings | **Verbesserung der Lebenslage**<br>• Jugendliche haben erfolgreich die Schule abgeschlossen<br>• Die Jugendlichen haben sich erfolgreich um eine Ausbildungsstelle beworben, sind nicht mehr arbeitslos und auf externe Hilfe angewiesen | |
| | **WAS WIR TUN** | **WAS WIR ERREICHEN** | |

(Quelle: Phineo 2017, S. 43)

## 6.4 Leistungsindikatoren

nicht aufwendig. Intern sollte eine weitere Beschränkung mitgeplant werden. Für die Erhebung von Zahlen nach Projektabschluss stehen im Rahmen des Projekts häufig keine Ressourcen mehr zur Verfügung. Sie sind also vorher miteinzukalkulieren. Schwieriger zu regeln ist die Frage, wer diese Daten erhebt: Die ProjektmitarbeiterInnen, die sich gut mit dem Projekt auskennen, eventuell nicht mehr da sind, weil das Projekt bereits abgeschlossen ist (weil z. B. die Arbeitsverträge an die Laufzeit des Projekts gebunden sind). Tab. 6.2 zeigt die Erfolgsindikatoren des Projekts Paff.

Untersuchungen zum Erreichen der Wirkungsziele, die über die bloße Erfassung von Statistiken hinausgehen, bedürfen eines größeren Forschungsaufwands, der in der Regel kaum zu leisten ist. Wirkungsanalysen sind vor allem im Sinne der Nachhaltigkeit der Maßnahmen und der Qualitätssicherung ratsam. Der finanzielle Aufwand der Wirkungsanalyse sollte aber möglichst bei jedem Projekt miteinkalkuliert werden, vor allem dann, wenn der methodische Aufwand hoch ist. Einfach zu erheben sind quantitative Befragungen zur Zufriedenheit der Teilnehmenden oder die Auswertung der internen Dokumentation. Aufwendig sind strukturierte Interviews mit ExpertInnen, die Bildung von Fokusgruppen oder eine teilnehmende Beobachtung sowie die (von der Aussagekraft am belastbarsten) Wirkungsstudien, die Längsschnittstudien mit Kontrollgruppen (wie sie zum Beispiel in der Medizin üblich sind). Die Kunst ist es, Indikatoren zu finden, die über eine Kausalitätsbeziehung eine Wirkung darstellen können. Im obigen Beispiel wird über die Anzahl der Jugendlichen, die an den Maßnahmen teilnehmen und viele beobachtbare Verhaltensweisen, auf ihre Motivation, sich zu engagieren, auf ihren erreichten Schulabschluss und auf die erfolgreiche Bewerbungssuche verwiesen. Tab. 6.3 zeigt einige Beispiele für Indikatoren.

Neben quantitativen Erhebungen finden sich eine Reihe qualitativer Untersuchungen, z. B. Interviews. Die Messung von Kompetenzen kann auch so durchgeführt werden:

- Wie erleben sich die Jugendlichen vor und nach den Trainings bzw. der Nachhilfe?
- Wie erleben LehrerInnen das Auftreten der Jugendlichen nach den Trainings und der Nachhilfe?

Damit die gefundenen Indikatoren Aussagekraft haben, müssen sie messbar dargestellt werden. Tab. 6.4 zeigt Beispiele zur Datenanalyse des Jugendprojekts (vgl. Phineo 2017, S. 68, 72).

**Tab. 6.2** Erfolgsindikatoren des Jugendschulprojektes

| Inputs | Outputs | Outcomes | Impact |
|---|---|---|---|
| Das, was wir in das Projekt investieren | Das, was wir in unserem Projekt tun bzw. anbieten und wen wir damit erreichen | Das, was wir bei unserer Zielgruppe durch unser Projekt bewirken wollen | Das, wozu wir auf gesellschaftlicher Ebene mit unserem Projekt beitragen wollen |
| Menge bzw. Wert der eingesetzten Indikatoren<br>• Anzahl der MitarbeiterInnen<br>• Anzahl der Ehrenamtlichen<br>• Höhe der eingesetzten finanziellen Ressourcen<br>• Anzahl der sich beteiligenden SchülerInnen | **Erbrachte Leistungen**<br>Anzahl der<br>• Nachhilfestunden<br>• Bewerbungstrainings<br>• Treffen von PatInnen und Jugendlichen<br>• PatInnenschulungen<br>• PatInnenvermittlungen | **Veränderungen des/r Wissens/Fertigkeiten/Fähigkeiten**<br>Anzahl der Jugendlichen, die<br>• wissen, wie man sich richtig bewirbt<br>• soziale Kompetenzen erworben haben<br>• Ihre Kenntnisse in den Kernschulfächern verbessert haben | **Verbesserung der gesellschaftlichen Lebenslage im Stadtteil**<br>• Übergangs- und Ausbildungsquote im Stadtteil<br>• Veränderung der Jugendarbeitslosigkeit im Stadtteil |
| | **Nutzung der Leistungen durch die Zielgruppe**<br>• Anzahl der Jugendlichen, die am Patenschaftsprogramm teilnehmen<br>• Anzahl der Jugendlichen, die an den Bewerbungstrainings teilnehmen | **Erwünschte Verhaltensänderung**<br>• Die Jugendlichen erstellen selbst gute Bewerbungsunterlagen<br>• Sie bewältigen erfolgreich ein Vorstellungsgespräch<br>• Jugendliche verbessern ihre schulischen Leistungen | |
| | **Zufriedenheit der Teilnehmenden mit dem Angebot**<br>• Anzahl der Jugendlichen, die mit den angebotenen Leistungen zufrieden sind<br>• Durchschnittswert der Zufriedenheit | **Verbesserung der Lebenslage**<br>• Die Jugendlichen haben die Schule abgeschlossen.<br>• Nach Ablauf des Projekts innerhalb von x Monaten haben sie einen Ausbildungsplatz bekommen<br>• Sie stellen sich sozialökonomisch besser als vor dem Projekt | |
| **WAS WIR TUN** | | **WAS WIR ERREICHEN** | |

(Quelle: in Anlehnung an Phineo 2017, S. 57)

## 6.4 Leistungsindikatoren

**Tab. 6.3** Beispiele für Indikatoren

| | |
|---|---|
| Persönliche Kompetenzen | • Regelmäßige Teilnahme an Gesprächen und Trainings<br>• Pünktliches Erscheinen<br>• Selbstbewusstere Gesprächsführung |
| Schulische Kompetenzen | • Bessere Schulnoten<br>• Regelmäßiges Erstellen der Hausarbeiten<br>• Fehlzeitenquote |
| Berufliche Kompetenzen | • Klare Aussagen über den Berufswunsch<br>• Qualität der erstellten Bewerbungsunterlagen<br>• Fehltage in der Ausbildung |

(Quelle: Phineo 2017, S. 64)

**Tab. 6.4** Datenanalyse

| Ziel | Indikator | Ist-Zustand vor der Maßnahme | Soll-Zustand | Datenquelle |
|---|---|---|---|---|
| Die teilnehmenden Jugendlichen arbeiten selbstständig qualitativ gute Bewerbungen aus | Prozentsatz der Jugendlichen, die qualitativ gute Bewerbungen selbstständig erstellen | Nur 30 % der Jugendlichen sind nach einem Eingangstest in der Lage, solche Bewerbungen selbstständig zu erstellen | Nach Beendigung des Projektes können 85 % der teilnehmenden Jugendlichen eine qualitativ gute Bewerbung selbstständig verfassen | Analyse der Unterlagen durch ProjektleiterIn, TrainerInnen, PatInnen |
| Die teilnehmenden Jugendlichen haben einen festen Ausbildungsplatz | Prozentsatz der teilnehmenden Jugendlichen, die einen festen Ausbildungsplatz haben | An den betroffenen Schulen im Stadtteil erhalten 35 % der Jugendlichen einen festen Ausbildungsplatz gegenüber einem Landesdurchschnitt von 49 % bei gleicher Schulform | Nach zwei Jahren Projektlaufzeit bekommen 70 % der teilnehmenden Jugendlichen direkt einen festen Ausbildungsplatz | Interview mit den teilnehmenden Jugendlichen |

(Quelle: Auszüge aus Phineo 2017, S. 68, 72)

## 6.5 Wirkungsanalyse und -messung

Die Wirkungen der eigenen Arbeit zu kennen und Wirkungsziele zu formulieren, ist die Grundlage dafür, diese Wirkung zu analysieren. Die Wirkungsanalyse weist die bei den Menschen erreichten Wirkungen (Outcome) und die gesellschaftliche Wirkung (Impact) nach. Das verlangt klare Wirkungsziele, die Definition der verschiedenen Parameter, wo diese Wirkungen und ihre Folgen gemessen werden können, und ein umfangreiches forschungsmethodisches Know-how. Infolge des Leistungsdreiecks, das für das Sozialwesen typisch ist, bestehen zwischen den Leistungsgebern (z. B. Altenheim), den LeistungsnehmerInnen (z. B. alte Menschen) und den Kostenträgern (z. B. Pflegekassen, Angehörige) keine schlüssigen Austauschbeziehungen. Folglich hat der Kostenträger selbst keinen direkt messbaren Nutzen, anhand dessen er die Vorteilhaftigkeit seines „Kaufs" bewerten kann. Er ist darauf angewiesen, mittels KundInnenzufriedenheitsanalysen (z. B. BewohnerInnenbefragung) und Wirksamkeitsmessungen zu erfahren, welche Leistung (Menge, Qualität, Zufriedenheit, Wirksamkeit) er für seine Leistungsentgelte und Zuschüsse erhalten hat. Wenn die Lebensqualität der KlientInnen ermittelt wird, stellt sich die Frage, ob der Kostenträger bereit ist, zur Verbesserung der Lebensqualität mehr finanzielle Mittel bereitzustellen.

Solange die erzielte individuelle und gesellschaftliche Wirkung mithilfe von Indikatoren erfassbar ist, die infolge von Verhaltensänderungen der Zielgruppe entstanden sind, können konkret nachweisbare Ergebnisse wie z. B. bessere Schulergebnisse, bessere Schulabschlüsse oder die Vermittlung in Ausbildung erfasst werden. Deutlich schwieriger ist der Nachweis, welcher Effekt allein auf die jeweilige Maßnahme zurückzuführen ist. Dafür bedarf es Kontrollgruppen, die aufgrund des empirischen Aufwands durch empirische Sozialforschungsprojekte ermittelt werden können. Sie sollen die grundsätzliche Effektivität von Maßnahmen belegen. Ein kontinuierlicher Nachweis wäre wünschenswert, auch um moderierende Faktoren zu isolieren, übersteigt aber die Ressourcen des einzelnen Trägers und werden deswegen hier nicht weiterverfolgt.

**Personal Outcome Scale**

Halfar et al. (2017, S. 74 ff.) gehen hinsichtlich der Zustandsbewertung einen Schritt weiter. Will man die Wirkung von Maßnahmen auf die KlientInnen messen, kann es nicht nur um Verhaltensänderungen gehen, sondern auch um Lebenszufriedenheit und Teilhabe. Dafür orientiert sich das Messkonzept am

Personal Outcome Scale (POS), das bei einem Forschungsprojekt mit dem Sozialwerk St. Georg angewandt wurde (vgl. Heider und Huffziger 2016). Das POS verspricht mittels 48 Indikatoren, die Lebensqualität eines Menschen in acht Domänen zu messen:

- Persönliche Entwicklung: Selbstbestimmung, Soziale Beziehungen, Soziale Inklusion, Rechte
- Emotionales Wohlbefinden
- Physisches Wohlbefinden
- Materielles Wohlbefinden

Anhand der dreiteiligen Skala, die selbst- und/oder fremdeingeschätzt wird, werden Punktwerte ermittelt und addiert.

Im Sozialwerk St. Georg e. V. wird seit 2011 für über 1300 KlientInnen einmal jährlich der POS-Wert ermittelt, der zwischen 48 und 144 Punkten liegen kann. Er gilt als verlässliches Qualitätsmessinstrument, das die Teilhabe dieser Menschen widerspiegelt. Dabei zeigt sich, dass mit zunehmendem Alter und mit zunehmender Wohndauer die subjektiv wahrgenommene Lebensqualität sinkt, dass Frauen einen signifikant niedrigeren Wert haben als Männer und dass Menschen mit psychischer Erkrankung einen niedrigeren Wert aufweisen als jene mit geistiger Behinderung (vgl. Heider und Huffziger 2016). Diese kardinale Nutzenmessung ist problematisch, weil die Punktwerte sich untereinander kompensieren können. Wie bemisst ein Mensch mit geistiger Behinderung selbst seine Inklusion, wie ein externer? Kann eine nicht vorhandene Inklusion durch ein Mehr an physischem Wohlbefinden kompensiert werden? Und schließlich: können die subjektiven Einschätzungen verschiedener Personen (z. B. in einer Einrichtung für Menschen mit Behinderungen) aufsummiert werden, um so einen Gesamtscorewert für die Einrichtung zu erzielen?

## Der Social Return on Investment

Was ist soziale Arbeit wert, wenn man in sie investieren will? Eine Investition rechnet sich dann, wenn neben der gesicherten Rückzahlung auch eine Verzinsung („Rendite") stattfindet. Ist diese höher als bei anderen Veranlagungen mit ähnlich hohem Risiko, „lohnt" sich diese Investition. Bereits seit den 1960er Jahren beschäftigen sich Ökonomen und Sozialwissenschaftler mit der Frage, wie die Vorteilhaftigkeit sozialer Unternehmen und Projekte nicht nur zu rechtfertigen sind, sondern wie diese als eine gesellschaftlich lohnende

Investition ermittelt werden können. Der Sinn dieser Wertermittlung liegt darin, bereits auf ökonomischer Ebene die Sinnhaftigkeit einer Maßnahme zu errechnen. Üblich ist es, die Rendite einer Investition in Geldbeträgen auszudrücken, also zu „monetarisieren" (vgl. Schober und Rauscher 2014, S. 28). Bezogen auf eine Investition im sozialen Bereich bieten sich hierzu zwei Aspekte der Renditeberechnungen an:

1. *Der Investor übernimmt für den Staat die Kosten für eine Investition und erhält vom Staat eine Rendite durch Miete, Pacht oder Leistungsentgelte,* wenn sich für den Staat die Investition lohnt. Üblich ist dies bei „Public Private Partnership"-Modellen, wie etwa dem Bau von Autobahnen durch private InvestorInnen, für die sie für einen bestimmten Zeitraum eine Pacht oder Miete erhalten. Im sozialen Bereich findet man renditeorientierte Objekte im Pflege- und im Krankenhausbereich.
2. *Der Staat als Hauptinvestor erhält für seine Investitionen monetäre Rückflüsse.* Diese spielen im „Social Return on Investment"-Modell (SROI) eine wichtige Rolle. Der SROI ist eine Methode, die komplexe Wirkung sozialer Leistungen zu messen und so weit wie möglich in belastbaren Zahlen darzustellen. Diese werden den investierten Mitteln (von der öffentlichen Hand, privaten SpenderInnen, InvestorInnen) sowie den monetären Rückflüssen auf verschiedenen Ebenen entgegengesetzt. Gemäß der betriebswirtschaftlichen Kennzahl „Return on Investment" soll der Social Return mit dem Social Investment verglichen werden. Ziel ist, den (finanziellen) Nutzen der sozialen Intervention, Beratung, Unterbringung für verschiedene StakeholderInnen aufzuzeigen. So wird für die FördergeberInnen klar ersichtlich, wofür sie Geld bereitgestellt haben, die SpenderInnen wissen, was ihr Geld bewirkt hat, die InvestorInnen können das Investment argumentieren und die Organisation kann ihrerseits klar aufzeigen, welche Früchte das eigene Engagement trägt.

Hierzu haben sich methodisch unterschiedliche Vorgehensweisen entwickelt. Da es vor allem im Bereich der Werkstätten für Menschen mit Behinderungen eine Vielzahl von Berechnungen gibt, werden diese exemplarisch vorgestellt. Unterschieden wird nach einer Erhebung in vier monetäre SROI-Effekte (vgl. BAGWfbM 2014):

- SROI 1: Rückflüsse an den Staat durch Steuern und Sozialabgaben der Beschäftigten der sozialen Einrichtung;

- SROI 2: Rückflüsse an den Staat durch Steuern und Sozialabgaben der KlientInnen infolge der Maßnahme;
- SROI 3: vermiedene monetäre Leistungen bei alternativer Betreuung;
- SROI 4: regionalökonomische Multiplikatoreffekte durch Einkäufe der Einrichtung, der Beschäftigten und der KlientInnen in der Region.

Dieses Konzept wurde in den letzten Jahren weiterentwickelt und um zwei weitere Perspektiven ergänzt (XIT 2018):

- SROI 5: Wirkungen der Leistungen der Organisation auf die Lebensqualität der LeistungsnehmerInnen;
- SROI 6: Wirkungen der Institution auf die gesellschaftliche Wohlfahrt/das Sozialklima in Form von nichtmonetären Effekten.

Eine *Studie der Deutschen Behindertenwerkstätten* aus dem Jahr 2014 untersucht den Social Return on Investment (SROI 1–4) dieses Bereichs (vgl. BAGWfbM 2014). Zusammengefasst kommt die Studie zu folgenden Ergebnissen:

**SROI 1: Werkstattleistungen kosten weniger als die Hälfte**
Werkstattunternehmen führen Steuern, Sozialversicherungsbeiträge und Solidaritätsbeiträge ab, die an die öffentliche Hand zurückfließen. Zieht man diese von den Investitionen der öffentlichen Hand ab, kosten soziale Dienstleistungen weniger, als es zunächst scheint. Ein Ergebnis der Studie ist: von 100 €, die die öffentlichen Haushalte für die Werkstätten ausgeben, nehmen sie 51 € über Sozialabgaben direkt wieder ein.

**SROI 2: Werkstattbeschäftigte sind aktive Gesellschaftsmitglieder**
Werkstattbeschäftigte geben viel an die Gesellschaft zurück. Sie sind ein aktiver Part im Wirtschaftskreislauf und können einen Teil ihres Lebensunterhalts selbst erwirtschaften. So werden LeistungsbezieherInnen durch die sozialversicherungspflichtige Beschäftigung zu Steuer- und Beitragszahlern. Von 100 € Transferleistungen, die die Werkstattbeschäftigten erhalten, zahlen sie im Schnitt 69 € an die öffentlichen Kassen zurück.

**SROI 3: Rechtsanspruch auf Teilhabe am Arbeitsleben kommt Gesellschaft günstiger**
Die Studie berechnet auch, welche Kosten entstehen würden, wenn es das Werkstattangebot nicht gäbe. Zum Vergleich: Ein Werkstattplatz kostet die öffentliche Hand nach Abzug der erhaltenen Einnahmen aus Steuern und Beiträgen

im Schnitt 9980 € pro Jahr. Würden die Beschäftigten zu Hause bleiben und auf Teilhabe am Arbeitsleben verzichten, entständen Betreuungskosten von durchschnittlich 10.390 € pro Person. Das heißt: Gäbe es die gesetzliche Leistung der Teilhabe am Arbeitsleben nicht, käme es die öffentliche Hand letztendlich teurer. Einzubeziehen sind auch die fehlenden Einnahmen: wenn die Betreuung und Unterstützungsleistungen von den Familien erbracht werden, können diese nicht oder nur eingeschränkt erwerbstätig sein. Dadurch entfallen Steuern und Beiträge aus Bruttolöhnen von rund 2 Mrd. €.

**SROI 4: Werkstattunternehmen sind Wirtschaftsfaktoren**
Werkstätten und ihre Beschäftigten kaufen Waren und beziehen Dienstleistungen. So schaffen sie direkte Nachfrage in der Region. Hochgerechnet erzeugen Werkstätten bundesweit in Deutschland eine Nachfrage von rund 2,7 Mrd. €. Das Werkstättennetz schafft Arbeitsplätze in den Regionen. 300.000 Menschen mit Behinderung und 70.000 Fachangestellte sind direkt bei Werkstattunternehmen beschäftigt. Werkstätten generieren Einkommen in Höhe von 3 Mrd. €. Da die MitarbeiterInnen und Beschäftigten einen Teil ihres Einkommens in der Region ausgeben, wird die Wirtschaft in der Region angekurbelt, es wird eine indirekte Nachfrage hervorgerufen:

- Durch die wirtschaftliche Tätigkeit von Werkstätten entsteht eine induzierte Nachfrage in Höhe von 6 Mrd. €.
- Daran hängen Arbeitsplätze in Höhe von rund 7 Mrd. € (Bruttolöhne).
- Für die öffentliche Hand bedeutet dies Einnahmen in Höhe von knapp 6 Mrd. €.

In einem Forschungsprogramm wurden 2016 1.664 Werkstattbeschäftigte bei der Diakonie Schleswig-Holstein befragt und zum SROI 5 zusammengefasst. Der SROI 5 beinhaltet darum die individuellen Wirkungen und untersucht die Verbesserung der Lebenslagen der Menschen anhand von Indikatoren, die die Zufriedenheit, Teilhabe und das persönliche Wohlbefinden messen. Zunächst werden auf einer dreiteiligen Skala die betroffenen Menschen zu ihrer subjektiven Lebensqualität in acht verschiedenen Bereichen befragt: Kriterien sind Selbstwirksamkeit, persönliche Entwicklung und Bildung, Rechte, Soziale Beziehungen, gesellschaftliche Teilhabe sowie emotionales, körperliches und materielles Wohlbefinden. Die Scoringwerte werden dann zu einer subjektiven Beurteilung insgesamt berechnet. Weiterhin werden aus Expertensicht die „objektiven" Lebensumstände erfasst. Sie resultieren aus der UN-Behindertenrechtskonvention und werden in 14 Handlungsspielräume wie

## 6.5 Wirkungsanalyse und -messung

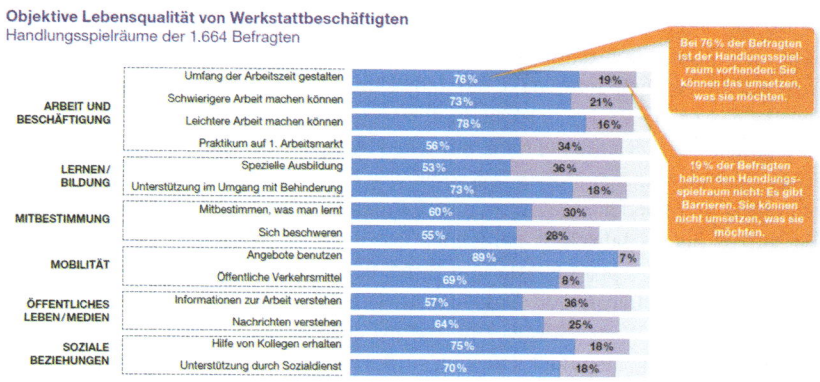

**Abb. 6.5** Objektive Lebensqualität von WerkstattmitarbeiterInnen. (Quelle: Diakonie 2017, S. 9)

Arbeit und Beschäftigung, Lernen und Bildung, Mitbestimmung, Mobilität, Öffentliches Leben und Freizeit, soziale Beziehungen sowie interne und äußere Behinderungen unterteilt. Abb. 6.5 zeigt die objektive Lebensqualität von WerkstattmitarbeiterInnen.

Der SROI 5 ist dann zu berechnen, wenn es um die soziale Rendite geht, die die Gesellschaft für ihre Ausgaben im sozialen Bereich erhält. Dazu wird die erzielte individuelle Lebensqualität der KlientInnen „berechnet" und mit den Ausgaben dafür ins Verhältnis gesetzt. In einem letzten Schritt gilt es, im SROI 6 schließlich die gesellschaftlichen Wirkungen wie höhere Zufriedenheit der Bevölkerung, geringere Politikverdrossenheit, geringere Kriminalität oder – auch das wird erhoben – höheres Glücksgefühl der Bevölkerung zu messen.

Andere Ansätze zur Berechnung des SROI zerlegen die soziale Rendite nicht in verschiedene Bereiche, sondern drücken diese in einer Zahl aus. Diese ursprüngliche Idee des Social Return on Investment lehnt sich eng an die Berechnung des Return on Investment an. Ermittelt wird der Barwert einer Investition aufgrund der entstehenden Kosten (den Fördermitteln, Spenden und weiteren Geldzuflüssen) und der Erträge, die diese Investition mit sich bringt. Da diese Erträge in der Zukunft anfallen, etwa bspw. durch vermiedene Unterstützungen für KlientInnen, durch Steuermehreinnahmen bei Reintegration der KlientInnen in den Arbeitsmarkt oder bei vermiedenen Kosten der Strafverfolgung, müssen die künftigen Erträge geschätzt und auf den Zeitpunkt der

Investition abgezinst werden. Der dann errechnete Social Return on Investment ist mitunter beträchtlich. Die englische Einrichtung Dame Kelly Holmes Trust (2018) wirbt damit, dass auf jedes investierte Pfund der Staat und die Gesellschaft 4,30 Pfund zurückerhalten. Social Entrepreneurs, vor allem im angelsächsischen Raum, werben mit einer hohen SROI-Rate, um potenzielle GeldgeberInnen anzusprechen. Die deutsche Organisation Balu und du, die ein Mentoring für Kinder anbietet, hat auf Basis des Jahres 2012 die Kosten und den Nutzen bis ins Jahr 2071 berechnen lassen und rechnet mit einem Rückfluss von 4,25 bis 8,08 € pro investiertem Euro, der im Jahr 2012 in das Mentoringprogramm floss (Péron und Baldauf 2014). Die österreichische Organisation Nachbarinnen in Wien (Sprajcer und Hora 2015), die Migrantinnen zu sozialen Assistentinnen ausbildet (Besuch von Frauen aus demselben Kulturraum zu Hause), argumentiert, dass jeder gespendete Euro wiederum 4,61 € an Wertschöpfung für die Gesellschaft erzielt.

Die Monetarisierung sozialer Investitionen zielt auf die ökonomische Vorteilhaftigkeit der Ausgaben im sozialen Bereich ab. Insofern mit der Investition eine wirtschaftliche Rendite zu verdienen ist, ergeben solche Überlegungen durchaus Sinn. Auch zeigen sie auf, dass die Ausgaben des Staates bedingt durch Rückflüsse und vermiedene Kosten deutlich niedriger ausfallen, als allgemein angenommen wird. Kritisch zu sehen ist jedoch, dass solche Renditeüberlegungen nur dann sinnvoll sind, wenn sie den Staat davon überzeugen, nicht zu kürzen, sondern mehr Geld auszugeben bzw. private InvestorInnen damit gewonnen werden können. Letztere werden nur dann (aus Gewinnmotiven heraus) investieren, wenn sie den Gewinn auch vereinnahmen können. Das ist bei der monetären Berechnung des SROI das entscheidende Problem: Die staatliche Institution, die in soziale Projekte „investiert", ist nicht die Institution, die die Rückflüsse erhält. Wenn eine Kommune in Maßnahmen der Jugendhilfe freiwillig investiert, um einen monetären SROI zu erzielen, fallen Steuermehreinnahmen und zusätzliche soziale Abgaben bei anderen Gebietskörperschaften an und nicht bei ihm selbst. Die Kommune hat die Kosten, die Sozialversicherungen die Erträge. Eine Kompensation zwischen beiden findet nicht statt und verhindert daher die durchaus volkswirtschaftlich sinnvollen Investitionen.

Ausgaben im sozialen Bereich werden nicht allein wegen eventueller monetärer Renditen, sondern wegen der erhofften individuellen und gesellschaftlichen Wirkungen getätigt. Diese lassen sich nur begrenzt monetär darstellen und müssen über Wirkungsindikatoren erfasst werden. Die Aussagen der SROI-Studien sind dort umstritten, wo weit in die Zukunft Annahmen getroffen werden müssen, die durch keine Studien belegt sind. Zweifellos sind sie in der Kommunikation mit SponsorInnen, FördergeberInnen und SpenderInnen von großer Überzeugungskraft. Und sie helfen, die alleinige Betrachtung der Kosten des Sozialbereichs durch eine differenzierte Betrachtung der Kosten und der Rückflüsse zu ersetzen. Das wird der Sozialwirtschaft helfen, sich als gewichtige Branche zu präsentieren und auch die Bedeutung als ArbeitgeberIn zu untermauern.

## 6.6 Wirkungsberichte im sozialen Bereich: Social Reporting Standard

Controlling koordiniert die Informationsströme im Unternehmen, um es so besser steuern zu können. Dabei darf nicht nur das Binnenverhältnis gesehen werden, also die Steuerung in der Einrichtung selbst, sondern auch das Außenverhältnis, wenn unterschiedliche StakeholderInnen mit Informationen versorgt werden. Kapitalunternehmen müssen ihre Jahresabschlüsse und den Lagebericht veröffentlichen, sodass ihre AnteilseignerInnen einen informierten Blick haben und ihre Entscheidungen treffen können. In Einrichtungen der Sozialwirtschaft, in der die GmbH als Rechtsform noch die Ausnahme ist, hat man aufgrund der fehlenden gesetzlichen Verpflichtungen eher nach dem Grundsatz gehandelt: „Tue Gutes und schweige darüber". Abgesehen von FördergeberInnen oder Kostenträgern, die meistens ein Recht auf Einsicht und Kontrolle des Jahresabschlusses haben, gibt es bezogen auf finanzielle Informationen wenig Transparenz in der Sozialwirtschaft. Nur wenige Organisationen publizieren ihren Jahresabschluss in den Jahresberichten oder stellen ihn auf der eigenen Website zum Download bereit. Wenn überhaupt, werden Informationen zu Spendenaufkommen und Mittelverwendung in verschiedenen Projekten präsentiert. MitarbeiterInnen, Öffentlichkeit und SpenderInnen oder SponsorInnen erhalten meist keinen Einblick in die Einnahmen und Ausgabenströme, und können sich deshalb kein Bild machen, ob die Mittelverwendung legitim ist.

Das *Spendengütesiegel* in Österreich verpflichtet Organisationen, die dieses Siegel führen wollen, unter anderem zu mehr Transparenz im Umgang mit den Finanzen und somit dazu, ihren Finanzbericht im Internet zu veröffentlichen. Mit dem Aufkommen von Social Entrepreneursetabliert sich ein neues (betriebswirtschaftliches) Denken in der Sozialwirtschaft. Um Gelder von Stiftungen zu erhalten, weisen die Social Entrepreneurs ihre Wirkungen nach. Berichte an die Öffentlichkeit schaffen Transparenz und Vertrauen in eine sparsame Verwendung öffentlicher Mittel. Infolge der Zusammenarbeit zwischen Hochschulen (München, Hamburg), Stiftungen (Ashoka, Auridis, Schwabstiftung, Phineo et al.) und dem Bundesministerium für Familie, Senioren, Frauen und Jugend (BMFSFJ) in Deutschland wurde der Social Reporting Standard entwickelt. Der „Leitfaden für wirkungsorientierte Berichterstattung" bietet einen standardisierten Berichtsrahmen, der die Wirkungslogik und die erreichten Wirkungen bei der Zielgruppe, der Organisationsstruktur sowie der Finanzen beinhaltet. Das hat laut der Social Reporting Initiative e. V. folgende Vorteile (Social Reporting Initiative 2018):

- einfach nutzbare Vorlage,
- Sichtbarkeit des gesellschaftlichen Werts des Engagements, der Wirkungen und der Erfolge,
- erfolgreiches Fundraising durch nachvollziehbare Darstellung der Erfolge und Wirkungen,
- Qualitätsgewinn durch verbesserte interne Steuerung und
- ein reduzierter Berichtsaufwand.

Weiterhin dient der Standard der besseren Vergleichbarkeit und bei einigen Geldgebern als Voraussetzung für erfolgreiche Anträge.

---

**Interview 6: Bedeutung von Geschäftsberichten in der Sozialwirtschaft**
Jan Engelmann, Geschäftsführer Social Reporting Initiative e. V.,04/2018, www.social-reporting-standard.de

**Welche Relevanz haben Jahres- bzw. Geschäftsberichte für Organisationen der Sozialwirtschaft?**
Abhängig von der jeweiligen gesellschaftsrechtlichen Form bestehen ganz unterschiedliche Anforderungen an das Berichtswesen. Während gemeinnützige GmbHs oder Aktiengesellschaften (gAG) korrekt bilanzieren müssen, gibt es für Vereine oder Stiftungen hierzu keine bindenden Vorgaben. Insofern liegt die Relevanz eher bei den nicht finanziellen Daten. Diese geben Rechenschaft ab über die eigene Tätigkeit, den Aufbau der Organisation oder die Umsetzung interner Maßnahmen, wie z. B. Antidiskriminierungsmaßnahmen oder Nachhaltigkeitsziele. Ein gut gemachter Jahresbericht hat das Potenzial, das Spezifische einer Organisation herauszustellen und ihren konkreten Ansatz nachvollziehbar darzulegen. Er kommuniziert quasi mit der Öffentlichkeit, die sich aus diffus Interessierten und professionellen Beobachtern, aber eben auch aus Jobsuchenden, potenziellen SpenderInnen und institutionellen Förderern zusammensetzt. Leider wird diese Chance zum Dialog zu selten ergriffen. Das Resultat sind dann Textwüsten, durchsetzt mit Vorstandsfotos und Kuchendiagrammen.

**Welche Entwicklungen sehen Sie in Zukunft bezogen auf die Jahres- bzw. Geschäftsberichte?**

Die Zukunft wird – in Abhängigkeit vom Budget für diese Berichte – wohl darin liegen, die Berichte in Richtung einer eigenständigen Navigation zu verändern. Es wird also kein fixes Druckerzeugnis oder PDF geben, sondern einen interaktiven Bericht mit zahlreichen Pop-up-Fenstern und multimedialem Content. Die Gefahr dieser technischen Optionen liegt darin, dass vor lauter „Eye Candy" der Fokus auf die Informationen verloren geht. Transparenz wird auch im sozialen Sektor weiter gefordert sein.

**Welche Stärken und Vorteile hat der Social Reporting Standard (SRS)?**

Der SRS ist eine Strukturierungshilfe für die Aufbereitung von Informationen, die den spezifischen Ansatz und die Erfolge einer Organisation darstellen. Er erleichtert jedoch nicht nur Berichterstattung über das laufende Geschäft, sondern kann auch in Strategieprozessen oder im Fundraising eingesetzt werden. Die meisten Einrichtungen sind in ihren Berichten darum bemüht, die Leuchtturmprojekte des vergangenen Jahres aufzuführen. Die Strategie einer Organisation, ihr Weg zur Erfüllung ihres spezifischen Zwecks, wird mit dieser Herangehensweise nicht deutlich. Der SRS trägt dazu bei, ein starkes Narrativ zu stiften und das eigene Portfolio anschaulich und nachvollziehbar zu machen. Durch eine einfache und schlüssige Darstellung entlang der Wirkungskette beantwortet der SRS die zentralen Fragen: „Was wollen wir?", „Was und warum machen wir das?" sowie „Was haben wir erreicht?" Der Aufbau folgt dabei einer klaren Logik. Zunächst wird die strategische Ausgangssituation einer Organisation skizziert, bevor es zu der Beschreibung des eigenen operativen Ansatzes, der dabei erreichten Ergebnisse und der Finanzdaten kommt.

**Was spricht dafür, dass Organisationen in Zukunft gemäß SRS berichten?**

Konsequent und über die Jahre eingesetzt, reduziert der SRS den Berichtsaufwand stark. Er ist ein konzeptionelles Grundgerüst dafür, erreichbare Ziele innerhalb eines Wirkungsmodells zu formulieren und mit qualitativen bzw. quantitativen Belegen zu ergänzen. Diese „Wirkungsbrille" ist insbesondere für das operative Management von Bedeutung, um Entscheidungen zu treffen und eine hausinterne Lernkultur zu etablieren. Für

> die MitarbeiterInnen kann der ganzheitliche Blick auf die Organisation und ihre Schlüsselprojekte motivierend sein. Sich immer wieder seine Ziele zu vergegenwärtigen und Erreichtes herauszustellen, ist eine Art „Burn-out-Prophylaxe" angesichts der im Sozialbereich stark ausgeprägten Tendenz zu Projektitis und Dauerstress.

Mittlerweile berichten nicht nur in Deutschland, Österreich und der Schweiz Einrichtungen gemäß dem Social Reporting Standard, sondern einige Organisationen in Ungarn, der Tschechischen Republik, Frankreich, Belgien und sogar Mexiko. Neben klassischen NPOs ist diese Berichtslegung auch für Social Business ein adäquates Instrument.

> **Interview 7: Der Social Reporting Standard bei atempo**
> Walburga Fröhlich, Geschäftsführerin, atempo Betriebsgesellschaft mbH, 04/2018, www.atempo.at
>
> **Seit wann berichten Sie gemäß dem Social Reporting Standard (SRS)?**
> Der erste Bericht ist für das Jahr 2012 erschienen. Wir haben also bisher 6 Berichte (2012 bis 2018) herausgegeben.
>
> **Warum haben Sie sich für den SRS entschieden?**
> Der SRS ist aus unserer Sicht sehr praktikabel, obwohl er umfassend ist. Er fokussiert auf Wirkung, ohne die betriebswirtschaftliche Transparenz zu vernachlässigen. Er fordert heraus, nicht nur stolz den Output zu berichten oder nur die Erfolge aufzuzählen, sondern bietet eine gute Struktur, sich innerhalb der Organisation den wichtigsten Fragen zu stellen: „Warum machen wir das, was wir tun?" und „Erreichen wir mit dem, was wir tun, wirklich das, was wir wollen?"
>
> **Welche Erfahrungen haben Sie mit dem Standard gemacht?**
> Wir haben speziell im ersten Jahr einen sehr breiten, aufwendigen Diskussionsprozess gestartet, um möglichst alle MitarbeiterInnen mitzunehmen. So ist der SRS auch ein wunderbares Qualitätsmanagementinstrument. In den Folgejahren reduzierte sich der Aufwand sehr, da die

Strukturen und Key Performance Indicators standen. Nach außen haben wir die Erfahrung gemacht, dass diese Art zu berichten, sehr viel positives Feedback generiert, auch wenn man nicht nur die Butterseite von sich zeigt. Und wir haben mit diesem Bericht sogar einen Preis für besonders exzellente Nachhaltigkeitsberichte bekommen.

**Welche Tipps können Sie anderen Organisationen geben, die sich erstmals mit diesem Standard beschäftigen?**
Wir denken, dass der SRS sein volles Potenzial entfaltet, wenn man gerade im ersten Jahr intensiv alle Bereiche und Hierarchieebenen einer Organisation in die Erarbeitung involviert. Der SRS ist jedenfalls im ersten Jahr ein umfassendes „Qualitätsentwicklungsprojekt". Wir haben uns nach einer Einschulung durch SRS-ExpertInnen andere Best-Practice-Berichte angeschaut, das war sehr inspirierend. Und: in der Kürze liegt die Würze.

# Anhang

## Arbeitsaufgaben zur praktischen Auseinandersetzung und persönlichen Vertiefung

A 6.1: Definieren Sie für Ihre Einrichtung Wirkungsziele für das eigene Leistungsangebot.
A 6.2: Anhand welcher Indikatoren lässt sich das Erreichen dieser Wirkungsziele darstellen?
A 6.3: Welche Kennzahlen passen zu den von Ihnen definierten Indikatoren? Wie leicht sind diese für Ihre Organisation erfassbar?
A 6.4: Wer könnte Interesse an einer Darstellung des Social Return on Investment Ihrer Arbeit haben? Und warum?
A 6.4: Wie berichtet Ihre Organisation bisher über erreichte Wirkungen? Welche Vorteile würde ein Reporting gemäß dem Social Reporting Standard Ihrer Organisation bringen? Bei welchen StakeholderInnen versprechen Sie sich dadurch Vorteile?

## Literatur

BAGFW – Bundesarbeitsgemeinschaft der Freien Wohlfahrtspflege. (2015). Standortbestimmung der Bundesarbeitsgemeinschaft der Freien Wohlfahrtspflege (BAGFW) zur Wirkungsorientierung in der Arbeit der Freien Wohlfahrtspflege. https://www.bagfw.de/fileadmin/user_upload/Veroeffentlichungen/Stellungnahmen/2015/Standortbestimmung_zur_Wirkungsorientierung_2015.pdf. Zugegriffen: 25. Juni 2019.

BAGWfbM – Bundesarbeitsgemeinschaft der freien Wohlfahrtspflege in Deutschland. (2014). *„Mehr Wert als man denkt"* – *Studie berechnet Sozialbilanz von Werkstätten für behinderte Menschen.* Bundesarbeitsgemeinschaft Werkstätten für behinderte Menschen e. V. https://www.bagwfbm.de/page/sroi_perspektiven. Zugegriffen: 21. Sept. 2018.

Büchel, M. (2014). Social Reporting Standard (SRS) – Ein Berichtsstandard für gemeinnützige Organisationen. *Bank für Sozialwirtschaft Info, 2014*(2), 13–16. https://www.social-reporting-standard.de/fileadmin/redaktion/news/Bericht-Bank-fuer-Sozialwirtschaft.pdf. Zugegriffen: 25. Juni 2019.

Bundesverband der Deutschen Stiftungen. (2016). *Schwerpunkt: Gut gemeint und gut gemacht? Evaluation und Wirkungsorientierung bei Förderstiftungen.* https://www.stiftungen.org/fileadmin/stiftungen_org/Verband/Was_wir_tun/Veranstaltungen/Forum-Foerderstiftungen/Programm-Forum-Foerderstiftungen-2016.pdf. Zugegriffen: 11. Juni 2018.

Dame Kelly Holmes Trust. (2018). *Our impact on young people and communities.* https://www.damekellyholmestrust.org/our-impact. Zugegriffen: 11. Juni 2018.

Diakonie Schleswig-Holstein. (2017). *Eine Studie zur Lebensqualität der Werkstatt-Beschäftigten im Auftrag der Diakonie Schleswig-Holstein.* Rendsburg: Diakonisches Werk.

Fonds Soziales Wien. (2015). *Rahmenrichtlinie zur Qualitätssicherung für die vom Fonds Soziales Wien anerkannten und geförderten Einrichtungen der Wiener Wohnungslosenhilfe.* https://www.fsw.at/downloads/informationen-fuer-organisationen/2015_06_-RL-WWH_Vers.-3.0_End.pdf. Zugegriffen: 18. Nov. 2018.

Halfar, B., Heider, K., & Meyer, W. (2017). Verknüpfungen von Wirkungen und Ressourcen bei sozialen Dienstleistungen. In L. Theuvsen, R. Andeßner, M. Gmür, & D. Greiling (Hrsg.), *Nonprofit-Organisationen und Nachhaltigkeit* (S. 71–78). Wiesbaden: Springer Gabler.

Halfar, B., Moos, G., & Schellberg, K. (2014). *Controlling in der Sozialwirtschaft.* Baden-Baden: Nomos.

Heider, K., & Huffziger, A. (2016). *Wirkung in sozialen Organisationen mit Wirkungsorientiertem Controlling sichtbar machen und nachhaltig steuern (Info 12/2016).* Düsseldorf: Bank für Sozialwirtschaft.

IAB – Instituts für Arbeitsmarkt- und Berufsforschung. (2008). *Aktive Arbeitsmarktpolitik in Deutschland und ihre Wirkungen.* IAB Forschungsbericht – Aktuelle Ergebnisse aus der Projektarbeit des Instituts für Arbeitsmarkt- und Berufsforschung (2/2008).

Kortendieck, G. (2018). Klienten als (Teilzeit)Mitarbeitende. In K. Grunwald & L. Kolhoff (Hrsg.), *Aktuelle Diskurse in der Sozialwirtschaft I* (S. 41–54). Berlin: Springer VS.

Péron, C., & Baldauf, V. (2014). *Was bringt's? SROI-Analyse des Mentoring-Programms Balu und Du.* https://www.balu-und-du.de/wirkung/auf-die-gesellschaft/. Zugegriffen: 18. Nov. 2018.

Phineo. (2013). *Wirkungsorientierte Steuerung in Nonprofit-Organisationen*. https://www.phineo.org/themen/wirkungsorientierte-steuerung. Zugegriffen: 19. Nov. 2018.

Phineo. (2017). *Kursbuch Wirkung*. (4. Aufl.). https://www.phineo.org/downloads/PHINEO_KURSBUCH_WIRKUNG.pdf&usg=AOvVaw2X04359cx5sBIOvM53ODGV. Zugegriffen: 18. Nov. 2018.

Schober, C., & Rauscher, O. (2014). *Was ist Impact? Gesellschaftliche Wirkungen von (Nonprofit) Organisationen*. Kompetenzzentrum für Nonprofit Organisationen und Social Entrepreneurship: Wirtschaftsuniversität Wien.

Social Reporting Initiative. (2018). *Leitfaden*. http://www.social-reporting-standard.de/srs-leitfaden/vorteile/. Zugegriffen: 11. Juni 2018.

Sprajcer, S., & Hora, K. (2015). *Social Return on Investment (SROI) des Projekts „Nachbarinnen in Wien"*. http://www.nachbarinnen.at/assets/iga13_endbericht_nachbarinnen-in-wien.pdf. Zugegriffen: 19. Nov. 2018.

XIT GmbH. (2018). *SROI*. https://www.xit-online.de/xit/index.php/wirkungsanalyse/social-return-on-investment-sroi. Zugegriffen: 08. Juli 2018.

## Literaturtipps zur Vertiefung

Bono, M. L. (2010). *Performance Management in NPOs*. Baden-Baden: Nomos.

Greiling, D. (2013). Externes Rechnungswesen und Erfolgsmessung in Nonprofit-Organisationen. In M. Gmür, R. Schauer, & L. Theuvsen (Hrsg.), *Perspektiven und Grenzen des Performance Management in Nonprofit-Organisationen* (S. 55–65). Bern: Haupt.

Phineo. (2017). *Kursbuch Wirkung*. (4. Aufl.). https://www.phineo.org/downloads/PHINEO_KURSBUCH_WIRKUNG.pdf&usg=AOvVaw2X04359cx5sBIOvM53ODGV. Zugegriffen: 18. Nov. 2018.

Schober, C., & Rauscher, O. (2014). *Was ist Impact? Gesellschaftliche Wirkungen von (Nonprofit) Organisationen*. Kompetenzzentrum für Nonprofit Organisationen und Social Entrepreneurship: Wirtschaftsuniversität Wien.

# Lösungen für die Übungsaufgaben 7

## Ü3.1

Einnahmen: Der Spielraum bei den Einnahmen ist eher gering. Die Höhe der Leistungsentgelte kann der Verein in den meisten Fällen nicht selbst beeinflussen. Auch allgemeine Zuschüsse werden bereits in der Vorperiode bewilligt. Kurzfristig wäre vermutlich nur der Verkauf in der Kleiderkammer möglich. Auch beim Sponsoring muss man in den allermeisten Fällen schon in der Vorperiode mit dem Sponsor eine Vereinbarung schließen. Große Unternehmen budgetieren auch ihre Sponsoringausgaben bereits im Vorjahr.

Ausgaben: Generell erscheint es oftmals leichter, Ausgaben zu senken, als Einnahmen zu erhöhen. Beim Fixpersonal kann man meistens kurzfristig kaum Ausgaben senken, ohne Qualität und Leistungspotenzial zu verlieren. Möglich wäre eine Reduktion der Honorarkosten bei externen BeraterInnen oder ein Senken der Werbeausgaben, was sich aber wieder negativ bei den Erlösen der Kleiderkammer auswirken kann. Bei den anderen Kosten gibt es kein/kaum Kostensenkungspotenzial.

## Ü3.2

a) 8700 € × 365 = 3.175.500 m² pro Jahr Gesamtfläche
   1596 € × 130 = 207.480 m² pro Reinigungskraft/Jahr = 15,30 Personen
b) 15,3 × 30.725 € = 470.092,50 €
c) Die Gesamtkosten sinken um 86.683,50 €.
d) Preiseffekt = Ist-Verbrauch × Ist-Preis − Ist-Verbrauch × Planpreis
   = 15,3 × 30.725 € − 15,3 × 29.304 € = 470.092,50 € − 448.351,20 € = 21.741,30 €
   Der Preiseffekt bei geänderter Anzahl an Reinigungspersonal ist für einen Anstieg der Kosten in Höhe von 21.741,30 € verantwortlich.

Beschäftigungsabweichung = Planpreis × Ist-Beschäftigung − Planpreis × Planbeschäftigung
29.304 € × 15,3 − 29.304 € × 19 = 448.351,20 € − 556.776 € = −108.424,80 €
Der Beschäftigungseffekt ist für eine Einsparung von 108.424,80 € verantwortlich

e) Man erkennt, dass sich eine Investition in die neuen Maschinen auszahlt. Insgesamt bringen die Maschinen einen Einsparungseffekt von 108.424,80 €, der aber zum Teil durch die höheren Gehälter wettgemacht wird. Unter der Voraussetzung, dass man die Planzahlen halten möchte, dürfen die laufenden jährlichen Kosten der neuen Maschinen maximal € 86.683,50 betragen.

**Ü 4.1**
Mögliche Items für Fragebogen zum Benchmarking

| Angaben zur Einrichtung | |
|---|---|
| Name | |
| Ort | |
| Branche | |
| Rechtsform | |
| MitarbeiterInnenanzahl (Stand Ende letztes Geschäftsjahr) | |
| Entwicklung | |
| Umsatz in den letzten fünf Jahren | |
| Gesamtleistungen (Pflegetage, Beratungsstunden, Unterrichtsstunden etc.) in den letzten fünf Jahren | |
| **Angaben zur Beschäftigungsstruktur** | |
| Anzahl der VerwaltungsmitarbeiterInnen in den letzten fünf Jahren | |
| Durchschnittsalter | |
| Durchschnittliche Beschäftigungsdauer und Fluktuationsrate | |
| Prozentsatz Teilzeitkräfte | |
| Summe Fehlzeiten in Tagen (nach Gründen) | |
| Weiterbildung in Tagen | |
| Qualifikationsniveau Ausbildung, Schulbildung, Universität in Prozent | |

# 7 Lösungen für die Übungsaufgaben

| | |
|---|---|
| **Angaben zur Einrichtung** | |
| Name | |
| Gehaltsniveau, Einstufungen Tarif- oder Kollektivvertrag in Prozent | |
| Anzahl der Hierarchiestufen | |
| Arbeitsplatz- und Aufgabenbeschreibung | |
| Regelmäßige Zielvereinbarungsgespräche, regelmäßige MitarbeiterInnengespräche | |
| **Organisation der Verwaltung** | |
| Tiefe der Arbeitsteilung: wie spezialisiert ist die Verwaltung? | |
| Schnittstellen: wenn ja, wo? | |
| Überstundenregelungen | |
| Inanspruchnahme externer DienstleisterInnen (Buchhaltung, Arbeitsmedizin, Datenschutz, EDV …) | |
| Dauer der Bearbeitung von Prozessen und Aufgaben (z. B. Anmeldungen, Abrechnungen, Statistiken) | |
| Zufriedenheit der MitarbeiterInnen in der Verwaltung | |
| KundInnenzufriedenheit, Reklamationen, KlientInnenzufriedenheit, FördergeberInnenzufriedenheit | |
| **Informationswege in der Verwaltung** | |
| Besprechungen, informell, schwarzes Brett, Intranet, schriftliche Anweisungen etc. | |
| EDV, Telefonanlage, Server: Ausstattung, Anzahl, Alter | |
| Üblicherweise genutzte Informationswege (Telefon, E-Mail, Fax, WhatsApp, Infomappen etc.) | |
| **Kosten der Verwaltung** | |
| Verwaltungskosten (Overheadkosten) in den letzten 5 Jahren | |
| Personalkostenanteil an Verwaltungskosten | |
| Sachkostenanteil (Miete, Büromaterial, Telefon etc.) | |
| Genutzte Fläche der Verwaltung | |

## Ü 4.2

| Marktattraktivität | | | | |
|---|---|---|---|---|
| Hoch | Selektive Strategie | Investitions- und Wachstumsstrategie ● SGF 3 | Investitions- und Wachstumsstrategie | |
| Mittel | Abschöpfungs- bzw. Eliminierungsstrategie | Selektive Strategie SGF 4 ● | Investitions- und Wachstumsstrategie ● SGF 3 | |
| Niedrig | Abschöpfungs- bzw. Eliminierungsstrategie SGF 1 ● | Abschöpfungs- bzw. Eliminierungsstrategie | Selektive Strategie | |
| | Niedrig | Mittel | Hoch | |
| | Relative Wettbewerbsvorteile beeinflussbar | | | |

Anmerkungen:

- Je höher die Zahlen, desto geringer ist der Wettbewerbsvorteil.
- Größe des Kreises: Höhe des Umsatzes

| Strategisches Geschäftsfeld | Marktattraktivität | Rel. Wettbewerbsvorteil | Umsatz in T€ |
|---|---|---|---|
| SGF 1 Altenpflegeheim | 7,38 = niedrig | 6,00 = niedrig/mittel | 15.000 |
| SGF 2 Pflegeschule | 1,92 = hoch | 4,37 = mittel | 1200 |
| SGF 3 Betreutes Wohnen | 4,76 = mittel | 2,71 = hoch | 9000 |
| SGF 4 Krankenhaus | 5,77 = mittel | 3,85 = mittel | 30.000 |

## Ü 5.1

| Position | Ansatz Finanzbuchhaltung (€) | Überleitung (plus oder minus) (€) | Ansatz Kostenrechnung (€) |
|---|---|---|---|
| Miete | 14.400 | | 14.400 |
| Energie | 2100 | | 2100 |
| Telefon/Internet | 480 | | 480 |

| Position | Ansatz Finanzbuchhaltung (€) | Überleitung (plus oder minus) (€) | Ansatz Kostenrechnung (€) |
|---|---|---|---|
| Weiterbildung | 500 | | 500 |
| Beratungsaufwand | 1500 | | 1500 |
| Personalaufwand | 100.000 | +10.800 | 110.800 |
| Verpflegung Kinder | 18.000 | | 18.000 |
| Abschreibung | 7500 | +2625 | 10.125 |
| Sonstiger Aufwand | 7500 | | 7500 |
| Kalk. Unternehmerlohn | | +36.000 | 36.000 |
| Summe | 151.980 | +49.425 | 201.405 |

Personal: zusätzlich kalkulatorische Kosten für die ehrenamtliche Aushilfe = 900 € × 12 = 10.800 €

Abschreibung: Neuberechnung der Abschreibung = Anschaffungswert/Gesamtkilometer × km 2017 = 15.000 €/150.000 € × 45.000 € = 4500,00 €; 4500 € − 1875 € = 2625 €

Die Neuberechnung ergibt für das Auto eine um 2625 € höhere Abschreibung. Dieser Betrag wird zusätzlich als Kosten angesetzt: 7500 € + 2625 € = 10.125 €

## Ü 5.2

| Kostenart | Kosten (€) | Gruppe 1 (€) | Gruppe 2 (€) | Berechnung |
|---|---|---|---|---|
| Miete | 14.400 | 6646,15 | 7753,85 | 14.400/65 × 30 = 6646,15<br>14.400/65 × 35 = 7753,85 |
| Energie | 2100 | 969,23 | 1130,77 | 2100/65 × 30 = 969,23<br>2100/65 × 35 = 1130,77 |
| Telefon/Internet | 480 | 221,53 | 258,47 | 480/65 × 30 = 221,53<br>480/65 × 35 = 258,47 |
| Weiterbildung | 500 | 375,00 | 125,00 | 500/4 × 3 = 375,00<br>500/4 × 1 = 125,00 |
| Beratungsaufwand | 1500 | 750,00 | 750,00 | 1500/2 = 750,00 |
| Personalaufwand | 110.800 | 83.100,00 | 27.700,00 | 110.800/4 × 3 = 83.100,00<br>110.800/4 × 1 = 27.700,00 |

| Kostenart | Kosten (€) | Gruppe 1 (€) | Gruppe 2 (€) | Berechnung |
|---|---|---|---|---|
| Verpflegung Kinder | 18.000 | 10.000,00 | 8000,00 | 18.000/9 × 5 = 83.100,00 <br> 18.000/9 × 4 = 27.700,00 |
| Abschreibung | 10.125 | 5625,00 | 4500,00 | 10.125/9 × 5 = 5625,00 <br> 10.125/9 × 4 = 4500,00 |
| Sonstiger Aufwand | 7500 | 3461,54 | 4038,46 | 7500/65 × 30 = 3461,54 <br> 7500/65 × 35 = 4038,46 |
| Kalk. Unternehmerlohn | 36.000 | 6000,00 | 30.000,00 | 12.000/2 = 6000,00 <br> 24.000 + 6000 = 30.000,00 |
| Summe | 201.405 | 117.148,45 | 84.256,55 | |

Miete, Energie, Telefon/Internet und der sonstige Aufwand wird aufgrund der Fläche verteilt (insgesamt 100 m$^2$): Gruppe 1,30 m$^2$, Gruppe 2,35 m$^2$, Küche & Nebenräume 35 m$^2$. Die Kosten werden somit in einem Verhältnis 30:35 verteilt.

Weiterbildung und Personalaufwand wird gemäß den Stunden der angestellten MitarbeiterInnen verteilt. Gruppe 1,60 h/Woche, Gruppe 2,20 h/Woche. Die Kosten werden somit im Verhältnis 60:20 bzw. 3:1 verteilt.

Verpflegung und Abschreibung werden im Verhältnis der Kinder verteilt. Gruppe 1,20 Kinder, Gruppe 2,16 Kinder. Die Kosten werden somit im Verhältnis 20:16 oder 5:4 verteilt.

Pädagogin wird 2/3 des Unternehmerlohns (nur Gruppe 2) = 36.000 €/3 × 2 = 24.000 € administrative Tätigkeit 1/3 = 36.000/3 × 2 = 6000 € berechnet.

# Literatur

Anheier, H. K. (2014). *Nonprofit organizations* (2. Aufl.). London: Routledge.

Arbeiterwohlfahrt Hessen-Süd. (2016). *Geschäftsbericht*. http://www.awohs.org/fileadmin/user_upload/aktuelles/2016/AWO_Hessen-S%C3%BCd_Gesch%C3%A4ftsbericht_2016.pdf. Zugegriffen 05. Febr. 2018.

Bachert, R., & Pracht, A. (2014). *Strategisches Controlling: Controlling und Rechnungswesen in Sozialen Unternehmen* (2. Aufl.). Weinheim: Beltz Juventa.

BAGWfbM Bundesarbeitsgemeinschaft der freien Wohlfahrtspflege in Deutschland. (2014). *„Mehr Wert als man denkt" – Studie berechnet Sozialbilanz von Werkstätten für behinderte Menschen*. Bundesarbeitsgemeinschaft Werkstätten für behinderte Menschen e. V. https://www.bagwfbm.de/page/sroi_perspektiven. Zugegriffen: 21. Sept. 2018.

Bätscher, R., & Ermatinger, J. (2004). *Strategieentwicklung in Sozialinstitutionen*. Zürich: Versus.

Baum, H.-G., Coenenberg, A. G., & Günther, T. (2013). *Strategisches Controlling* (5. Aufl.). Stuttgart: Schäffer-Poeschel.

Bea, F. X., & Haas, J. (2016). *Strategisches Management* (8. Aufl.). München: UTB und UVK Lucius.

Becker, W., & Holzmann, R. (2016). *Kosten-, Erlös- und Ergebnisrechnung* (2. Aufl.). Wiesbaden: Springer-Gabler.

Becker, W., & Moses, H. (2004). *Controlling in karitativen Nonprofit-Organisationen. Bamberger Betriebswirtschaftliche Beiträge* (Bd. 133). Bamberg: Otto-Friedrich-Universität Bamberg.

Bono, M. L. (2006). *NPO-Controlling: Professionelle Steuerung sozialer Dienstleistungen*. Stuttgart: Schäffer-Poeschel.

Bono, M. L. (2010). *Performance Management in NPOs*. Baden-Baden: Nomos.

Bruhn, M., & Stauss, B. (2007). *Wertschöpfungsprozesse bei Dienstleistungen*. Wiesbaden: Springer-Gabler.

Büchel, M. (2014). Social Reporting Standard (SRS) – Ein Berichtsstandard für gemeinnützige Organisationen. *Bank für Sozialwirtschaft Info, 2014*(2), 13–16. https://www.social-reporting-standard.de/fileadmin/redaktion/news/Bericht-Bank-fuer-Sozialwirtschaft.pdf. Zugegriffen: 25. Juni 2019.

Buchholz, L. (2013). *Strategisches Controlling.* Wiesbaden: Springer-Gabler.
Bundesverband der Deutschen Stiftungen. (2016). *Schwerpunkt: Gut gemeint und gut gemacht? Evaluation und Wirkungsorientierung bei Förderstiftungen.* https://www.stiftungen.org/fileadmin/stiftungen_org/Verband/Was_wir_tun/Veranstaltungen/Forum-Foerderstiftungen/Programm-Forum-Foerderstiftungen-2016.pdf. Zugegriffen: 11. Juni 2018.
Dame Kelly Holmes Trust. (2018). *Our impact on young people and communities.* https://www.damekellyholmestrust.org/our-impact. Zugegriffen: 11. Juni 2018.
Diakonie Schleswig-Holstein. (2017). *Eine Studie zur Lebensqualität der Werkstatt-Beschäftigten im Auftrag der Diakonie Schleswig-Holstein.* Rendsburg: Diakonisches Werk.
Fischer, T., Möller, K., & Schultze, W. (2015). *Controlling Grundlagen, Instrumente und Entwicklungsperspektiven* (2. Aufl.). Stuttgart: Schäffer-Poeschel.
Fonds Soziales Wien. (2015). *Rahmenrichtlinie zur Qualitätssicherung für die vom Fonds Soziales Wien anerkannten und geförderten Einrichtungen der Wiener Wohnungslosenhilfe.* https://www.fsw.at/downloads/informationen-fuer-organisationen/2015_06_-RL-WWH_Vers.-3.0_End.pdf. Zugegriffen: 18. Nov. 2018.
Gehaltsrechner. (2018). *Tarifvertrag für den Öffentlichen Dienst, Sozial- und Erziehungsdienst 2018.* http://oeffentlicher-dienst.info/c/t/rechner/tvoed/sue?id=tvoed-sue-2019&g=S_14&s=1&f=&z=&zv=&r=0&awz=&zulage=&kk=15.5%25&kk=&zkf=1&stkl=4. Zugegriffen: 17. Nov. 2018.
Gladen, W. (2014). *Performance Measurement – Controlling mit Kennzahlen* (6. Aufl.). Wiesbaden: Springer-Gabler.
Gleich, R., Hofmann, S., & Leyk, J. (2006). *Planungs- und Budgetierungsinstrumente.* Freiburg: Haufe.
Gmür, M., Schauer, R., & Theuvsen, L. (Hrsg.). *Perspektiven und Grenzen des Performance Management in Nonprofit-Organisationen.* Bern: Haupt.
Grant, R. M., & Nippa, M. (2006). *Strategisches Management* (5. Aufl.). München: Pearson Studium.
Greiling, D. (2013). Externes Rechnungswesen und Erfolgsmessung in Nonprofit-Organisationen. In M. Gmür, R. Schauer, & L. Theuvsen (Hrsg.), *Perspektiven und Grenzen des Performance Management in Nonprofit-Organisationen* (S. 55–65). Bern: Haupt.
Halfar, B. (2014). Controlling in sozialwirtschaftlichen Organisationen. In U. Arnold & B. Maelicke (Hrsg.), *Lehrbuch der Sozialwirtschaft* (S. 768–788). 4. Aufl. Baden-Baden: Nomos.
Halfar, B., Moos, G., & Schellberg, K. (2014). *Controlling in der Sozialwirtschaft.* Baden-Baden: Nomos.
Halfar, B., Heider, K., & Meyer, W. (2017). Verknüpfungen von Wirkungen und Ressourcen bei sozialen Dienstleistungen. In L. Theuvsen, R. Andeßner, M. Gmür, & D. Greiling (Hrsg.), *Nonprofit-Organisationen und Nachhaltigkeit* (S. 71–78). Wiesbaden: Gabler-Springer.
Heider, K., & Huffziger, A. (2016). *Wirkung in sozialen Organisationen mit Wirkungsorientiertem Controlling sichtbar machen und nachhaltig steuern (Info 12/2016).* Düsseldorf: Bank für Sozialwirtschaft.
Helmig, B., & Boenigk, S. (2013). *Nonprofit-Management.* München: Vahlen.
Herzka, M., & Mowles, C. (2015). Risiko, Unsicherheit und Komplexität: Grenzen des Risikomanagements. In H. Hongler & S. Keller (Hrsg.), *Risiko und Soziale Arbeit* (S. 115–130). Wiesbaden: Springer-Gabler.

Horvath, P., Gleich, R., & Seiter, M. (2015). *Controlling* (13. Aufl.). München: Vahlen.
Hungenberg, H. (2014). *Strategische Führung im Unternehmen* (8. Aufl.). Wiesbaden: Springer-Gabler.
Hungenberg, H., & Kaufmann, L. (2001). *Kostenmanagement* (2. Aufl.). München/Wien: Oldenbourg.
IAB – Instituts für Arbeitsmarkt- und Berufsforschung. (2008). *Aktive Arbeitsmarktpolitik in Deutschland und ihre Wirkungen.* IAB Forschungsbericht – Aktuelle Ergebnisse aus der Projektarbeit des Instituts für Arbeitsmarkt- und Berufsforschung (2/2008).
Kaplan, R. S., & Norton, D. P. (2001). *Die strategiefokussierte Organisation – Führen mit der Balanced Scorecard.* Stuttgart: Schäffer-Poeschel.
Kaspers, U. (2016). *Wirtschaftliche Steuerung von Sozial- und Gesundheitsunternehmen.* Regensburg: Walhalla Fachverlag.
Kaspers, U., Kennerknecht, S., & Schellberg, K. (2017). *Kostenmanagement in Sozialunternehmen* (2. Aufl.). Regensburg: Walhalla Fachverlag.
König, M., & Clausen, H. (2011). Controlling vor neuen Herausforderungen. In *BfS-Info 6/2011.* https://www.sozialbank.de/fileadmin/2015/documents/3_Expertise/3.3.6_Fachbeitraege/2011/Fachbeitrag_BFS-Info2011-6_Controllingstudie.pdf. Zugegriffen: 25. Juni 2019.
Kortendieck, G. (2016). *Operatives Controlling in Sozialen Organisationen* (3. Aufl.). Brandenburg: Hochschulverbund Distance Learning. Fernstudienbrief der Service-Agentur des HDL.
Kortendieck, G. (2017a). *Strategisches Management* (2. Aufl.). Regensburg: Walhalla Fachverlag.
Kortendieck, G. (2017b). *Strategisches Controlling in Sozialen Organisationen* (3. Aufl.). Brandenburg: Hochschulverbund Distance Learning. Fernstudienbrief der Service-Agentur des HDL.
Kortendieck, G. (2018). Klienten als (Teilzeit)Mitarbeitende. In K. Grunwald & L. Kolhoff (Hrsg.), *Aktuelle Diskurse in der Sozialwirtschaft I* (S. 41–54). Berlin: Springer VS.
Lebenshilfe Peine/Burgdorf. (2016). *Planungsunterlagen Budgetierung (03.02.2017).* Peine.
Lombriser, R., & Abplanalp, P. (2015). *Strategisches Management* (6. Aufl.). Zürich: Versus.
Moos, G., Rothermel, U., Konrad, M., & Titz, K. (2014). Controlling in kommunalen Jugend- und Sozialverwaltungen – Eine Studie zum Ausbauzustand. *NDV, 05*(2014), 231–236.
Müller-Stewens, G., & Lechner, C. (2016). *Strategisches Management – Wie strategische Initiativen zum Wandel führen* (5. Aufl.). Stuttgart: Schäffer-Poeschel.
Niven, P. R. (2008). *Balanced Scorecard for Government and Nonprofit-Agencies* (2. Aufl.). Hoboken: Wiley.
Öffentlicher Dienst. (2018a). *Tarifvertrag für den Öffentlichen Dienst.* http://oeffentlicher-dienst.info/tvoed/. Zugegriffen: 17. Nov. 2018.
Öffentlicher Dienst. (2018b). *TVöD – Sozial- und Erziehungsdienst.* http://oeffentlicher-dienst.info/tvoed/sue/. Zugegriffen: 17. Nov. 2018.
Péron, C., & Baldauf, V. (2014). *Was bringt's? SROI-Analyse des Mentoring-Programms Balu und Du.* https://www.balu-und-du.de/wirkung/auf-die-gesellschaft/. Zugegriffen: 18. Nov. 2018.
Phineo. (2013). *Wirkungsorientierte Steuerung in Nonprofit-Organisationen.* https://www.phineo.org/themen/wirkungsorientierte-steuerung. Zugegriffen: 19. November 2018.

Phineo. (2017). *Kursbuch Wirkung* (4. Aufl.). https://www.phineo.org/downloads/PHINEO_KURSBUCH_WIRKUNG.pdf&usg=AOvVaw2X04359cx5sBIOvM53ODGV. Zugegriffen: 18. Nov. 2018.

Porter, M. E. (2002). *Wettbewerbsstrategie* (10. Aufl.). Frankfurt a. M.: Campus.

Porter, M. E. (2010). *Wettbewerbsvorteile* (7. Aufl.). Frankfurt a. M.: Campus.

Preißler, R., & Preißler, G. (2007). *Lexikon Controlling* (2. Aufl.). Landsberg am Lech: mi-Fachverlag.

Rieg, R. (2015). *Planung und Budgetierung.* Wiesbaden: Springer-Gabler.

Rieg, R. (2018). *Beyond Budgeting – Ende oder Neubeginn der Budgetierung.* Controllingportal.de https://www.controllingportal.de/Fachinfo/Budgetierung/Beyond-Budgeting-Ende-oder-Neubeginn-der-Budgetierung.html?sphrase_id=39013378. Zugegriffen: 07. Nov. 2018.

Sander, G., & Bauer, E. (2011). *Strategieentwicklung kurz und klar. Das Handbuch für Non-Profit-Organisationen* (2. Aufl.). Bern: Haupt.

Schauer, R., Andeßner, R. C., & Greiling, D. (2015). *Rechnungswesen und Controlling für Nonprofit-Organisationen* (4. Aufl.). Bern: Haupt.

Schellberg, K. (2012). *Betriebswirtschaftslehre für Sozialunternehmen* (5. Aufl.). Augsburg: Ziel.

Schneider, J., Minnig, C., & Freiburghaus, M. (2007). *Strategische Führung von Nonprofit-Organisationen.* Bern: Haupt.

Schober, C., & Rauscher, O. (2014). *Was ist Impact? Gesellschaftliche Wirkungen von (Nonprofit) Organisationen.* Kompetenzzentrum für Nonprofit Organisationen und Social Entrepreneurship: Wirtschaftsuniversität Wien.

Sprajcer, S., & Hora, K. (2015). *Social Return on Investment (SROI) des Projekts „Nachbarinnen in Wien".* http://www.nachbarinnen.at/assets/iga13_endbericht_nachbarinnen-in-wien.pdf. Zugegriffen: 19. Nov. 2018.

Social Reporting Initiative. (2018). *Leitfaden.* http://www.social-reporting-standard.de/srs-leitfaden/vorteile/. Zugegriffen: 11. Juni 2018.

Sozialplanung. (2018). *Stuttgart.de.* https://www.stuttgart.de/item/show/648470/1. Zugegriffen: 07. Nov. 2018.

Sozialwirtschaft Österreich. (2016). *Grundsatzpapier.* http://www.sozialwirtschaft-oesterreich.at/folder/380/SWO-.Grundsatzpapier.2016.pdf. Zugegriffen: 11. Nov. 2018.

Stoll, B. (2013). *Balanced Scorecard für Soziale Organisationen* (3. Aufl.). Regensburg: Walhalla Fachverlag.

Vahs, D., & Schäfer-Kunz, J. (2007). *Betriebswirtschaftslehre* (5. Aufl.). Stuttgart: Schäffer-Poeschel.

Wala, T., & Haslacher, F. (2009). *Kostenrechnung, Budgetierung und Kostenmanagement.* Wien: Linde.

Weber, J., & Schäffer, U. (2015). *Einführung in das Controlling* (15. Aufl.). Stuttgart: Schäffer-Poeschel.

XIT GmbH. (2018). *SROI.* https://www.xit-online.de/xit/index.php/wirkungsanalyse/social-return-on-investment-sroi. Zugegriffen: 08. Juli 2018.

The manufacturer's authorised representative in the EU is Springer Nature Customer Service Centre GmbH, Europaplatz 3, 69115 Heidelberg, Germany. If you have any concerns regarding our products, please contact ProductSafety@springernature.com

Printed and bound by CPI Group (UK) Ltd, Croydon, CR0 4YY
25/03/2026
02078188-0003